Jean-Didier Bagot

Information, sensation et perception

ARMAND COLIN

Collection Cursus, série « Psychologie »
dirigée par Nicole Bacri

ISBN : 2-200-21665-3

Masson & Armand Colin Éditeurs - 5, rue Laromiguière - 75241 Paris Cedex 05

Cet ouvrage est issu de plusieurs années d'enseignement de la perception aux universités de Paris-VIII, puis de Paris-V. Il doit beaucoup aux remarques, aux questions et aux interrogations de ces étudiants auxquels il est dédié. Certaines parties ont fait l'objet de documents pédagogiques pour le CNED, écrits en collaboration avec Claude Bonnet. L'auteur remercie Isabelle Carchon qui a relu le présent manuscrit avec beaucoup d'attention.

1 Le domaine de la perception

La perception désigne l'ensemble des procédures qui nous permettent de prendre connaissance du monde environnant et de construire nos propres représentations mentales de ce monde. Il s'agit d'une activité permanente tellement facile et évidente qu'il semble naturel de penser que le monde est tel que nous le percevons. Cette apparente simplicité ne doit pas masquer la complexité des mécanismes mis en jeu ni réduire la perception à des processus automatiques et stéréotypés associant aux objets et aux phénomènes physiques de l'environnement leurs correspondants perceptifs, appelés aussi « percepts ». Pour plusieurs raisons le percept ne peut être assimilé à une simple copie de l'objet physique. D'abord, il convient de préciser que la stimulation initiale n'est pas l'objet en lui-même, mais l'énergie qui provient de cet objet. C'est l'énergie lumineuse renvoyée par les objets qui active le système visuel ; c'est l'énergie sonore produite par un objet en vibration qui active le système auditif. De ce fait, le correspondant perceptif est fonction des caractéristiques énergétiques du stimulus qui, pour un même objet physique, peuvent être bien différentes selon les conditions. Ensuite, le correspondant perceptif est fortement dépendant des propriétés des récepteurs sensoriels et des structures nerveuses de traitement. Ce sont les récepteurs sensoriels qui imposent une sensibilité à tel type de grandeur énergétique et non à une autre. Ce sont les traitements nerveux qui, par exemple, maintiennent une constance des couleurs, alors que la stimulation énergétique varie. Enfin, la perception implique de nombreux traitements au cours desquels l'individu interprète les informations issues de l'environnement en fonction de ses attentes et de ses motivations, compare à ses représentations en mémoire, prend des décisions, effectue des choix, se construit en somme une représentation du monde extérieur. Il est d'ailleurs courant de parler d'« activités perceptives » ou de « constructions perceptives », plutôt que de perception, pour mettre en avant le caractère actif, l'engagement personnel de l'individu lors d'une tâche perceptive.

Pour toutes ces raisons, étudier la perception revient à s'interroger sur la façon dont nous utilisons les informations de l'environnement et dont nous les transformons pour construire nos représentations. Il conviendra donc de définir quelles sont les informations pertinentes, de comprendre comment fonctionnent les systèmes sensoriels, de déterminer et de décrire les différentes représentations perceptives. Cela impose une continuité d'analyse entre les descriptions physiques des stimuli, les descriptions anatomo-physiologiques des récepteurs sensoriels, les descriptions neurophysiologiques des traitements nerveux et les descriptions psychologiques des organisations perceptives. Une telle conception, qui considère la perception comme résultant de nombreux processus de traitement de l'information, s'inscrit directement parmi les problématiques actuellement développées en psychologie cognitive. Pour préciser les enjeux d'une théorie cognitive de la perception, il est utile de la situer par rapport aux autres théories qui ont marqué l'histoire de la perception.

LES DIFFÉRENTES THÉORIES

L'étude de la perception est marquée par des théories si nombreuses qu'il est difficile, lorsqu'on aborde ce domaine, de faire émerger l'essentiel, de dégager des vérités définitives, de distinguer les impasses théoriques, en bref d'avoir un aperçu précis de l'état des connaissances actuelles. Cette situation est due à la multiplicité des questions étudiées, à la diversité des modes d'approche et aux nombreux débats, souvent violents, qui ont émaillé depuis près de deux siècles l'histoire de la perception. Certaines de ces polémiques historiques, bien que très atténuées, continuent d'ailleurs à influencer les positions théoriques des recherches actuelles. Malgré l'apport indéniable des nouvelles conceptions, il est rare que les orientations théoriques antérieures soient complètement balayées. On assiste alors à la coexistence des différentes approches, parfois sous de nouvelles appellations plus nuancées, et à l'apparition de théories plus récentes prenant l'allure de compromis entre les réponses extrémistes proposées dans le passé. L'éclectisme de cette situation se traduit par une terminologie abondante et parfois confuse pouvant désorienter le lecteur novice. La description qui suit se limite aux théories qui ont le plus marqué l'évolution des concepts et précise les termes les plus couramment utilisés. Pour plus de détails, on se reportera avec profit aux ouvrages, souvent passionnants, consacrés à l'histoire des théories de la perception.

Structuralisme et empirisme

Ces deux substantifs s'appliquent aux courants théoriques qui ont marqué le monde scientifique à la fin du XIXe et au début du XXe siècle. La plupart des disciplines, y compris la psychologie dans sa composante scientifique, furent alors empreintes de la tendance analytique du moment consistant à décomposer l'objet de leur étude en éléments plus simples (d'où le terme d'« élémentarisme » également utilisé). Ce fut le cas avec les atomes et les molécules pour le chimiste et le physicien, avec les organes pour le physiologiste et, en ce qui nous concerne, avec les sensations pour le psychologue. Des ensembles de tels éléments étaient ensuite censés s'organiser en des touts structurés et fonctionnels, selon de judicieux processus d'association qui ont conféré à cette conception l'appellation d'« associationnisme ». C'est ainsi que la perception était alors conçue comme le résultat de l'addition de nombreuses sensations élémentaires. Bien entendu, la perception finale reposait essentiellement sur la structure de ces associations (d'où le nom de « structuralisme ») pour laquelle le rôle de l'expérience et de l'apprentissage était essentiel (d'où le terme d'« empirisme »). De ce fait, les empiristes s'opposaient radicalement aux nativistes, partisans des compétences perceptives innées. De nos jours, cette position des structuralistes classiques n'est plus tenable. Si elle se rencontre parfois, c'est seulement dans un souci didactique et accompagnée de prudentes réserves. En revanche, si la question de l'inné et de l'acquis est toujours présente, elle s'est déplacée vers la détermination des périodes du développement où apparaissent les compétences perceptives plus ou moins complexes.

Le behaviorisme

Tel qu'il fut initié par J. Watson dès 1913, le « behaviorisme » apparaît comme une opposition radicale à toute psychologie faisant appel à l'introspection. Cette doctrine reposait sur le principe que les états mentaux et le fonctionnement intellectuel étaient inaccessibles à une étude objective et que les phénomènes psychologiques pouvaient s'expliquer à partir de comportements réflexes de type stimulus–réponse. Seule une stricte étude du comportement (*behavior* en anglais) permettait des observations directes et quantifiables, enfin débarrassées du contenu psychique et de toute entité mentale mystérieuse comme la pensée, l'imagination, le désir ou les intentions. Il suffisait alors d'étudier les comportements les plus élémentaires (en particulier chez l'animal), ceux–ci pouvant se combiner pour donner naissance aux conduites les plus complexes. C'est dans le domaine de l'apprentissage que le behaviorisme eut le plus d'influence, mais la perception ne fut pas épargnée. L'individu étant assimilé à une boîte noire, ses sensations ne résulteraient que des stimulations de l'environnement selon des relations pouvant être formalisées objectivement. Nous verrons dans le chapitre consacré à la psychophysique les réserves qu'il faut émettre à l'encontre de cette conception.

La théorie de la *Gestalt*

Appelée aussi « gestaltisme », cette théorie est née en réaction à l'approche élémentariste et analytique des empiristes associationnistes et s'oppose radicalement au behaviorisme dont elle est contemporaine. Selon cette théorie, ce n'est plus l'environnement qui agit sur l'individu, mais ce dernier qui structure et organise l'environnement, de sorte que la perception ne peut plus se ramener à une somme de sensations élémentaires. L'Autrichien C. von Ehrenfels en fit la première démonstration en 1890 en affirmant que la « forme » d'une mélodie ne peut se réduire à la somme des tonalités qui la constituent. En effet, si l'on change tous ses éléments constituants en la transposant musicalement (changement de clef), elle ne perd pas sa forme perceptive puisqu'elle reste la même mélodie. La mélodie apparaît ainsi comme une qualité à part entière, supplémentaire à la juxtaposition des éléments. Au contraire, en inversant l'ordre de quelques éléments on produit une tout autre mélodie. Ce fut le premier pas, suggéré par Ehrenfels, vers la notion de forme résultant de l'organisation des éléments et non plus de la simple addition des sensations produites par chacun des éléments.

Pourtant le véritable concept d'organisation en un tout, en une forme (*Gestalt* en allemand), ne fut introduit qu'en 1912 par M. Wertheimer, fondateur du courant gestaltiste, à la suite de travaux portant sur le mouvement apparent. Deux barres lumineuses séparées et allumées en alternance avec un délai convenable produisent la perception d'un mouvement de va-et-vient (le cinéma et les chenillards lumineux de certaines enseignes reposent sur le même phénomène). Aucun stimulus n'étant présent entre deux éclairs, il ne peut y avoir de sensation élémentaire à l'origine de cette perception. Wertheimer et ses célèbres collaborateurs W. Köhler et K. Koffka en conclurent que le tout est différent de la somme des parties, affirmation qui devint le principe central du gestaltisme. La majorité des travaux des gestaltistes furent consacrés à la structuration des formes dans le domaine visuel et nous évoquerons, à propos de la perception visuelle des formes, les principales lois d'organisation proposées par le mouvement gestaltiste. Un premier exemple des plus classiques est présenté à la figure 1a. On perçoit cette figure comme des colonnes de carrés et de points et non comme des lignes horizontales où alternent carrés et points. Ce serait la similitude des éléments identiques qui nous imposerait le groupement en colonnes. Dans d'autre cas, la perception de l'ensemble repose sur un groupement des éléments selon leur proximité. C'est ainsi qu'à la figure 1b on ne perçoit pas des colonnes, mais des rangées horizontales de petits cercles. Selon les gestaltistes, l'explication des lois d'organisation perceptive devait résider dans l'activité cérébrale et ils allèrent jusqu'à postuler

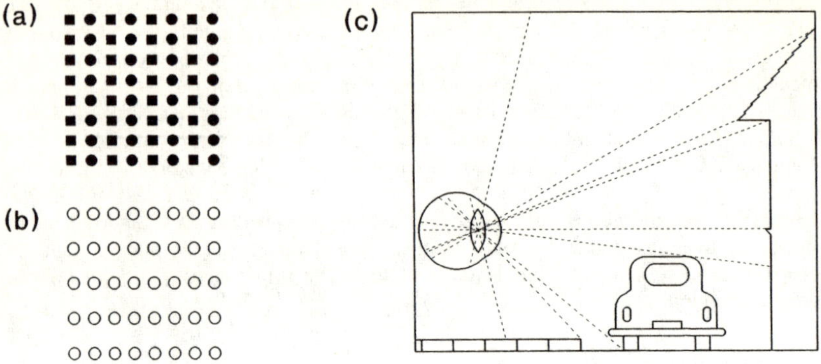

Figure 1

Illustration de deux théories perceptives. Groupement par similitude (a), et groupement par proximité (b) décrits par la théorie de la Gestalt. En (c), section verticale du réseau optique ambiant selon la théorie écologique (Gibson) ; à chaque secteur angulaire vu par l'œil de l'observateur correspondrait une structuration particulière de la lumière imposée par la texture de la surface.

l'existence d'un isomorphisme structural entre les processus perceptifs et des processus physiologiques globaux au sein du cerveau. Même si les découvertes neurologiques ont infirmé ces vagues spéculations explicatives, les questions abordées par les gestaltistes demeurent. Les lois d'organisation de la perception qu'ils ont proposées gardent leur validité et de nombreuses recherches actuelles s'inspirent toujours de leurs travaux. Bien que dans certaines démonstrations les gestaltistes semblent insister sur des éléments structuraux présents dans le stimulus, leur préoccupation essentielle reste la façon dont les observateurs structurent le monde et le type de représentations formelles qu'ils construisent. Cette conception globaliste, où le sujet agit selon ses stratégies et ses schémas de représentation personnels, est celle d'une analyse où l'information entrante est manipulée et réorganisée par des influences allant, comme on le dit maintenant, « du haut vers le bas » (*top-down* en anglais). D'ailleurs, les gestaltistes ont toujours tenu à marquer leur opposition aux analyses élémentaristes ancrées sur la prépondérance, voire l'exclusivité, des éléments du stimulus dans la perception du sujet (analyse dite « de la base vers le sommet » ou *bottom-up* en anglais). Cette composante *top-down* permet de reconnaître dans la théorie de la gestalt les prémices de l'approche cognitive d'aujourd'hui.

Le constructivisme

Cette conception ne rejette pas la théorie de la *Gestalt*, mais elle attribue un rôle particulièrement actif au sujet. Celui-ci construit ses perceptions à partir des données extraites au fur et à mesure de l'observation du stimulus. Dans le domaine de la perception visuelle, J. Hochberg (1970) insiste sur le rôle essentiel des mouvements oculaires grâce auxquels les informations prélevées en plusieurs endroits de l'espace sont combinées pour construire une représentation mentale, une « carte mentale » de la scène et des objets regardés. Cette approche s'accorde bien avec certaines des conceptions neurophysiologiques actuelles qui privilégient les connexions entre réseaux neuronaux comme support physiologique des représentations perceptives. De façon plus générale, on qualifie de constructiviste toute approche concevant la perception comme le résultat d'une construction de l'individu à partir de données issues de l'observation active du stimulus.

La théorie écologique

Proposée par J. J. Gibson (1979), cette conception s'est essentiellement développée dans le domaine de la perception visuelle. Elle s'appuie sur le principe que toutes les informations nécessaires à la perception sont présentes dans le monde environnant et qu'il suffit de les saisir. Pour cela, le rôle joué par les déplacements de l'observateur est essentiel. Selon la terminologie de Gibson, ce qui pénètre dans l'œil est un « réseau optique ambiant » (*ambient optic array*), c'est-à-dire un arrangement spatial de lumière structuré par les différents éléments de l'environnement (fig. 1c). Ce réseau est divisé en de très nombreux secteurs angulaires (angles solides), chacun contenant la lumière réfléchie par la surface des éléments pertinents de l'espace avec une intensité et une composition spectrale spécifique. La perception est alors déterminée directement par cet arrangement optique et par ses changements dus aux mouvements permanents de l'observateur. Cette approche conduit à ne prendre en compte que des situations naturelles (d'où le terme « écologique ») et réfute la validité générale des expériences de laboratoire où les sujets, immobiles et le regard fixe, sont placés dans des situations bien éloignées des conditions réelles.

La théorie de Gibson s'oppose également aux conceptions d'inspiration constructiviste selon lesquelles les informations contenues dans l'image rétinienne sont extraites par le système visuel grâce à des procédures de calcul et de traitement. Tous ces processus deviennent évidemment inutiles puisque le réseau optique atteignant l'observateur, structuré d'emblée par les surfaces et les objets présents, fournit une information déjà organisée de l'environnement. Cette conception est donc celle d'une perception directe, où l'information est saisie et n'aurait pas à être traitée, comme s'il s'établissait une sorte de résonance automatique entre l'observateur et le monde environnant. De plus, Gibson introduit le concept d'*affordance* (terme intraduisible) qui correspond aux potentialités d'action que les objets nous présentent d'emblée. La signification d'un objet reposerait sur ce que cet objet nous procure (*to afford* en anglais), sur ce que nous pouvons en faire : une poignée est à attraper, un aliment est à consommer, un stylo est un objet pour écrire, une chaise est faite pour s'asseoir, etc. Bien que nous développions dans cet ouvrage une position différente reposant essentiellement sur le traitement de l'information, on doit souligner l'apport de la théorie écologique concernant la perception visuelle de la profondeur et de celle du mouvement.

La théorie transactionnaliste

Initiée par A. Ames et développée dans les années soixante par W. H. Ittelson, cette théorie conçoit la perception comme résultant d'une transaction, d'une relation entre le sujet et son environnement. La seule prise en compte des variables structurales du stimulus, comme le préconise le gestaltisme, ou de l'environnement global selon

Gibson, est jugée insuffisante. Le sujet percevant crée le monde dans lequel il vit à partir de son propre point de vue, donc en fonction de son expérience passée et du but à atteindre par son choix perceptif. Percevoir consisterait à émettre en permanence et de façon inconsciente de nombreuses suppositions sur l'environnement et à favoriser l'une d'entre elles qui seule deviendrait consciente. La perception ferait donc intervenir plusieurs facteurs personnels déterminant ce choix. En présence d'informations ambiguës, le sujet choisit celle des hypothèses qui paraît la plus vraisemblable pour la situation donnée.

Cette approche doit sa renommée à quelques expériences spectaculaires de perception de la profondeur dues à Ames, dans lesquelles l'observateur est abusé par la prégnance de perspectives trompeuses, comme dans le cas de la fenêtre trapézoïdale en rotation qui semble battre dans un mouvement de va-et-vient ou celui de la chambre déformée où un enfant peut paraître géant à côté d'un adulte (des versions de ces expériences sont présentées régulièrement dans des expositions ou des musées des sciences et techniques tel celui de la Cité de La Villette à Paris). C'est selon une approche semblable que R. L. Gregory (1966) propose d'interpréter certaines illusions optico-géométriques en faisant intervenir des indices implicites de perspective. Dans l'illusion de Müller-Lyer (fig. 2a), le segment horizontal de gauche paraît plus court que celui de droite. L'interprétation de Gregory est illustrée par la figure 2b. Les flèches pointant vers l'extérieur du segment suggèrent un volume avec une arête horizontale saillante donc située près de l'observateur, alors que les flèches pointant vers le centre du segment suggèrent un volume en creux avec une arête éloignée de l'observateur. Les deux segments étant dessinés de même longueur, celui qui est présumé le plus loin semble plus grand. L'illusion de taille de la figure 2e relèverait de la même explication, mais cette fois les indices de perspective sont présents. Dans l'illusion de Ponzo

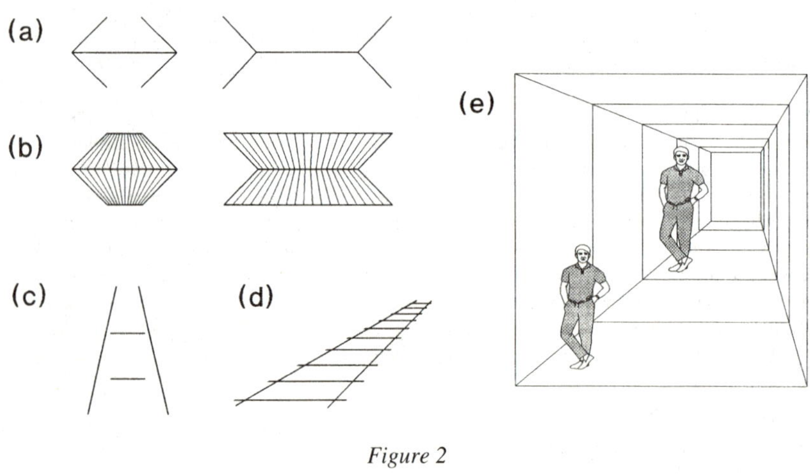

Figure 2

Illusions optico-géométriques. (a) : Illusion de Müller-Lyer. (b) : Interprétation proposée par Gregory. (c) : Illusion de Ponzo. (d) : Perspective d'une voie ferrée qui, selon Gregory, induirait l'illusion de taille. (e) : La présence d'indices de perspective impose de percevoir l'un des personnages plus en avant et donc plus petit que l'autre ; en masquant habilement le décor, les deux personnages apparaissent de même taille.

représentée à la figure 2c, le segment horizontal du haut paraît plus long que celui du bas, alors que tous les deux ont des tracés de même longueur. Selon Gregory, la présence des lignes obliques latérales suggère une perspective en fuite, selon laquelle des segments réellement égaux doivent être représentés par des tracés dont la longueur diminue avec l'éloignement, à la manière des traverses de la voie ferrée représentée à la figure 2d. L'illusion proviendrait du fait que les segments dessinés ayant la même longueur, celui qui est présumé le plus éloigné paraît plus grand. Bien que convaincantes, ces interprétations restent contestées et d'autres explications ont été avancées pour rendre compte de ces phénomènes perceptifs.

L'approche cognitive

Dans sa forme actuelle, cette approche conçoit la perception comme le résultat de l'ensemble des opérations mentales qui permettent de donner une signification aux entrées sensorielles. Son objectif est alors d'expliciter ces différentes opérations. Esquissée dès les années 50, elle s'impose par la parution en 1967 du traité de Ulric Neisser intitulé *Cognitive Psychology*. Cette théorie repose essentiellement sur un modèle de traitement de l'information selon lequel la perception est décomposable en plusieurs étapes, chacune d'elles correspondant à une opération de traitement spécifique. Cela ne signifie pas que ces étapes se déroulent rigoureusement de manière sérielle (c'est-à-dire que l'une ne commencerait que lorsque la précédente serait terminée) ; certaines peuvent opérer en parallèle, et toutes ne sont pas obligatoirement activées. Il en est de même lorsque l'on envisage différents niveaux de traitement, un niveau étant le regroupement de plusieurs étapes : la distinction entre des premiers niveaux et des niveaux plus cognitifs n'implique pas une stricte organisation hiérarchique entre ces niveaux.

Le terme même de « traitement » recouvre des significations différentes selon qu'il s'agit des étapes initiales, où il concerne plutôt les mécanismes neuronaux qui opèrent sur le message nerveux, ou selon qu'il s'applique aux étapes ultérieures, où il correspond aux calculs et transformations sur des représentations internes de nature symbolique. C'est en effet l'une des caractéristiques du cognitivisme que de considérer un niveau d'analyse qui se rapporte à la manipulation de symboles, d'images, de schémas ou de propositions. On distingue alors différentes formes de représentations mentales comme les représentations imagées, les représentations propositionnelles et aussi les représentations sémantiques, lexicales et phonologiques associées aux procédures de dénomination. Les recherches des cognitivistes viseront d'abord à identifier les différentes étapes de traitement, ensuite à déterminer la nature et les propriétés de ces traitements, en précisant en particulier la forme sous laquelle l'information est représentée à chaque niveau, et enfin à expliciter les règles sémantiques des manipulations propres à chacune des formes de représentation mentale. Les processus de traitement qui dépendent fortement des caractéristiques du stimulus sont appelés « ascendants » (*bottom-up*), comme c'est le cas de ceux qui interviennent dans les premières étapes. On les appelle aussi « traitements guidés par le stimulus » dans la mesure où les informations traitées sont directement issues de la stimulation. Ils sont présumés automatiques. Les traitements des niveaux plus cognitifs sont contrôlés. Ils dépendent des connaissances antérieures du sujet, de ses attentes, de ses motivations, de ses schémas cognitifs préexistants. On les qualifie de « traitements guidés par les concepts » ou de traitements « descendants » (*top-down*). Ils interviennent essentiellement au niveau de l'interprétation, mais sont susceptibles d'influer les traitements ascendants. Chacun a l'expérience de situations où la perception d'une scène, c'est-à-dire la représentation qui en est construite, a pu être fortement déterminée par l'état mental du moment.

En conclusion de cet aperçu des principales théories, nous retiendrons l'évolution manifeste qui a marqué l'histoire récente de la perception, depuis les thèses les plus élémentaristes du début du siècle jusqu'aux conceptions contemporaines qui prennent en compte les multiples composantes intervenant dans la perception. De ce point de vue, l'approche cognitive peut apparaître comme une tentative sinon de synthèse du moins de regroupement de certaines théories qui se sont violemment opposées dans le passé. Elle n'est pourtant pas que cela, car elle possède sa propre spécificité. D'abord, elle intègre les apports de plusieurs autres disciplines comme les neurosciences, l'intelligence artificielle et la modélisation informatique, toutes bénéficiaires de progrès technologiques spectaculaires ces trente dernières années. Ensuite, cette approche de la perception occupe une place essentielle dans le champ beaucoup plus vaste de la psychologie cognitive. Ce caractère multidisciplinaire se traduit évidemment par de nombreuses recherches aux approches méthodologiques très diversifiées et dont les objectifs immédiats peuvent sembler assez éloignés. Les chapitres consacrés à l'audition et à la vision n'échapperont pas à cette diversité. Précisons la nature de ces apports complémentaires dont s'enrichit l'étude de la perception.

L'APPORT DES DIFFÉRENTES DISCIPLINES

Nos connaissances actuelles concernant la perception résultent du concours de plusieurs disciplines. Les approches théoriques de chacune et les méthodes qu'elles utilisent sont très différentes. Sans entrer dans une étude exhaustive de ces diverses disciplines, nous mentionnons ici celles qui ont donné lieu aux recherches les plus fructueuses.

La psychophysique

Elle a pour objectif d'établir les relations entre les modifications de l'environnement et leurs correspondants psychologiques. Son développement en tant que discipline date des premiers travaux de G.T. Fechner publiés en 1860, mais les problèmes qu'elle soulève avaient alimenté depuis des siècles des débats philosophiques et épistémologiques. Cette discipline est l'une des racines de la psychologie expérimentale et, plus généralement, de la psychologie scientifique. Certaines de ses applications dépassent le cadre des phénomènes perceptifs mais, pour l'essentiel, on peut dire que le niveau d'analyse de la psychophysique est celui des relations entre stimuli et perception. Ses méthodes et les concepts sur lesquels elle repose font l'objet du chapitre 2.

La physiologie sensorielle

C'est la branche de la physiologie qui s'intéresse aux processus physiologiques à l'origine des perceptions. Deux types d'études et d'analyses peuvent être distingués. Les premières ont pour objectif de déterminer les caractéristiques et les propriétés des systèmes sensoriels sans référence directe à la perception. Il s'agit alors de décrire le fonctionnement des récepteurs, la façon dont ils réagissent aux stimulations (c'est-à-dire la façon dont l'énergie des stimuli est transformée en signal nerveux), ainsi que les voies nerveuses et les différents relais propres à chaque modalité sensorielle. Les secondes s'intéressent plus directement à la façon dont sont codés les différents attributs du stimulus et aux incidences de ces codages sur la perception. Comme nous le verrons au chapitre 3, l'électrophysiologie y tient une place essentielle, car elle permet de décrire certains des traitements réalisés par le système nerveux et de comprendre les conséquences perceptives de ces traitements.

Les études comportementales

Elles sont le lien indispensable entre la physiologie et la psychologie. Ce n'est qu'après une confrontation positive avec des études comportementales que les résultats des recherches physiologiques trouvent leur validation perceptive. La plupart de ces études sont menées chez l'animal où l'on peut recueillir sur le même organisme, et parfois simultanément, les réponses comportementales et les réponses physiologiques. La comparaison de ces résultats avec les données issues d'expériences psychophysiques réalisées chez l'homme permet de renforcer les correspondances entre la physiologie et la perception humaine. Par exemple, cette démarche a permis de proposer une interprétation des effets consécutifs observables à la suite d'une stimulation prolongée (on sait qu'en observant un stimulus lumineux intense pendant trente secondes, on perçoit ensuite une tache sombre dans le champ visuel). De tels effets consécutifs sont attribués à l'activité contrebalancée de deux catégories de cellules nerveuses agissant comme des détecteurs antagonistes. Après la stimulation prolongée d'une catégorie de cellules, c'est l'activité de l'autre catégorie qui domine et qui impose la perception illusoire d'un stimulus opposé.

Les études de pathologie sensorielle

Elles ont pour objectif primordial le traitement et la prévention des troubles de la perception. Pourtant ces études contribuent souvent de façon importante à la compréhension des systèmes sains. La contribution est mutuelle, puisque les avancées dans la connaissance des processus perceptifs trouvent en permanence des applications remarquables dans le traitement des déficiences perceptives ou, du moins, dans leur compensation. Nous verrons, par exemple, que la ségrégation des traitements visuels observés anatomiquement et physiologiquement explique parfaitement certaines agnosies visuelles restées jusque-là bien mystérieuses.

Les modélisations et les simulations des activités perceptives

Elles se sont développées de manière considérable, surtout depuis l'essor de l'intelligence artificielle dont l'objectif est d'utiliser l'ordinateur pour décrire et simuler les principales capacités de l'esprit humain. De nombreux modèles de la perception ont été développés et appliqués aux différentes modalités sensorielles. Ils se sont appuyés d'abord sur les principes d'une théorie du traitement de l'information puis, plus récemment, sur l'intelligence artificielle, sous-discipline récente de l'informatique qui propose de concevoir la perception comme un ensemble de procédures particulières de résolution de problèmes. Quelle que soit la pertinence parfois discutable de certains modèles, ces études ont permis de renouveler les problématiques de recherche sur la perception, en particulier en distinguant des niveaux de calcul et de transformation des informations présentes et des niveaux d'organisation et de description de ces informations compatibles avec la représentation des connaissances.

SENSATION ET PERCEPTION

L'histoire de la psychologie de la perception est jalonnée des différentes prises de position concernant la distinction entre sensation et perception. Le terme de sensation s'impose à la fin du XVIIe siècle pour désigner l'impression produite par les objets sur les sens et, dès le XVIIIe siècle, il tend à s'opposer au terme de perception. Réagissant au pur idéalisme de Berkeley (voir p. 17), le philosophe écossais Thomas Reid (1785) propose de distinguer la sensation qui ne concerne qu'un phénomène personnel, purement mental et indépendant des objets, et la perception qui implique toujours une référence à un objet externe. Par exemple, nous aurions la sensation d'une luminosité, mais nous percevrions une lampe de chevet ou une bougie. Au cours du XIXe siècle, H. von Helmholtz suggère de concevoir la perception comme une interprétation des données sensorielles. Au début du XXe siècle, nous l'avons vu, les structuralistes ou associationnistes ont considéré la sensation comme un élément de base et la perception comme l'addition de nombreuses sensations élémentaires, théorie vivement contestée depuis. De nos jours, où le problème essentiel ne concerne plus les définitions mais la compréhension du fonctionnement des phénomènes perceptifs, les deux notions sont conservées. La distinction se limite cependant à marquer une différence dans la profondeur des niveaux de traitement. Toutes les situations quotidiennes et la majorité des situations expérimentales se rapportent à la perception car elles impliquent un traitement de l'information plus important que celui d'une simple sensation. Nous adopterons des définitions très proches de celles que propose le *Grand Dictionnaire de la Psychologie* (Larousse, 1991).

La sensation

La sensation est un événement psychique élémentaire résultant d'une modification de l'environnement. Cette définition implique qu'il y ait eu un traitement minimum d'informations par le système nerveux central à la suite d'une stimulation d'un organe sensoriel, mais elle n'implique pas que la sensation soit consciente. Dans le cas où elle est inconsciente, la sensation ne peut être mise en évidence que de façon indirecte. Par exemple, les expériences d'« amorçage » (*priming* en anglais) sont des situations où l'existence d'une sensation est déduite de la réponse du sujet alors que celui-ci n'en a pas eu conscience. Bien entendu, la sensation peut être consciente et être mise en évidence de façon directe. Selon cette définition, la sensation est un phénomène psychologique concomitant de l'arrivée d'un influx nerveux au cortex cérébral. Elle est donc spécifique d'une modalité sensorielle, ou même d'une seule caractéristique de la stimulation.

La perception

Elle est le résultat d'une interprétation des informations sensorielles. Elle nécessite l'intégration de plusieurs sensations sur lesquelles l'individu effectue un choix, prend une décision, en fonction de ses connaissances antérieures, de ses attentes ou expectations (sans doute sous l'influence du mot anglais identique, le terme « expectation » a repris en psychologie son sens initial et étymologique qui avait disparu d'« attente d'une chose pouvant arriver »), de ses motivations cognitives et affectives, des coûts et des gains éventuels liés à sa décision perceptive. La perception n'est donc pas une réponse exclusivement déterminée par la stimulation, puisqu'elle met en jeu des processus actifs d'organisation, des constructions perceptives, impliquant l'intentionnalité du sujet. Une telle définition semble conférer à la perception un caractère nécessairement conscient. Si cela est vrai dans la majorité des cas, on se gardera d'une position catégorique sur cette question délicate qui se rapporte à la gestion de nos représentations cognitives. Considérons par exemple la perception de l'espace. Elle repose sur l'intégration d'informations dont le caractère conscient est loin d'être manifeste (informations vestibulaires sur l'orientation de notre tête, informations proprioceptives sur la position de nos membres). On retiendra donc que certains comportements résultent de traitements perceptifs qui ne nécessitent pas de représentations conscientes.

CLASSIFICATION DES SENSATIONS

Classiquement, on reconnaît cinq sensations : vision, audition, olfaction, gustation et toucher, chacune correspondant à un système sensoriel responsable de sensations spécifiques. Cette classification est insuffisante. Il convient d'y ajouter le système vestibulaire, impliqué dans l'équilibration et qui nous fournit des informations sur l'orientation de notre tête dans l'espace et sur les déplacements qu'elle subit. Remarquons aussi, concernant le toucher, que l'on peut distinguer les sensations purement tactiles, résultant d'un contact sur la peau, et les sensations thermiques de chaud et de froid. Les récepteurs à l'origine de ces sensations sont différents et sont répartis de façon non homogène sur l'ensemble de notre corps. De plus, le toucher fait partie plus globalement de notre sensibilité corporelle, appelée « somesthésie ». Celle-ci comporte d'autres types de sensations, généralement inconscientes, comme celle de la position relative de nos membres. Grâce aux informations issues des récepteurs tendineux et articulaires, nous pouvons connaître en permanence la position de notre corps, de nos membres, de nos doigts. On désigne aussi sous le terme de « kinesthésie » la sensation des mouvements de notre corps. Il est commode de différencier les sensations somesthésiques par la nature interne ou externe des récepteurs impliqués, sans oublier la sensibilité à la douleur. Ainsi, nous retiendrons la classification suivante :

- Sensations spécifiques : vision, audition, équilibration, olfaction et gustation.
- Sensations somesthésiques :
  - extéroceptives : tactile, thermique ;
  - proprioceptives : tension des muscles, des tendons et des ligaments ;
  - intéroceptives : sensibilité des viscères ;
  - nociceptives : sensibilité à la douleur.
- Perception de l'espace.
- Perception du temps.

Notons que les deux dernières sont désignées comme des perceptions : la perception de l'espace parce qu'elle intègre des informations en provenance de plusieurs systèmes sensoriels (vision, audition, équilibration et système proprioceptif) ; la perception du temps parce qu'elle ne semble pas résulter d'un système sensoriel spécifique. Enfin, signalons l'existence de nombreuses sensibilités de l'organisme à différentes grandeurs qui, grâce à des systèmes parfois complexes de capteurs physiologiques spécifiques, assurent notre homéostasie (sensibilité à la pression atmosphérique, à la teneur de l'air en oxyde de carbone, à la température interne, à la pression sanguine, aux concentrations ioniques…). Il s'agit là de régulations réflexes qui n'entrent pas dans la cadre d'une étude de la perception.

Cet ouvrage se limite à l'étude de l'audition et de la vision, selon une conception de traitement de l'information, qu'il s'agisse des traitements neurosensoriels précoces ou des traitements sur des représentations perceptives et symboliques. Les exposés de ces systèmes perceptifs feront référence en permanence aux résultats d'expériences de psychophysique ainsi qu'aux traitements neuronaux. Aussi avons-nous choisi de présenter de façon détaillée les méthodes psychophysiques et les bases neurophysiologiques du traitement des informations sensorielles qui sont indissociables de la perception. Ces éléments font l'objet des deux chapitres suivants.

2 *Méthodes psychophysiques*

LE CADRE THÉORIQUE

Les origines

La psychologie expérimentale trouve son origine dans un ensemble de techniques de mesure, les « méthodes psychophysiques », qui se sont développées de manière autonome au point de constituer une discipline à part entière, appelée « psychophysique ». On peut en fixer les origines aux travaux de Gustav Fechner, physiologiste et philosophe allemand du siècle dernier, qui publia en 1860 un ouvrage intitulé *Elemente der Psychophysik*. S'appuyant sur les travaux de Ernst Weber, autre physiologiste allemand, le projet que Fechner réalisa en partie, comme nous le verrons, était de formuler la relation exacte entre le stimulus physique et la sensation. Les préoccupations contemporaines sont d'un autre ordre, mais l'objet général de la psychophysique reste l'étude des relations entre les variations de l'univers physique qui nous entoure et les variations psychologiques concomitantes.

Cet objectif, qui semble simple au premier abord, soulève de nombreux débats de nature philosophique et épistémologique, aussi bien que de nature théorique et méthodologique. Les derniers, comme la notion de seuil par exemple, seront largement développés au cours de ce chapitre. Évoquons un instant les premiers.

Le problème d'ordre épistémologique émerge de la définition de l'objet de la psychophysique qui semble établir *a priori* une distinction entre un univers physique et la représentation mentale de cet univers. Est-ce bien raisonnable? Existe-t-il vraiment un monde objectif et un monde subjectif, les deux pouvant de surcroît être mis en relation? Si oui, le monde objectif peut-il vraiment être décrit et connu ou restera-t-il toujours inconnu, la seule réalité qui nous est accessible étant une réalité subjective? Et, en suivant cette logique, ne devrait-on pas admettre qu'il n'y ait qu'un seul monde, le monde du sujet? Cette controverse très ancienne, bien antérieure à la psychophysique, se situe entre deux positions extrêmes, l'idéalisme et le matérialisme.

L'idéalisme remonte à Platon qui distinguait le monde des sens de celui des idées, mais c'est avec George Berkeley, évêque et philosophe irlandais, que l'idéalisme s'affirme de façon plus radicale. Dans le *Traité de la vision* (1709) Berkeley dégage l'aspect symbolique de la perception visuelle, puis il prône plus généralement une philosophie d'inspiration symbolique dans son *Traité sur les principes de la connaissance* (1710). Bien qu'il ne remette pas en question la matérialité des objets, il insiste sur le fait que nos seules connaissances sont nos idées. L'objet en tant que tel ne peut avoir de réalité sans un sujet qui le perçoit. En affirmant : « Exister c'est être perçu », il propose que la réalité se confonde avec une collection d'idées, d'où l'expression « d'idéalisme absolu » parfois donné à la thèse de Berkeley. Rappelons qu'une célèbre université californienne porte son nom.

Le matérialisme affirme non seulement que l'objet existe en soi, indépendamment du fait qu'il soit ou non perçu, mais postule de plus que nos représentations des objets ne peuvent être qu'un reflet partiel et déformé de leur réalité matérielle.

La psychophysique semble être du côté du matérialisme, puisqu'elle distingue les faits du monde physique des faits psychiques correspondants. C'était bien le projet de Fechner qui proposait, à partir des réponses du sujet, de mesurer ses sensations provoquées par des stimuli déclenchés par l'expérimentateur et d'établir une relation précise entre les deux.

Pourtant, la psychophysique contemporaine n'est pas réellement concernée par ce débat, et ce pour au moins deux raisons. D'abord, parce que la question essentielle de la psychophysique est le problème de la mesure des phénomènes physiques et des comportements observables et non pas celui de la nature des phénomènes en cause. L'objectif primordial est alors de mettre en relation la mesure physique du stimulus avec la mesure quantitative d'un processus psychologique ou d'un comportement. L'objectif complémentaire est d'utiliser ces relations comme moyen d'étude pour la compréhension des phénomènes psychologiques. Ensuite, parce que la psychophysique est plutôt considérée actuellement comme une psychophysique de l'information, où la discussion sur la nature physique et mentale de deux mondes différents n'a plus sa place. Il ne s'agit plus d'étudier les phénomènes physiques d'une part, et des phénomènes mentaux d'autre part, comme des entités isolées et indépendantes qu'on s'efforcerait de mettre en relation. Selon cette nouvelle conception, on se trouve en présence d'un flux d'informations qui se transforme et qu'il convient de décrire de manière adéquate au cours de ces transformations. L'information, d'abord contenue dans le stimulus, est décrite à l'aide des outils de la physique. Puis, transformée en information nerveuse par les organes sensoriels, elle est décrite à l'aide des outils de la neurophysiologie. Enfin, pour ce qui est de la construction de nos représentations, elle est décrite à l'aide des outils de la psychologie cognitive. Il s'agit donc beaucoup plus de mesurer différents types d'information et d'établir des relations entre ces différents modes de description.

Domaine physique et domaine sensoriel

Comme son nom l'indique, la psychophysique est confrontée en permanence à deux domaines, celui de la physique pour ce qui est de la description des stimuli et le domaine sensoriel pour ce qui est des sensations. Le domaine physique ne pose pas de problèmes majeurs, car nous sommes relativement familiarisés avec les mesures qui s'y rapportent. Tout au plus il sera utile de rappeler quelles sont les grandeurs utilisées pour caractériser une stimulation ainsi que les unités de mesure correspondantes. Dans le cas général le stimulus est pluridimensionnel, ce qui signifie que plusieurs grandeurs (paramètres ou dimensions) sont nécessaires pour le définir parfaitement. Ces grandeurs objectives sont issues de la physique et elles possèdent toutes une unité de mesure permettant de les évaluer. Par exemple, un stimulus lumineux pur et homogène sera défini par sa surface (en mètre-carré, m^2), sa durée (en seconde, s), sa longueur d'onde (en nanomètre, nm), son intensité énergétique (en watt, w) ou sa luminance (en candela par mètre-carré, cd/m^2 ou $cd.m^{-2}$), son contraste par rapport au fond (en pourcentage, %) et sa distance au sujet (en mètre, m). Ces grandeurs peuvent prendre n'importe quelle valeur (même négative dans quelques cas, cela dépend de la façon dont on a défini l'unité de mesure), et l'on désigne par « continuum physique » cet ensemble continu de toutes les valeurs possibles. Dans le cas où une seule grandeur est pertinente (les autres étant maintenues constantes), le continuum physique se réduit à une seule dimension, et il est représenté par un axe orienté vers les valeurs croissantes. La plus importante de ces grandeurs est celle qui permet de déterminer l'intensité du stimulus. On prendra garde à ce terme d'« intensité » qui, en plus de son sens courant et générique signifiant amplitude, force ou même puissance, possède un sens très spécifique dans chaque domaine de la physique. Chacune des autres grandeurs correspond à une autre dimension du continuum physique et peut également être représentée par un axe orienté. La particularité des différentes grandeurs physiques caractérisant un stimulus est qu'elles sont orthogonales l'une à l'autre. On entend par là que chacune peut varier indépendamment des autres. Par exemple, la luminance d'un spot lumineux peut augmenter alors que les autres grandeurs conservent la même valeur, sa longueur d'onde peut être modifiée sans que sa luminance le soit, etc. De même, on peut changer la fréquence d'un son pur en conservant la même intensité sonore ou au contraire moduler son intensité en le maintenant à la même fréquence. Toutes les situations sont envisageables.

La psychophysique postule qu'une démarche identique est applicable au domaine sensoriel. La situation est cependant moins naturelle et présente quelques difficultés. Toute sensation peut être entièrement caractérisée par plusieurs grandeurs subjectives. Celle qui permet d'évaluer l'importance ou l'intensité de la sensation est un paramètre quantitatif lié à son caractère faible ou fort. Bien que ce ne soit pas le cas général, ce paramètre peut avoir sa propre dénomination et sa propre unité de mesure, établie subjectivement. Il en est ainsi pour les stimulations sonores où l'intensité perçue, appelée la « sonie », se mesure en sones ou en phones. De la plus faible sensation perçue jusqu'à la sensation la plus forte, l'ensemble de toutes les intensités de sensation possibles se répartissent sur un « continuum sensoriel » qu'on représente également par un axe orienté. Insistons sur le fait qu'il s'agit d'un axe dans le domaine sensoriel et que chaque point de cet axe représente une valeur particulière de niveau de sensation.

Quant aux autres grandeurs subjectives permettant de caractériser une sensation, elles sont généralement appelées « qualités », ce qui évite une confusion avec les grandeurs physiques. Le système d'unité sensorielle associé à chaque qualité est habituellement pauvre et peu précis. Le plus souvent il s'agit d'une simple échelle nominale à quelques niveaux. Par exemple, pour désigner la teinte d'un stimulus visuel monochromatique (c'est-à-dire constitué d'une seule longueur d'onde) on utilise communément une échelle à six niveaux : violet, bleu, vert, jaune, orange et rouge. Un peintre saura sûrement nommer et ordonner quelques nuances supplémentaires, mais on est loin de posséder un vocabulaire complet pour l'ensemble continu de toutes les teintes spectrales. Prenons un autre exemple. La qualité de hauteur d'un son pur est appréciée par une échelle dont les niveaux vont du grave à l'aigu, en passant par les médiums. Par comparaisons successives de deux sons purs voisins, il est facile de parcourir toute l'étendue de l'échelle tonale, en déterminant à chaque fois lequel des deux est le plus aigu. Cela indique que la qualité de hauteur tonale se présente bien comme un continuum sensoriel que l'on peut quantifier en construisant perceptivement une échelle continue de hauteur tonale dont l'unité est le mel. Nous verrons qu'il existe une autre échelle perceptive de hauteur tonale, celle des notes de la gamme sur plusieurs octaves, couramment utilisée par les musiciens. Là encore, on désigne par continuum sensoriel l'ensemble continu de toutes les valeurs que peut prendre la qualité d'une sensation. De la même façon que dans le domaine physique, on peut donc concevoir autant d'axes de continuum sensoriel qu'il existe de qualités pour définir une sensation, avec aussi la contrainte (parfois plus délicate à satisfaire) que ces différentes qualités soient orthogonales entre elles. La psychophysique a pour objectif d'établir une correspondance entre un continuum du domaine physique et le continuum correspondant du domaine sensoriel. La figure 3a illustre cette situation où chaque axe représente un continuum. Les stimuli S_1, S_2... du continuum physique provoquent les réponses sensorielles correspondantes R_1, R_2... (les sensations) sur le continuum sensoriel.

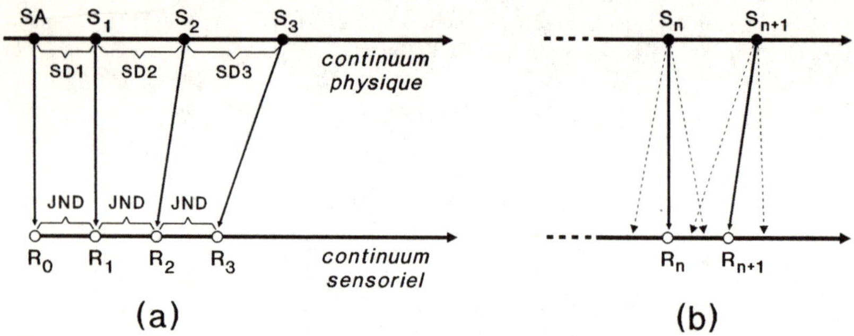

Figure 3

Représentation schématique de la correspondance entre les grandeurs physiques et les grandeurs sensorielles. (a) : Correspondance entre les seuils différentiels (SD) et l'écart juste perceptible (JND). (b) : Fluctuations des réponses pour des stimuli constants (S).

Cette distinction entre les deux domaines sera très fréquemment utilisée par la suite. Pour fixer les idées, donnons quelques exemples de descriptions dans chacun des domaines. Comme on le remarquera, des noms différents sont normalement attribués aux grandeurs physiques et sensorielles, bien que le langage courant ait parfois tendance à les confondre.

Stimulation lumineuse	Sensation visuelle
– Intensité (w) ou luminance (cd.m^{-2})	– Luminosité (sombre, clair)
– Chrominance	– Chromaticité
longueur d'onde (nm)	teinte (violet, bleu, etc., rouge)
facteur de pureté (%)	saturation (pâle, vif)

Vibration sonore	Son perçu
– Niveau acoustique (décibel, dB)	– Sonie (sone ou phone)
– Fréquence (hertz, Hz)	– Hauteur tonale (grave, médium, aigu)
– Composition spectrale (spectres)	– Timbre

Dans ce tableau, la luminance est assimilée à une grandeur physique, ce que nous justifierons à la page 118. Si le continuum physique de la figure 3a représente selon les cas la luminance, la longueur d'onde, le niveau acoustique ou la fréquence du son, le continuum sensoriel correspondant sera respectivement la luminosité, la teinte, la sonie ou la hauteur tonale. Malgré l'apparente simplicité des exemples ci-dessus il ne faudrait pas croire que les correspondances entre les deux domaines sont toujours simples. En particulier, elles sont rarement indépendantes les unes des autres. Par exemple, la hauteur tonale d'un son pur de fréquence élevée maintenue constante se déplace vers les aigus lorsque le niveau acoustique augmente. L'inverse s'observe pour les sons purs de fréquence basse (le son paraît plus grave lorsque son intensité augmente). Avec des stimuli complexes les correspondances sont encore plus déroutantes. La teinte d'un stimulus, d'intensité et de longueur d'onde fixées, peut varier avec la longueur d'onde du fond sur lequel il apparaît (effet de contraste chromatique). Deux longueurs d'onde (dites « complémentaires ») qui produisent individuellement des teintes précises conduisent à une absence de teinte (blanc) lorsqu'elles sont superposées. Cela ne remet pas en cause le caractère d'orthogonalité entre les grandeurs respectives de chaque domaine, mais signifie simplement que chaque grandeur physique n'influe pas de manière exclusive sur une seule grandeur subjective. L'une des raisons résulte du principe d'univariance du codage neurosensoriel que nous verrons au chapitre suivant.

Réponse du sujet

Un point supplémentaire très important doit compléter cette première description. Dans toutes les situations envisageables, l'expérimentateur ne peut pas observer directement la réponse sensorielle R_S du sujet. En effet, cette réponse est une sensation qui, par essence, reste interne au sujet et n'est accessible qu'à lui-même. Le sujet doit alors fournir une réponse observable (réponse orale, appui sur un bouton...) en fonction de sa sensation, ce qui nécessite obligatoirement de sa part un jugement, une prise de décision (je réponds « oui », je réponds « non », j'appuie sur tel bouton...). Bien entendu, c'est uniquement cette réponse, dite « réponse de jugement R_j » du sujet, que l'expérimentateur peut observer et qui constitue le résultat de l'expérience. La séquence des événements est donc la suivante : stimulus, sensation ou réponse sensorielle, réponse de jugement ($S \rightarrow R_s \rightarrow R_j$). Dans ces conditions comment peut-on espérer établir une relation entre le stimulus et la sensation si la seule réponse observable est la réponse de jugement? La psychophysique classique contourne cette difficulté en se limitant aux situations expérimentales où la relation $R_s \rightarrow R_j$ est stable et la plus directe possible, afin que la réponse de jugement ne dépende que de la sensation et non de facteurs étrangers à celle-ci. Les phases d'entraînement des sujets permettent de s'en assurer. C'est avec des protocoles expérimentaux simples, permettant une réponse très rapide du sujet, que la relation $R_s \rightarrow R_j$ peut être considérée comme maintenue constante. Dans un premier temps nous considérerons que ces conditions sont réunies, et nous noterons R la réponse du sujet, qu'elle soit sensorielle ou de jugement. Nous verrons plus loin que la théorie de la détection du signal (TDS) propose une alternative à cette situation, en prenant en compte explicitement la relation $R_s \rightarrow R_j$. Non seulement cette théorie permet d'évaluer les capacités perceptives d'un sujet, mais en plus elle renseigne sur sa stratégie de réponse, sur son critère de décision caractéristiques de cette relation $R_s \rightarrow R_j$.

LES MESURES DE SEUIL

Définitions théoriques

Pour pouvoir établir une correspondance entre le domaine physique, dans lequel on peut aisément mesurer les stimulations, et le domaine sensoriel, il faut pouvoir mesurer les sensations, donc disposer d'une échelle de mesure. La construction d'une telle échelle sensorielle, avec un point de départ et des graduations, s'appuie sur la notion de seuil. Initiée par les travaux de Ernst Weber au milieu du siècle dernier, la notion de seuil est le concept central de la psychophysique classique. On distingue deux types de seuil qui sont théoriquement définis de la façon suivante :

– pour une dimension donnée du stimulus, le « seuil absolu » (SA) est la valeur minimale du stimulus pouvant provoquer une sensation juste perceptible ;

– pour une dimension donnée du stimulus, le « seuil différentiel » (SD) est la quantité minimale dont un stimulus doit varier pour produire une sensation différente ; il s'agit donc d'un écart de la valeur du stimulus par rapport à une valeur initiale.

Ces deux seuils sont définis sur le continuum physique de la dimension étudiée, et leurs valeurs s'expriment dans les unités de la grandeur associée du stimulus. Il leur correspond certaines valeurs de sensation sur le continuum sensoriel (fig. 3a, p. 20). La sensation correspondant au SA est la plus faible possible pour la qualité sensorielle considérée puisque, par définition, un stimulus inférieur ne provoque pas de sensation. Elle constitue donc l'origine de l'échelle des sensations, la sensation « zéro » qu'on notera R_0. Aux différentes valeurs de SD correspond l'écart minimal entre deux sensations permettant de juger celles-ci juste différentes. Cet écart, qui représente une différence juste perceptible, s'appelle habituellement « JND », abréviation de l'anglais *just noticeable difference*. Sur le continuum sensoriel, le JND constitue la plus petite graduation de l'échelle sensorielle, puisqu'un écart plus faible entre sensations n'est pas perceptible. On comprend tout l'intérêt de ces notions de seuil qui nous donnent théoriquement accès à la mesure des sensations. En effet, sur le continuum sensoriel, nous disposons maintenant d'une origine, la sensation R_0 correspondant au SA, et de graduations, les JND successifs correspondant aux différents SD. On peut très bien évaluer une sensation par le nombre de JND qui la séparent de la sensation seuil R_0. La valeur du SD s'accroît habituellement avec l'intensité du stimulus, suivant en cela la loi de Weber (voir p. 28). Par exemple, on sait que si nous sommes capables de juste détecter une charge de 5 g (grammes) ajoutée à une masse soupesée de 100 g (soit un SD de 5 g), il faudra une surcharge de 50 g sur une masse soupesée de 1 kg pour percevoir un accroissement juste perceptible de la sensation de lourdeur (soit un SD de 50 g). En revanche, la valeur du JND sur l'échelle des sensations peut être constante (comme la situation représentée à la figure 3a), puisqu'on peut considérer qu'il existe toujours le même accroissement sensoriel entre une sensation donnée et la sensation qui lui est juste supérieure. Ce point de vue a été adopté par Fechner, mais non par Stevens, comme nous le verrons plus loin.

Notons que dans certains ouvrages, le JND est confondu avec le seuil différentiel. Cette confusion est regrettable et rend encore plus difficile la compréhension de la notion délicate de JND. Insistons encore une fois sur le fait que les SD appartiennent au domaine physique et qu'ils s'expriment avec les unités de la physique, alors que les JND, qui sont des écarts de sensations, appartiennent au domaine sensoriel et sont quantifiables en unité de sensation, dès lors que celle-ci existe.

Définitions opérationnelles

Les précédentes définitions de seuil sont théoriquement satisfaisantes, mais elles s'avèrent inadaptées lorsque l'on cherche à déterminer expérimentalement les seuils, car les valeurs trouvées ne sont pas stables. Si l'on répète une mesure de seuil chez plusieurs sujets, ou sur un seul sujet dans différentes conditions, ou encore sur un seul sujet en maintenant les conditions constantes, les valeurs trouvées ne sont pas exactement les mêmes. En effet, il existe toujours des variations instantanées dans le système récepteur du sujet, dans son attention. Ces variations, parfois appelées le « bruit sensoriel », sont suffisantes pour provoquer des différences de la valeur du seuil. Le schéma de correspondance entre le continuum physique et le continuum sensoriel doit être modifié comme l'indique la figure 3b. Des présentations répétées d'un même stimulus évoquent une gamme de réponses sensorielles se répartissant autour d'une certaine valeur moyenne (ou modale). Pour des stimuli rapprochés S_n et S_{n+1}, les deux gammes de réponses, respectivement autour de R_n et de R_{n+1}, peuvent se chevaucher. Cela signifie que la sensation évoquée par S_n peut, dans certains cas, sembler plus importante que la sensation évoquée par S_{n+1}. Ces fluctuations conduisent à proposer pour les seuils les définitions statistiques suivantes :

– Le seuil absolu est la valeur du stimulus qui a une chance sur deux d'être perçue. Cela signifie que le stimulus est perçu dans 50 % des cas (et donc qu'il n'est pas perçu dans la moitié des cas).

– Le seuil différentiel est l'écart entre deux valeurs du stimulus qui a une chance sur deux d'être perçu.

Prenons un exemple. Supposons que l'on cherche à déterminer le SA de niveau acoustique pour un son pur d'une fréquence de 100 Hz. La mesure est répétée 80 fois chez le même sujet. À chaque essai, le sujet ajuste le niveau acoustique pour obtenir une sensation qu'il estime juste perceptible. La valeur obtenue, exprimée en décibel (dB), est le seuil pour cet essai. Le tableau ci-dessous rassemble les résultats des 80 essais. Les différentes valeurs estimées de SA, classées par valeur croissante, sont en première colonne. La deuxième colonne, celle des effectifs, indique le nombre d'essais ayant conduit à chacune des valeurs. La troisième colonne représente les effectifs cumulés (chaque valeur est la somme des effectifs simples de cette ligne et de ceux des lignes précédentes) et la dernière colonne est celle des effectifs cumulés exprimés en pourcentage.

SA estimé (en dB)	Effectifs simples (nombre d'essais)	Effectifs cumulés	Effectifs cumulés (en %)
30	4	4	5
32	3	7	8,75
34	10	17	21,25
36	16	33	41,25
38	26	59	73,75
40	12	71	88,75
42	6	77	96,25
44	3	80	100

Ces résultats sont reportés graphiquement à la figure 4. Le graphique supérieur représente l'histogramme de distribution des différentes valeurs. Pour chaque valeur de niveau acoustique, en abscisse, on porte l'effectif en ordonnée. Comme l'indique la courbe superposée, la distribution peut être ajustée par une fonction normale (gaussienne). Le SA est alors la valeur de niveau sonore la plus probable, c'est-à-dire celle qui correspond au mode de la distribution, soit 37 dB dans cette expérience.

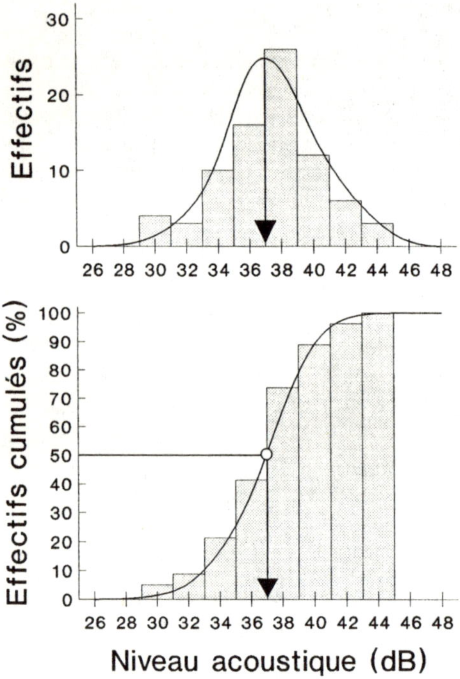

Figure 4

Distribution des valeurs de seuils obtenues par des essais répétés chez un même sujet. L'ordonnée représente le nombre d'essais (graphique du haut) ou le pourcentage d'essais (graphique du bas) ayant conduit à chaque valeur de seuil.

Le graphique inférieur représente la distribution des effectifs cumulés en pourcentage. Elle est ajustée par une courbe sigmoïde, qui n'est rien d'autre que l'intégrale de la gaussienne précédente (fonction normale cumulée). Cette représentation a l'avantage de fournir immédiatement la valeur du seuil conforme à sa définition statistique. Il suffit de lire la valeur du stimulus qui correspond à un effectif cumulé de 50 %, comme l'indique la flèche sur le graphique. On retrouve évidemment la valeur de 37 dB.

Cette fonction, qui relie les différentes valeurs du stimulus à leur pourcentage de détection, est appelée « fonction psychométrique ». Classiquement et le plus souvent, la fonction psychométrique est ajustée au moyen d'une fonction normale cumulée, comme dans l'exemple ci-dessus. Des arguments théoriques ont conduit à proposer d'autres fonctions d'ajustement (fonction logistique, fonction de Quick), mais les différences avec la fonction normale cumulée sont faibles. La préférence pour l'une ou l'autre de ces fonctions est un débat théorique de spécialistes qui sort du cadre de cet ouvrage. Le lecteur qui souhaiterait obtenir des développements pourra consulter le manuel de Bonnet (1986).

Méthodes de mesure des seuils

Les diverses façons de déterminer les seuils se ramènent, pour l'essentiel, aux trois méthodes développées par Fechner : la méthode d'ajustement, la méthode des limites et la méthode des stimuli constants. Les méthodes les plus valides sont celles qui permettent de construire la fonction psychométrique, et donc de relier la valeur du seuil à la probabilité de réponse. Ce sont malheureusement les plus lourdes à mettre en œuvre. On peut leur préférer des méthodes plus rapides, mais moins exactes, qui s'apparentent à la détermination d'une valeur moyenne dont la probabilité de réponse reste inconnue. Le choix de la méthode résulte d'un compromis guidé par les objectifs de l'expérience.

• *Méthode d'ajustement.* C'est la méthode la plus simple. Le sujet ajuste lui-même la valeur du stimulus pour que celui-ci soit juste perçu. Par exemple, pour déterminer le SA de niveau acoustique le sujet règle le bouton « volume » qui contrôle l'intensité du son. Généralement, le sujet commence avec un stimulus non perceptible, augmente sa valeur jusqu'à ce qu'il soit perçu, la diminue jusqu'à ce qu'il ne le soit plus, augmente de nouveau, et ainsi de suite. En quelques inversions, l'encadrement se resserre sur une valeur considérée comme le seuil. Cette méthode est très rapide mais elle ne permet pas de savoir si la valeur trouvée correspond bien au seuil tel qu'il est défini, puisqu'on ignore la probabilité de réponse de cette valeur. On utilise la méthode d'ajustement soit pour des mesures comparatives, soit pour déterminer rapidement la zone du seuil qui sera précisé par d'autres méthodes.

• *Méthode des limites.* Dans cette méthode c'est l'expérimentateur qui présente au sujet des séries successives de stimuli. Les séries sont alternativement croissantes (la valeur du stimulus augmente progressivement) et décroissantes (la valeur du stimulus diminue progressivement). La tâche du sujet est simplement de juger à chaque présentation si le stimulus est perçu ou non perçu. Une série croissante commence par un niveau de stimulus non perçu et s'arrête dès que le sujet perçoit le stimulus. À l'inverse, dans une série décroissante, le niveau initial est celui d'un stimulus perçu et il diminue jusqu'à ce que le sujet ne le perçoive plus. Pour chaque série le seuil est présumé se situer entre les deux valeurs du stimulus pour lesquelles la réponse du sujet s'est inversée. Après plusieurs séries ascendantes et descendantes en nombre égal (habituellement entre 4 et 12 au total), on calcule le seuil en faisant la moyenne des valeurs obtenues à chaque série.

Les données expérimentales sont recueillies au fur et à mesure dans un tableau comme dans l'exemple fictif ci-dessous. Les valeurs du stimulus peuvent varier de 8 à 20 avec un pas de 1. On note par la lettre P (ou tout autre symbole, signe +, chiffre 1) les réponses perçues, et par NP (signe –, chiffre 0) les réponses non perçues. La valeur seuil obtenue à chaque série est notée en bout de ligne ; par exemple pour la troisième série elle est estimée à 12,5 le jugement étant passé de NP à P entre les valeurs 12 et 13 du stimulus. Le calcul du seuil est indiqué sous le tableau.

Valeur du stimulus →	8	9	10	11	12	13	14	15	16	17	18	19	20	Valeur seuil par série
croissante	NP	NP	NP	NP	NP	NP	P							13,5
décroissante								NP	P	P	P	P	P	15,5
croissante		NP	NP	NP	NP	P								12,5
décroissante							NP	P	P	P	P	P		14,5
croissante		NP	NP	NP	P									11,5
décroissante									NP	P	P	P	P	16,5
croissante			NP	NP	NP	NP	NP	NP	P					15,5
décroissante						NP	P	P	P	P	P	P	P	13,5

Valeur du seuil :

$$SA = \frac{13,5 + 15,5 + 12,5 + 14,5 + 11,5 + 16,5 + 15,5 + 13,5}{8} = \frac{113}{8} = 14,13.$$

La méthode des limites conduit à deux types d'erreurs qui peuvent biaiser le résultat : 1) l'erreur d'anticipation est celle que commet un sujet qui, sachant que sa perception va basculer au cours de la série, change sa réponse avant l'inversion réelle de perception ; 2) une erreur de persévération, au contraire, est commise par un sujet qui, habitué à donner la même réponse dans une série, conserve ce même jugement au-delà de la valeur qui provoque le changement de perception.

Pour une mesure de seuil différentiel, deux stimuli sont présentés à chaque essai (stimulus test et stimulus variable). L'expérimentateur fait croître puis décroître l'écart entre les deux stimuli et le sujet doit juger à chaque essai s'ils paraissent identiques ou différents. Dans des situations plus complètes, le stimulus variable peut prendre des valeurs inférieures, égales ou supérieures au stimulus test. En tenant compte des trois réponses possibles du sujet (plus petit, égal ou plus grand), on est amené à définir un seuil inférieur, lors du passage de la réponse « plus petit » à la réponse « identique », et un seuil supérieur, lors du passage de la réponse « identique » à la réponse « plus grand ». Le SD est défini comme la demi-différence entre ces deux seuils. De plus, on appelle « point d'égalisation subjective », noté PES, la valeur du stimulus située à mi-chemin entre ces deux valeurs. La situation peut se schématiser de la façon suivante :

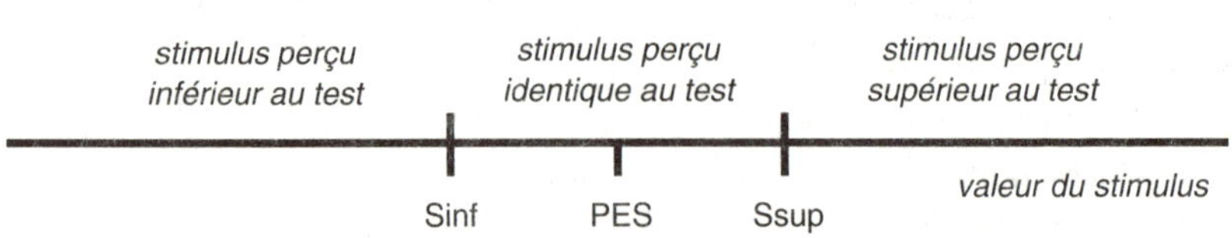

$$SD = \frac{Ssup - Sinf}{2} \qquad PES = \frac{Ssup + Sinf}{2}.$$

• *Méthode des stimuli constants.* Cette méthode présente deux avantages par rapport aux méthodes précédentes. D'abord, elle permet d'éviter les types d'erreurs signalés plus haut en présentant dans un ordre aléatoire les différentes valeurs du stimulus.

Ensuite, elle permet d'établir la fonction psychométrique, et donc de connaître la valeur du seuil qui correspond exactement à une probabilité de détection de 50 %. Son inconvénient majeur est d'être longue et fastidieuse, car elle nécessite un grand nombre d'essais.

Dans la pratique, l'expérimentateur présente plusieurs fois au sujet, différents niveaux du stimulus choisis pour encadrer la valeur du seuil. Cela implique que le seuil ait été estimé au préalable par une méthode rapide. Cinq à huit niveaux sont suffisants, en excluant ceux, nettement supraliminaires, pour lesquels le stimulus est toujours perçu, et ceux, nettement infraliminaires, pour lesquels le stimulus n'est jamais perçu. En effet, les réponses à ces niveaux n'apportent aucune information sur ce qui se passe au voisinage du seuil. Chaque niveau est présenté un grand nombre de fois, la précision de la mesure étant d'autant plus grande que le nombre de présentations est élevé. Une vingtaine de présentations par niveau semble un minimum, et des nombres de présentations de cent ou de plusieurs centaines sont habituels. À chaque présentation, dont l'ordre est aléatoire, le sujet indique si le stimulus est perçu ou non perçu. Ainsi, à la fin de l'expérience, on connaît, pour chacun des niveaux, le nombre de fois où le stimulus a été perçu. Compte tenu du nombre de présentations par niveau, les résultats peuvent s'exprimer en pourcentage de détection. Par ajustement de ces valeurs, on construit la fonction psychométrique, ce qui permet de déterminer le niveau du stimulus qui correspond à 50 % de détection.

Pour bien comprendre la démarche, considérons de nouveau la situation fictive sur laquelle nous avions appliqué la méthode des limites. La valeur du SA estimée précédemment étant de 14,13, nous choisissons sept niveaux de stimulus centrés sur la valeur 14, soit de 11 à 17 avec un pas de 1. Supposons que chaque niveau soit présenté 150 fois (soit 1050 essais en tout) et que les résultats soient les suivants :

Niveaux du stimulus	11	12	13	14	15	16	17
Nombre de détections	3	11	15	72	118	128	147
% de détections	2	7,33	10	48	78,67	85,33	98

Ces résultats sont reportés graphiquement à la figure 5. L'ajustement de la fonction psychométrique est obtenu par une fonction normale cumulée. La valeur du seuil correspondant à 50 % de détections est de 14,25. Cette valeur, peu différente de la précédente, est cependant plus fiable, car nous pouvons affirmer cette fois qu'il s'agit bien de la valeur du stimulus qui est perçu une fois sur deux.

On l'aura compris, cette méthode est de loin la plus fiable. Malgré une mise en œuvre très lourde, due aux mesures préalables et au nombre de présentations, elle sera systématiquement préférée quand le seuil doit être connu avec précision. Le lecteur ne doit pas être impressionné outre mesure par le grand nombre d'essais. Comme nous l'avons vu plus haut, le protocole expérimental est toujours conçu pour permettre une réponse très rapide du sujet. Les essais peuvent donc s'enchaîner à une cadence élevée d'environ un par seconde, voire plus pour les sujets entraînés. Dans l'exemple ci-dessus cela conduirait à une expérience d'une vingtaine de minutes en ménageant de courtes pauses entre des blocs d'essais, ce qui n'est quand même pas excessif.

Nous ne détaillerons pas les aménagements nécessaires pour appliquer cette méthode à une mesure de seuil différentiel. Ils sont délicats dans les situations

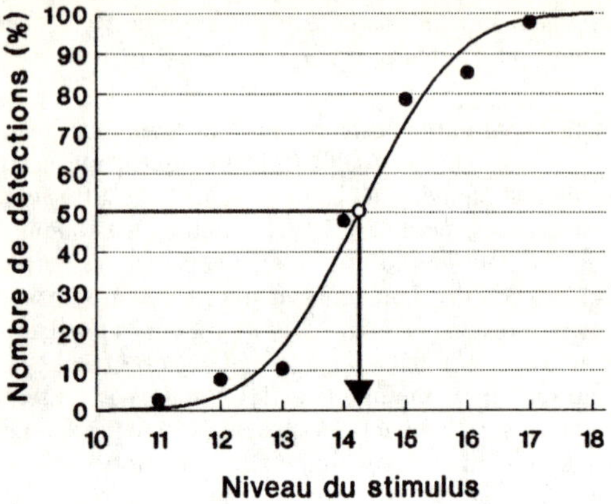

Figure 5

Fonction psychométrique ajustant les points expérimentaux.

impliquant trois réponses du sujet (plus petit, égal ou plus grand), mais restent minimes si l'on se contente de deux réponses (identiques ou différents).

Enfin, signalons que la sensibilité, définie mathématiquement comme l'inverse de la valeur seuil, varie en sens opposé à celui du seuil. Si le seuil augmente, cela signifie que la sensibilité du sujet diminue. Réciproquement, une grande sensibilité signifie un seuil très bas.

LES LOIS PSYCHOPHYSIQUES

On désigne habituellement sous ce terme les trois formulations fondamentales de la psychophysique classique. La première concerne les seuils différentiels et les deux autres traduisent des correspondances entre le domaine physique et le domaine sensoriel.

Loi de Bouguer-Weber

Découverte initialement par le physicien et mathématicien français Pierre Bouguer (1760), à l'issue de ses travaux fondamentaux sur la photométrie, cette loi fut généralisée par E. Weber en 1831. Dans sa formulation la plus simple, elle stipule que le seuil différentiel ΔI est proportionnel à l'intensité I du stimulus autour de laquelle on mesure le seuil différentiel. Cela peut s'écrire :

$$\Delta I = k.I.$$

Autrement dit, plus l'intensité du stimulus est élevée, plus l'accroissement qu'il faut lui donner pour ressentir un écart de perception est grand. Cette loi, dont nous avons déjà donné un exemple à propos de notre sensibilité à soupeser une masse, s'applique à l'intensité du stimulus, mais également à toutes les autres grandeurs qui caractérisent le stimulus. On peut donc proposer la formulation plus générale, applicable à toutes les grandeurs physiques et pas seulement à l'intensité, qui suit :

Quelle que soit la valeur V du stimulus à partir de laquelle on mesure le seuil différentiel ΔV, le rapport entre ces deux grandeurs reste constant, ce qui s'écrit :

$$\frac{\Delta V}{V} = k = cste.$$

La valeur de cette constante, sans unité, est appelée « fraction de Weber » ou « rapport de Weber ». Elle dépend du système sensoriel et de la grandeur physique considérée. Dans la pratique, on constate que cette loi n'est convenablement vérifiée que pour les valeurs moyennes du stimulus et que le rapport de Weber augmente pour les valeurs les plus faibles et les plus élevées du stimulus, décrivant une courbe en U. On trouvera ci-dessous quelques valeurs de ce rapport (pour des valeurs moyennes du stimulus où la loi de Bouguer-Weber est validée) :

– fréquence sonore (Δf/f) : 0,003 ;
– luminance (ΔL/L) : 0,02 ;
– sensibilité à une masse soupesée (Δm/m) : 0,05 ;
– intensité sonore d'un son de 200 Hz (ΔI/I) : 0,08 ;
– sensibilité olfactive à la concentration (Δc/c) : 0,20.

Loi de Fechner

La loi formulée par Fechner indique que l'intensité de la sensation (notée S) varie proportionnellement au logarithme de l'intensité du stimulus (notée I), soit : S = a. log I, où a est une constante.

L'hypothèse principale de la démarche de Fechner est de postuler que la variation de sensation juste perceptible (c'est-à-dire le JND) reste constante tout le long du continuum sensoriel considéré. Autrement dit, l'échelle sensorielle comporterait des graduations constantes, comme la majorité des échelles de mesure. Il note ΔS cet écart constant de sensation et considère qu'il est proportionnel au rapport de Weber, soit :

$$\Delta S = a.\frac{\Delta I}{I}.$$

L'étape suivante postulée par Fechner consiste à considérer à la fois la sensation S et l'intensité I du stimulus comme des variables mathématiques continues et à assimiler les variations ΔS et ΔI à des éléments différentiels, au sens mathématique, notés alors dS et dI.

La relation devient : $dS = a \cdot \frac{dI}{I}$, et, en intégrant : $\int dS = a \cdot \int \frac{dI}{I}$,

soit, finalement : $\mathbf{S = a \cdot \log I}$.

Cette relation est représentée graphiquement à la figure 6. L'axe vertical représente l'intensité de la sensation (axe du continuum sensoriel). En abscisse on porte soit l'intensité du stimulus (graphique de gauche), soit directement le logarithme de l'intensité du stimulus (graphique de droite), ce qui a l'avantage de conduire à une représentation linéaire.

En proposant une telle formulation, Fechner pensait avoir trouvé la relation générale entre l'intensité de la sensation et l'intensité du stimulus. En fait, cette loi n'est vérifiée expérimentalement que de façon partielle. Cela ne doit pas surprendre, car elle suppose, d'une part, que la loi de Bouguer-Weber soit valide, ce qui n'est le cas que pour des valeurs moyennes du stimulus, et, d'autre part, que le JND utilisé comme unité de mesure des sensations reste constant tout au long du continuum sensoriel

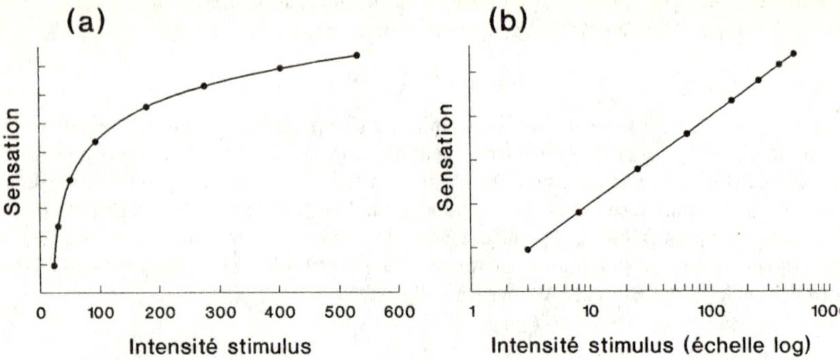

Figure 6

Loi de Fechner exprimant la relation entre l'intensité physique du stimulus et la sensation perçue. L'intensité du stimulus est portée sur une échelle linéaire en (a) et logarithmique en (b).

considéré, ce qui est loin d'être général. Cette loi a pourtant donné naissance à ce qu'on appelle la « psychophysique objective », dans la mesure où elle s'appuie sur une évaluation des sensations exprimée en fonction de la valeur physique du stimulus.

Loi de Stevens

Le manque de généralité de la loi de Fechner a conduit à rechercher une formulation plus adaptée. Les nombreux travaux menés par le psychophysicien américain Stanley Stevens et son école (plusieurs publications allant des années 50 aux années 70) ont permis de proposer une nouvelle loi dont la validité est beaucoup plus grande. Stevens ne fait pas l'hypothèse de la constance du JND le long du continuum sensoriel, mais considère, au contraire, que le JND est proportionnel à la valeur de la sensation par rapport à laquelle il est évalué. Cela signifie que l'échelle sensorielle comporterait des graduations de plus en plus espacées. En appelant ΔS cet accroissement élémentaire de sensation juste perceptible, il propose donc la relation $\Delta S = h.S$, le facteur h étant une constante. Stevens rapproche alors cette formulation de la relation proposée par la loi de Bouguer-Weber concernant l'intensité du stimulus ($\Delta I = k.I$), ce qui lui permet d'écrire :

$$\frac{\Delta S}{S} = h = h \cdot \frac{k}{k} = \frac{h}{k} \cdot \frac{\Delta I}{I} = \alpha \cdot \frac{\Delta I}{I}$$, où α est une constante égale à $\frac{h}{k}$.

Avec une démarche équivalente à la précédente, cette équation est ensuite assimilée à une équation différentielle au sens mathématique du terme, dont la solution est obtenue après intégration.

On peut donc écrire successivement :

$$\frac{dS}{S} = \alpha \cdot \frac{dI}{I}$$, et en intégrant : $$\int \frac{dS}{S} = \alpha \cdot \int \frac{dI}{I},$$

d'où : $$\log S = \alpha \cdot \log I + \text{cste},$$

soit finalement : $\mathbf{S} = \mathbf{b} \cdot \mathbf{I}^{\alpha}$, où b est une constante.

Ainsi, selon Stevens, la sensation varie selon une fonction puissance de l'intensité du stimulus, puisque la relation indique que la valeur de la sensation est proportionnelle à celle du stimulus, élevée à une certaine puissance. L'exposant α est caractéristique du continuum sensoriel considéré, et sa détermination a fait l'objet de nombreux travaux. La valeur $\alpha = 1$ correspond à une simple relation affine entre la sensation et le stimulus, puisque la sensation est alors directement proportionnelle à la valeur du stimulus. La sensation croît plus vite que le stimulus lorsque $\alpha > 1$, et moins vite si $\alpha < 1$. Dans ce dernier cas, on retrouve une évolution qui ressemble à celle proposée par Fechner.

Les différents types de variations prédits par la loi de Stevens sont représentés à la figure 7, selon la valeur de α. On remarquera que l'utilisation d'échelles log-log (graphique de droite) conduit à des représentations linéaires. L'axe vertical représente la valeur des sensations (continuum sensoriel). Pour évaluer ces sensations, Stevens a développé des méthodes originales où le sujet estime directement leur valeur. Par exemple, il est demandé au sujet de noter sur une échelle numérique qu'il se fixe (disons de 0 à 20) le volume sonore ressenti, la taille apparente d'une image, la luminosité d'une surface, etc. *A priori*, une telle méthode peut sembler peu fiable car trop subjective. L'expérience montre au contraire que les sujets sont très fidèles dans leurs jugements et que les résultats obtenus chez un grand nombre de sujets sont tout à fait comparables. La seule précaution nécessaire est que les échelles des différents sujets soient calées sur un même niveau de référence. Cela permet d'exprimer les niveaux de sensations donnés par les sujets en valeur relative, après normalisation à ce niveau de

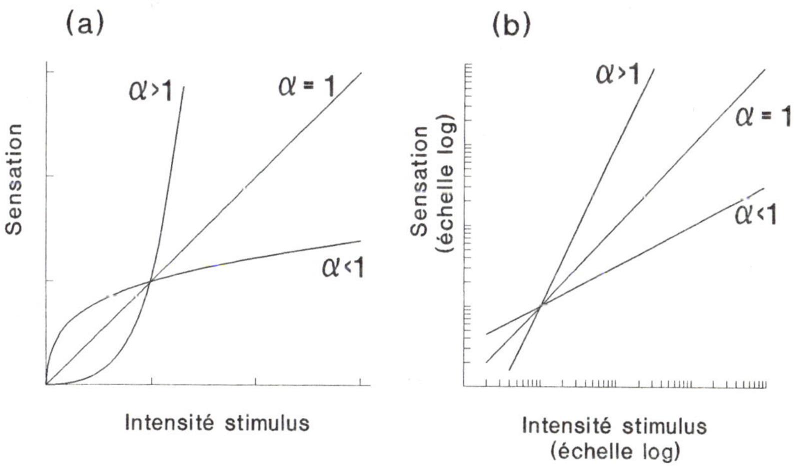

Figure 7

Loi de Stevens exprimant la relation entre l'intensité physique du stimulus et la sensation perçue selon la valeur de l'exposant α. Les échelles des deux axes sont linéaires en (a) et logarithmiques en (b).

référence. Cette loi a donné naissance à ce qu'on appelle la « psychophysique subjective », dans la mesure où elle s'appuie sur une évaluation directe des sensations par le sujet.

L'avantage de la formulation de Stevens est son caractère très général. La loi est facilement vérifiée pour les différentes modalités sensorielles, il suffit de déterminer la valeur de l'exposant α. Voici les valeurs obtenues pour quelques continuums sensoriels :

- sensibilité à un stimulus électrique sur la peau : 3,5 ;
- sensation de chaud : 1,6 ;
- sensibilité à une masse soupesée : 1,45 ;
- sensation de froid : 1,0 ;
- sensation gustative : 0,8 ;
- sonie d'un son de 1 000 Hz : 0,7 ;
- luminosité : 0,3.

LA THÉORIE DE LA DÉTECTION DU SIGNAL (TDS)

Jusqu'à présent nous avons toujours considéré que la réponse du sujet ne dépendait que de la stimulation, en supposant que la relation $R_s \rightarrow R_j$ entre la sensation et la réponse du sujet était directe et constante. Un élément très important de cette relation est le critère de réponse du sujet, c'est-à-dire le niveau de sensation à partir duquel le sujet estime avoir perçu le stimulus (ou un stimulus différent pour le seuil différentiel). Dans toutes les mesures de seuil, il est essentiel que le sujet maintienne ce critère constant tout au long de l'expérience et que ce critère soit semblable pour les différents sujets. Pour cette raison, on s'efforce de construire des protocoles expérimentaux où la tâche est suffisamment simple pour que le sujet puisse répondre très rapidement, sans qu'il ait besoin d'élaborer des stratégies complexes de réponses susceptibles d'évoluer au cours du temps. Sinon, les valeurs de seuil et les conclusions qui en découlent sont peu fiables, comme nous allons le constater en étudiant l'influence de la stratégie du sujet sur la mesure du seuil.

Rôle de la stratégie du sujet

Considérons une expérience fictive de détermination de seuil absolu chez deux sujets. Pour se garantir le maximum de fiabilité, nous choisissons la méthode constante en se fixant sept niveaux de stimulus, présentés dans un ordre aléatoire cinquante fois chacun. À chaque essai, le sujet répond simplement « oui » si le stimulus est perçu ou « non » dans le cas contraire. Supposons que le premier sujet (appelons-le X) ait décidé d'apparaître particulièrement sensible à ce stimulus. Au cours de l'expérience, il répondra « oui » dès qu'il aura le moindre doute de la présence du stimulus, manifestant un comportement que l'on peut qualifier de « libéral » (ou « téméraire »). Supposons, au contraire, que le second sujet (appelons-le Y), plus réservé et pointilleux, ne réponde « oui » que lorsqu'il est vraiment sûr d'avoir perçu le stimulus. Par opposition, cet autre comportement sera appelé « prudent » ou « réservé » (on dit aussi « conservateur »). Les résultats hypothétiques sont présentés à la figure 8. Le sujet X fournit un plus grand nombre de réponses « oui » que le sujet Y, car ce dernier n'a

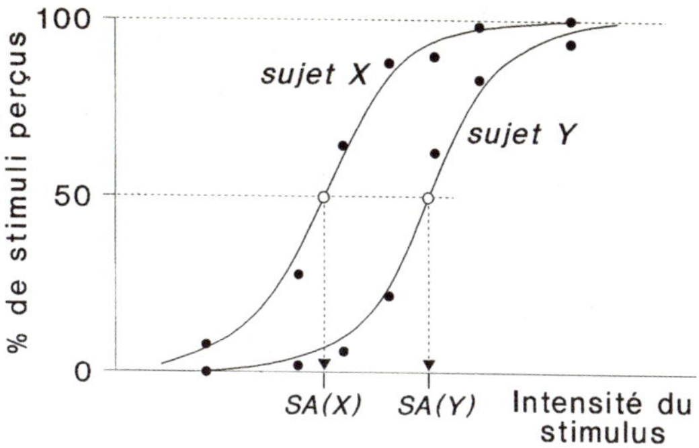

Figure 8

Fonctions psychométriques obtenues dans les mêmes conditions pour deux sujets. L'écart entre les deux seuils SA(X) et SA(Y) peut être dû soit à une différence de sensibilité, soit à une différence de critère de jugement.

répondu « oui » que pour les valeurs les plus élevées du stimulus. Ainsi la valeur seuil SA(X) obtenue pour le sujet X est inférieure à la valeur seuil SA(Y) obtenue pour le sujet Y. Doit-on en déduire que le premier sujet possède une meilleure sensibilité que le second? En s'appuyant strictement sur ces mesures de seuil, la réponse devrait être affirmative, mais n'oublions pas que les mesures de seuil reposent justement sur l'hypothèse d'un critère de réponse semblable chez tous les sujets. Dans le cas présent, il est tout aussi probable que les deux sujets aient la même sensibilité et que l'écart de seuil observé ne soit dû qu'à la différence dans leur stratégie de réponse. Le sujet libéral a adopté un critère de réponse bas le conduisant à répondre « oui » au moindre stimulus douteux. Le sujet prudent a adopté un critère de réponse élevé le conduisant à ne répondre « oui » qu'aux essais où il est certain d'avoir perçu le stimulus. Quelle validité peut-on alors attribuer à une mesure de seuil si des facteurs autres que la sensibilité des sujets sont susceptibles d'influer sur sa valeur? Une telle interrogation a conduit certains chercheurs à mettre en doute l'existence même des seuils. Sans aller aussi loin, retenons que les mesures de seuils impliquent une forte contrainte sur la stabilité et l'homogénéité des critères de réponse des sujets. C'est à l'expérimentateur avisé de s'assurer de la validité de cette hypothèse. Dans le cas contraire, on est amené à utiliser d'autres procédures permettant d'évaluer la stratégie mise en œuvre par le sujet, comme la « théorie de la détection du signal » (TDS) que nous allons exposer maintenant.

Situation expérimentale type de la TDS

Dans toutes les situations expérimentales précédentes, le sujet était soumis à de nombreux essais où le stimulus était toujours présent mais avec des valeurs différentes. La situation type de la TDS est radicalement différente. On choisit une seule valeur de stimulus, évidemment telle que celui-ci soit difficilement perceptible, mais le stimulus n'est pas systématiquement présent à tous les essais. La tâche du sujet consiste simplement à se prononcer, à chaque essai, sur la présence ou non du stimulus. Pour bien comprendre cette situation, il est nécessaire d'introduire les concepts de signal et de bruit. Le signal est le stimulus pertinent présenté au sujet. Le bruit est le bruit de fond dans le sens de la théorie de l'information, c'est-à-dire l'ensemble des phénomènes non pertinents qui demeurent en absence de ce signal (à ne pas confondre avec le sens habituel du bruit sonore). Même si aucun stimulus n'est présent, il y a toujours au minimum une activité neurosensorielle spontanée, une activité de fond qui fait que le système n'est pas au repos absolu. Dans d'autres situations, où le signal est à discriminer parmi d'autres stimuli, le bruit est tout ce qui est présenté au sujet hormis le signal. Le bruit est donc aussi bien l'activité spontanée du système sensoriel que l'activité évoquée par les informations parasites ou des distracteurs éventuellement présentés au sujet. Ainsi, il convient de distinguer les essais où seul le bruit est présent (essai B) et les essais où le signal est superposé au bruit (essai S+B). Par exemple, si le sujet doit détecter la présence d'un stimulus particulier au milieu de distracteurs, un essai B ne comporte que les distracteurs, alors qu'un essai S+B comporte les distracteurs auxquels est superposé le signal pertinent à détecter. Comme à chaque type d'essai le sujet a deux possibilités de réponse, on observe les quatre situations suivantes :

– détection correcte (DC), si le sujet répond qu'il a perçu le signal et que celui-ci était effectivement présent ;

– rejet correct, si le sujet dit n'avoir rien perçu et que le signal était effectivement absent ;

– fausse alarme (FA), si le sujet répond qu'il a perçu un signal alors que celui-ci était absent ;

– omission, si le sujet n'a rien perçu alors que le signal était présent.

Ces différentes situations sont résumées dans le tableau ci-dessous, appelé « matrice des réponses ». C'est sous cette forme que l'expérimentateur peut présenter les résultats en portant le nombre de réponses de chaque type dans les cases correspondantes.

		Type d'essai	
		Signal + Bruit (S + B)	Bruit (B)
Réponses du sujet	OUI	Détection correcte DC	Fausse alarme FA
	NON	Omission	Rejet correct

Dans la pratique, on présente au sujet un grand nombre d'essais (plusieurs centaines), dans un ordre aléatoire, en comptabilisant au fur et à mesure le nombre de réponses de chaque catégorie. Ensuite, on calcule facilement le pourcentage de DC par rapport au nombre d'essais S + B et le pourcentage de FA par rapport au nombre d'essais B. À partir de ces pourcentages, on peut déduire par lecture dans des tables adéquates deux paramètres, le premier renseignant sur les capacités perceptives du sujet dans la tâche considérée et le second sur la stratégie de réponse du sujet. Avant d'expliquer en détail la nature de ces paramètres, observons sur des exemples et à l'aide d'une représentation graphique (fig. 9, p. 36), comment les pourcentages de FA et de DC peuvent évoluer en fonction des sujets et des conditions expérimentales.

Un exemple d'application

Reprenons l'expérience fictive précédente avec le sujet X, au comportement libéral, et le sujet Y, au comportement prudent. Établissons un protocole de TDS comportant 150 essais S+B, où le signal est présent, et 150 essais B où il ne l'est pas. Notons qu'il n'est pas impératif que les nombres d'essais de chaque sorte soient égaux. Supposons que les résultats soient les suivants :

– Sujet X : 132 DC et 18 omissions pour les 150 essais S+B, soit 88 % de DC ;
57 FA et 93 rejets corrects pour les 150 essais B, soit 38 % de FA.

– Sujet Y : 105 DC et 45 omissions pour les 150 essais S+B, soit 70 % de DC ;
24 FA et 126 rejets corrects pour les 150 essais B, soit 16 % de FA.

Ces résultats sont conformes au comportement supposé des sujets. En répondant facilement qu'il perçoit le signal, le sujet X obtient plus de détections correctes, mais aussi un nombre important de fausses alarmes. À l'inverse, le sujet Y, qui ne se prononce qu'avec certitude, fait moins de fausses alarmes, mais il détecte moins souvent le signal.

Un moyen simple de modifier la stratégie des sujets est d'associer un barème de gains aux bonnes réponses et de pénalités aux mauvaises. Supposons d'abord que le sujet gagne 100 francs pour chaque DC, 10 F pour chaque rejet correct, mais qu'il perde 10 F pour toute mauvaise réponse (FA ou omission). Averti de ces règles, le sujet comprend immédiatement que son intérêt financier est d'augmenter son nombre de DC, quitte à faire plus de FA qui sont moins pénalisées. L'expérience refaite dans ces conditions conduirait aux résultats ci-dessous :

– Sujet X : 149 DC sur les 150 essais S+B, soit 99,3 % de DC ;
141 FA sur 150 essais B, soit 94 % de FA.

– Sujet Y : 147 DC sur les 150 essais S+B, soit 98 % de DC ;
108 FA sur les 150 essais B, soit 72 % de FA.

Ces résultats montrent que les deux sujets ont adopté un comportement délibérément plus téméraire, n'hésitant pas à répondre « oui » au moindre doute afin d'optimiser leur gain. Évidemment, le nombre de FA s'est, lui aussi, accru de manière importante.

Dans un deuxième temps modifions le barème en donnant 10 F pour chaque DC, 100 F pour chaque rejet correct, et en pénalisant les mauvaises réponses comme précédemment (10 F par FA ou omission). Cette fois-ci l'intérêt du sujet est, bien entendu, de repérer le maximum d'essais où le signal est absent, ce qui impose de répondre systématiquement « non » en cas de doute. Les résultats seraient alors les suivants :

– Sujet X : 72 DC sur les 150 essais S+B, soit 48 % de DC ;
9 FA sur 150 essais B (donc 141 rejets corrects), soit 6 % de FA.

– Sujet Y : 45 DC sur les 150 essais S+B, soit 30 % de DC ;
3 FA sur les 150 essais B (donc 147 rejets corrects), soit 2 % de FA.

Comme prévu, les deux sujets ont adopté cette fois-ci un comportement beaucoup plus réservé qui leur permet d'accroître le nombre de rejets corrects. Parallèlement, le nombre de DC a très nettement diminué par rapport aux situations précédentes, ce qui s'explique par le désir de ne répondre « oui » qu'avec la certitude d'avoir perçu le signal.

Courbes ROC

Une simple représentation graphique (fig. 9a, p. 36) permet de bien visualiser les évolutions de stratégie des sujets. Les pourcentages de FA sont portés en abscisses et les pourcentages de DC en ordonnées. On remarque que tous les points expérimentaux, obtenus dans les différentes conditions envisagées ci-dessus, se répartissent sur une seule et même courbe. Cela permet de conclure que les capacités perceptives des deux

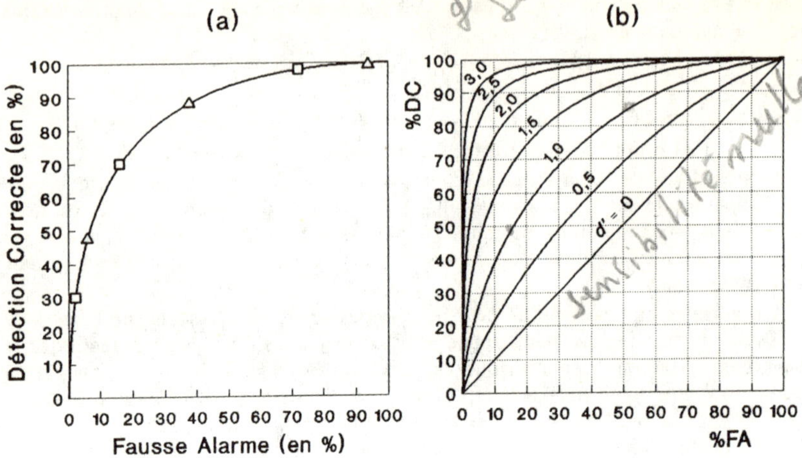

Figure 9

Courbes ROC. En (a), les résultats obtenus pour un sujet prudent (carrés) et pour un sujet libéral (triangles) selon différentes conditions de récompense (coûts et gains). En (b), réseau de courbes ROC théoriques pour les différentes valeurs de *d'* indiquées sur chaque courbe.

sujets sont identiques et que, de plus, elles n'ont pas évolué avec les conditions expérimentales. Pour conclure à une modification des capacités perceptives, donc de la sensibilité, il aurait fallu que les points se situent sur des courbes différentes. Les variations de gains et de coûts n'ont eu pour seule conséquence que modifier la stratégie des sujets, ce qui se traduit par un déplacement du point représentatif sur une même courbe. Un comportement prudent se traduit par un point localisé dans la partie inférieure gauche et un comportement libéral par un point localisé dans la partie supérieure droite. Une telle courbe, spécifique d'une certaine capacité perceptive, représente donc des points d'égale sensibilité. Elle est appelée « fonction d'efficacité du récepteur » ou, plus couramment, « courbe ROC », abréviation de l'anglais *Receiver Operating Characteristic*.

La figure 9b représente un réseau de courbes ROC, tracées par calcul théorique. Chaque courbe correspond à une capacité perceptive donnée, caractérisée par la valeur d'un paramètre appelé « *d'* ». Toutes les courbes ROC sont situées entre la diagonale et le coin supérieur gauche du cadre du graphique. La diagonale correspond à une situation limite où la discrimination entre le signal et le bruit est impossible ; le sujet répond alors au hasard. Au contraire, pour des situations où le signal se distingue facilement du bruit (ce qui revient à dire que la sensibilité perceptive du sujet est grande), on obtient une courbe très creusée vers le coin supérieur gauche. À la limite, lorsque la tâche est très facile à réaliser, le sujet ne fait que des détections correctes, sans fausse alarme. C'est une situation sans intérêt, pour laquelle la courbe se réduit au coin haut-gauche du graphique. Dans tous les cas, la position des points expérimentaux sur le réseau de courbes ROC permet de comparer différents sujets ou différentes conditions d'expérience. Le point situé sur la courbe la plus anguleuse (valeur de *d'* la plus élevée) correspond à la sensibilité la plus grande et des points situés sur une même courbe correspondent à une même sensibilité ou une même capacité perceptive. Mais tout cela ne concerne qu'une visualisation graphique. Allons plus loin, en montrant comment on peut calculer, pour une expérience donnée, la capacité perceptive du sujet ainsi que sa stratégie.

Aperçu théorique de la TDS

La TDS prédit, qu'à partir des deux pourcentages calculés (% FA et % DC), il est possible de déterminer un premier paramètre, « *d'* », renseignant sur les capacités sensorielles du sujet, et un second paramètre, « ß », renseignant sur la stratégie de réponse de sujet, sur son jugement. Un minimum d'explication théorique permet d'expliciter ces deux grandeurs.

• *Signification du paramètre « d' »*. En se plaçant le long du continuum sensoriel, supposons qu'il soit possible de connaître, pour tous les niveaux de sensation possibles, la probabilité d'attribuer cette sensation soit au bruit seul, soit à la présence du signal superposé au bruit. Si l'on pouvait réellement les déterminer, ces probabilités devraient se répartir selon deux distributions normales (courbes de Gauss), comme le montre la figure 10. L'axe des abscisses représente le niveau de la sensation ressentie par le sujet (c'est l'axe du continuum sensoriel). Les ordonnées indiquent la probabilité que cette sensation résulte du bruit seul (courbe de gauche) ou du signal superposé au

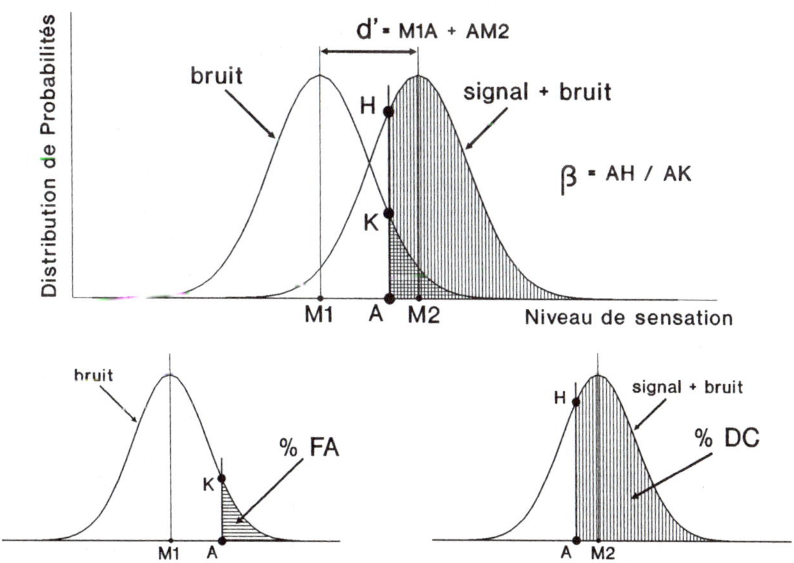

Figure 10

Interprétation théorique de la théorie de la détection du signal (TDS).

bruit (courbe de droite). Insistons sur le fait que ces distributions sont purement théoriques et qu'elles ne peuvent pas être déterminées expérimentalement. De plus, on suppose que ces deux distributions ont même variance, et donc qu'elles ne diffèrent que par la position de leur maximum. Des corrections existent dans le cas où cette hypothèse n'est pas vérifiée. Dans les conditions expérimentales où le signal est très difficile à distinguer du bruit, les deux situations sont perceptivement très semblables pour le sujet et les deux distributions sont voisines avec un recouvrement important. Au contraire, si le signal est très différent du bruit, les distributions sont éloignées et leur recouvrement est négligeable. C'est le cas lorsque la tâche de détection est facile et que le sujet ne fait quasiment que des détections correctes sans fausses alarmes. Plus précisément, l'éloignement entre les deux distributions est relié de façon biunivoque à la difficulté perceptive de la tâche ou, si l'on préfère, à la capacité sensorielle du sujet à effectuer la tâche donnée. Ainsi, selon cette théorie, la distance *d'* qui sépare les modes des deux distributions est un indicateur des capacités perceptives du sujet pour la tâche considérée. Nous verrons plus loin comment déterminer *d'* à partir des % FA et % DC. Une valeur de *d'* faible indique une situation expérimentale où les capacités perceptives du sujet pour distinguer les essais S+B des essais B sont médiocres, c'est-à-dire une tâche difficile, alors qu'une valeur de *d'* élevée traduit de bonnes capacités de discrimination du sujet, donc une tâche facile. Bien entendu, les situations expérimentales intéressantes sont celles qui sont intermédiaires entre le cas extrême où les distributions sont confondues (*d'* = 0, et le sujet répond au hasard) et le cas où les distributions sont complètement disjointes (*d'* > 4, et le sujet ne se trompe pratiquement jamais).

• *Signification du paramètre «ß».* La TDS fait l'hypothèse que le sujet se fixe un niveau particulier de sensation sur lequel son jugement bascule. Toute sensation qu'il ressent inférieure à ce niveau est attribuée au bruit, alors que toute sensation supérieure à ce même niveau sera attribuée à la présence du signal. Ce niveau particulier correspond donc au critère de jugement du sujet. La position de ce critère sur l'échelle des niveaux de sensation (axe du continuum sensoriel) est choisie plus ou moins consciemment par le sujet, en fonction de sa stratégie de réponse. Un sujet prudent se fixe un niveau élevé et il n'attribue au signal que les quelques sensations dont l'intensité dépasse ce niveau. S'il accepte de prendre plus de risques, il se fixe un niveau bas et attribue alors au signal un nombre beaucoup plus important de sensations, comme le font les sujets plus aventureux. Tout le problème réside donc à déterminer quelle est la position du critère choisie par le sujet. Or, cette position ne peut être évaluée directement sur l'axe des niveaux de sensation. Cependant, on peut remarquer qu'à chaque position A sur cet axe correspond une valeur unique du rapport AH/AK, le point H étant l'ordonnée en A de la distribution signal + bruit et le point K l'ordonnée en A de la distribution bruit seul. Ce rapport, noté ß et relié de façon biunivoque à la position du point A, est donc un paramètre renseignant sur le critère de jugement du sujet, sur sa stratégie. Sa valeur, nous allons le voir, peut se déduire des % FA et % DC. Un sujet prudent se fixe un niveau critique élevé, ce qui correspond à ß>1, alors qu'un sujet plus libéral se fixe un critère bas correspondant à ß<1. La valeur ß = 1 est obtenue lorsque le sujet fixe la position de son critère exactement à l'intersection des deux courbes de distribution.

• *Détermination des paramètres d' et ß.* On démontre que les pourcentages de FA et de DC déterminés expérimentalement sont égaux à certaines surfaces limitées par les courbes théoriques de distribution des probabilités de réponse du sujet. Les surfaces en question sont indiquées par des hachures sur la figure 10 et sur les deux courbes isolées dans la partie inférieure. La surface limitée par la courbe bruit et située à droite de la verticale passant par le critère du sujet, correspond au % FA (hachures horizontales). Effectivement, cette surface représente l'ensemble des situations où le signal est absent (courbe de distribution du bruit seul) et pour lesquelles le sujet a néanmoins répondu « signal », puisque sa sensation est supérieure au niveau critique qu'il s'est fixé. De même, la surface limitée par la courbe signal + bruit et située à droite de la même verticale correspond au % DC (hachures verticales). Elle représente bien l'ensemble des situations où le signal est présent (courbe de distribution du signal + bruit) et pour lesquelles le sujet a correctement répondu « signal », puisque sa sensation est supérieure au critère qu'il s'est fixé. Comme les probabilités se distribuent selon une gaussienne, il suffit de consulter une table de la loi normale qui donne, pour chaque valeur d'abscisse (en l'occurrence la distance d'un point à la valeur centrale de la gaussienne), l'ordonnée correspondante et l'aire sous la courbe limitée par cette abscisse. Ainsi, le % FA est égal à l'aire donnant, par lecture directe sur la table, les distances M_1A et AK et le % DC est égal à celle qui donne les distances AM_2 et AH. On en déduit très facilement les deux paramètres utiles de la façon suivante $d' = M_1A + AM_2$, et ß = AH/AK.

• *Exemples et interprétation*. Supposons qu'une expérience, menée dans cinq conditions différentes, ait conduit aux résultats rassemblés dans le tableau ci-dessous. Le lecteur pourra vérifier, à l'aide d'une table normale, les valeurs de *d'* et de ß qui ont été calculées à partir des % FA et % DC. Il faudra être vigilant car toutes les tables ne présentent pas de la même façon les éléments de la distribution normale. Certaines donnent la valeur de la surface s'étendant de la valeur centrale jusqu'à l'abscisse du point donné, d'autres la valeur de la surface extérieure au point considéré (au-delà de ce point); certaines considèrent toute la distribution (surface normalisée à 1) et d'autres seulement la moitié correspondant aux abscisses positives (surface normalisée à 0,5). Notons qu'il existe également des tables (table de Elliot ou similaires) qui donnent directement et sans calcul les valeurs de *d'* et de ß, à partir de celles de % FA et de % DC.

Conditions	*% FA*	*% DC*	*d'*	*ß*
1	8,1	64,8	1,78	2,48
2	10,2	90,5	2,58	0,95
3	18,4	81,3	1,79	1,01
4	40,9	93,8	1,77	0,31
5	52,4	80,5	0,8	0,69

Dans les conditions 1, 3 et 4, les valeurs de *d'* sont très semblables, et seule change la valeur de ß. On en conclut que la difficulté perceptive de la tâche est restée la même pour les trois conditions, mais que le sujet a modifié sa stratégie. Il est prudent dans la condition 1 (critère élevé, ß>1), neutre dans la condition 3 (ß ≈1) et très libéral dans la condition 4 (critère bas, ß<1). Dans la condition 2, la tâche perceptive est manifestement plus facile que dans les conditions précédentes, puisque *d'*est plus élevé (2,58 par rapport à 1,78). Dans la condition 5 au contraire, la tâche est perceptivement très difficile (*d'* = 0,81). On peut également reporter ces points expérimentaux sur le diagramme des courbes ROC (fig. 9b, p. 36) et vérifier graphiquement ces conclusions.

Nous retiendrons de la TDS que des stratégies de réponse différentes (donc des critères de décision différents) dans les mêmes conditions perceptives conduisent à des points qui se répartissent sur une même courbe ROC. À l'opposé, des conditions expérimentales modifiant les capacités perceptives, aussi bien que des différences de sensibilité entre les sujets se traduisent par des points expérimentaux situés sur des courbes ROC différentes.

Pour conclure, signalons que l'utilisation de la TDS ne se limite pas à l'étude de la sensibilité perceptive. Elle a trouvé des applications originales dans l'étude de la mémoire et, de manière plus inattendue, en docimologie pour apprécier la stratégie mise en œuvre par les sujets répondant à des questionnaires à choix multiples et, par là même, pour tester la validité de ce type d'épreuves.

EN RÉSUMÉ

La psychophysique établit les relations entre les descriptions physiques des stimulations et les descriptions perceptives. Dans les conditions où la stratégie de réponse du sujet est maintenue constante, on peut déterminer les seuils absolus et les seuils différentiels pour toute grandeur du stimulus, en particulier son intensité. Différentes méthodes permettent ces évaluations, mais la méthode des stimuli constants est la plus fiable car elle permet de déterminer la fonction psychométrique et donc de connaître les probabilités de réponse associées à chaque valeur de stimulus. On peut aussi établir les lois exprimant la relation entre la sensation (S) et la grandeur du stimulus (I). La loi de Stevens ($S = b.I^{\alpha}$) est plus générale que la loi de Fechner ($S = a.\log I$). Toutes deux s'appuient sur la loi de Bouguer-Weber ($\Delta I/I = cste$). Dans les conditions où il importe, au contraire, d'étudier la stratégie de réponse du sujet, on a recours à d'autres protocoles expérimentaux, comme la théorie de la détection du signal (TDS) qui permet de suivre, en même temps, la stratégie du sujet et ses capacités perceptives.

3 *Bases physiologiques de la perception*

Si la perception se construit évidemment à partir des très nombreuses stimulations de l'environnement captées par les systèmes sensoriels, elle nécessite aussi la mise en jeu de structures cérébrales spécialisées. Toute une série d'étapes se déroulent dans le système nerveux entre l'impact du stimulus sur un récepteur sensoriel et le fait de le percevoir. Au niveau du récepteur, la stimulation physique est transformée en un message nerveux qui contient toutes les informations nécessaires à l'élaboration de la perception. Ce message est ensuite acheminé au cortex cérébral, dans des aires spécialisées, après passage dans différents relais nerveux (le cortex est l'écorce cérébrale, la partie externe du cerveau où se dessinent de nombreuses circonvolutions sinueuses). Tout au long de ce cheminement très rapide, des mécanismes subtils, dont certains sont bien connus, agissent sur ce message pour le traiter. Les traitements commencent dès les récepteurs sensoriels, se poursuivent dans chaque relais nerveux et s'achèvent dans les nombreuses structures du cortex. C'est par l'ensemble de ces différents traitements qu'une signification est donnée progressivement au message sensoriel et que s'élabore la perception.

Il en est ainsi pour tous les systèmes sensoriels. Différentes étapes de traitement peuvent être décrites entre la vibration sonore qui arrive dans l'oreille et le fait d'entendre un son, entre la lumière qui pénètre dans l'œil et la sensation de voir, entre les molécules odorantes dispersées dans l'air inspiré atteignant les narines et le fait de sentir une odeur, entre une pression mécanique sur la peau et la sensation de toucher, entre une accélération de la tête et la sensation de déplacement de celle-ci, etc.

Ce chapitre est consacré à la description des éléments de neurophysiologie permettant de comprendre certains types de traitements nerveux qui sous-tendent la perception. Dans ce domaine, les recherches de ces trente dernières années ont été d'un apport considérable pour la compréhension des phénomènes perceptifs.

UNE VUE D'ENSEMBLE

Le phénomène initial commence lorsqu'une stimulation atteint un récepteur sensoriel. Les cellules réceptrices, spécifiquement sensibles à ce stimulus, réagissent en fonction de l'information qu'il contient et génèrent un influx nerveux qui traduit cette information. Cette transformation de l'information d'une forme à une autre est appelée « transduction neurosensorielle ». L'influx nerveux est assimilable à un signal électrique, mais sa nature exacte, que nous préciserons plus loin, est très différente de celle du courant électrique habituel. Chaque modalité sensorielle possède des récepteurs remarquablement spécialisés pour ne réagir qu'à un type spécifique de stimulus. Les cellules réceptrices de l'audition et celles de l'équilibration sont respectivement sensibles à l'énergie mécanique de pression et de déplacement. Lorsque les cils qu'elles portent sont inclinés sous l'effet de l'énergie mécanique transmise, ces cellules génèrent des signaux électriques. Les récepteurs du toucher, également sensibles à l'énergie mécanique, déclenchent une réponse électrique dès qu'ils sont légèrement déformés. Les cellules réceptrices de la vision, appelés « photorécepteurs », contiennent des substances très particulières, dont la décomposition par la lumière est à l'origine du message électrique. Lorsque certaines molécules chimiques entrent en contact avec l'extrémité des cellules d'un bourgeon du goût, elles modifient la perméabilité membranaire de ces cellules, provoquant l'émission d'un signal électrique.

Sitôt élaboré par les cellules réceptrices, l'influx nerveux se propage dans le réseau des cellules nerveuses ou neurones. Par son activité propre, chaque neurone peut modi-

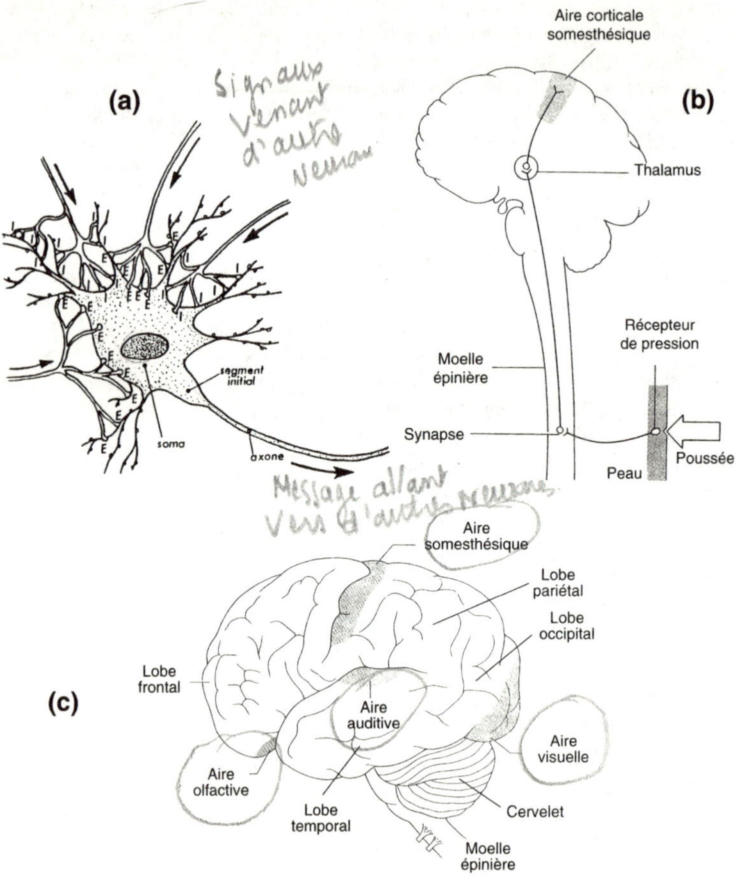

Figure 11

En (a), schéma d'un neurone. En (b), principe simplifié d'un système sensoriel ; un stimulus appliqué sur la peau déclenche, au niveau du récepteur, un influx nerveux transmis au cerveau par une succession de neurones. En (c), localisation des aires sensorielles sur le cortex.

(*Source :* (b) et (c) d'après *Sensation and Perception*, E.B. Goldstein, Wadsworth Publishing Company, 3e éd., p. 36-37.)

fier le message nerveux, contribuant ainsi au traitement de ce message. Tous les neurones ont une structure comparable à celle du neurone type représenté à la figure 11a. Il comporte un corps cellulaire (appelé aussi « soma »), un fin prolongement, la fibre nerveuse ou axone, pouvant mesurer plusieurs centimètres, et d'autres prolongements, appelés « dendrites », formant souvent une arborisation abondante (du grec *dendron*, arbre). En permanence, un neurone reçoit sur ses dendrites ou directement sur son soma les signaux électriques en provenance d'un grand nombre d'autres neurones. Le corps cellulaire additionne toutes ces influences électriques et génère son propre message qui dépend évidemment du résultat de l'intégration de tous les signaux reçus. Ce message prend naissance à la racine de l'axone et se propage sur toute sa longueur à destination d'autres neurones. Le sens naturel du cheminement de l'influx nerveux est donc dendrite, corps cellulaire et axone. En situation expérimentale sur l'animal, il est toutefois possible de provoquer des propagations d'influx en sens inverse (propagation dite « antidromique »). La transmission des signaux d'un neurone à l'autre s'effectue au niveau des zones de jonction, appelées « synapses » (du grec *sunapsis*, liaison), établies entre l'extrémité d'une ramification axonique d'un premier neurone et une dendrite ou le soma du neurone suivant. Un schéma très simplifié d'un système sensoriel est présenté à la figure 11b. Une stimulation appliquée sur la peau est captée par un récepteur du toucher qui génère alors un signal électrique. Au niveau de la moelle épinière, ce signal est transmis à un neurone dont l'axone fait relais à son tour sur un autre neurone à destination de l'aire corticale spécifique de la sensibilité tactile. La simplification de ce schéma est cependant abusive pour deux raisons. D'une part, il présente une chaîne de transmission unique, comme si les différents neurones ne se relayaient que pour constituer une longue ligne de transmission avec des éléments trop courts, ce qui n'aurait pas grand intérêt. En fait, et comme signalé plus haut, à chaque relais le nouveau neurone effectue un traitement puisqu'il reçoit des quantités d'autres informations (non représentées) qu'il intègre pour générer son propre message. D'autre part, l'aire sensorielle spécialisée apparaît dans ce schéma comme une aire de projection ultime. Cette conception ancienne n'a plus cours aujourd'hui, et si l'on parle encore d'aire corticale de réception (ou de projection), il faut préciser aires primaires. En effet, les traitements se poursuivent dans de nombreuses autres aires, réparties sur tout le cortex. De plus, chaque étape de traitement peut influencer en retour les étapes précédentes, car tous les relais et toutes les aires corticales sont reliés par de multiples connexions réciproques. L'une des particularités des aires primaires de projection est qu'elles sont très précisément localisées sur le cortex en fonction de la modalité sensorielle impliquée (fig. 11c). Les aires visuelles primaires occupent le lobe occipital ; l'aire primaire de la sensibilité tactile est située dans le lobe pariétal à l'arrière de la scissure de Rolando ; les aires de l'audition et de l'équilibration sont dans le cortex temporal le long de la scissure de Sylvius ; les aires gustatives et olfactives, plus difficiles à délimiter, sont situées temporalement au-dessus de cette même scissure. Les autres aires non primaires impliquées dans le traitement des informations sensorielles, et dont certaines sont polysensorielles, se répartissent sur l'ensemble du cortex, y compris le cortex frontal.

INFORMATION NERVEUSE

Le traitement de l'information réalisé par les neurones est indissociable de l'influx nerveux, support même de cette information. Nous serons donc amenés à détailler la nature électrophysiologique de l'influx nerveux et les modalités de sa transmission. Dans une première approche, décrivons les différents phénomènes électriques présents dans les neurones, en précisant en quoi ils sont porteurs d'informations. Le terme de « phénomène électrique » est approprié, puisque ce sont des mouvements d'ions à travers la membrane du neurone qui sont responsables de l'influx nerveux. Les ions étant des particules électriquement chargées, leurs déplacements se traduisent par des modifications de potentiel électrique, faciles à étudier. On décrit trois types de potentiels, le premier correspondant à la situation théorique de repos et les deux autres à l'activité du neurone.

Le potentiel de repos

Il s'agit du potentiel électrique du neurone dans la situation qualifiée de repos, c'est-à-dire en l'absence de toute stimulation. En toute rigueur, cette situation ne peut s'observer que sur des préparations expérimentales de neurones isolés. Les concentrations intracellulaires et extracellulaires des différents ions n'étant pas identiques, il existe un déséquilibre des charges électriques entre les deux milieux, responsable d'une différence de potentiel électrique. Le neurone est dit « polarisé ». La valeur de ce potentiel, appelé « potentiel de repos » ou « potentiel de membrane », est de l'ordre de – 70 mV (millivolts), le signe moins indiquant que l'intérieur du neurone est négatif par rapport au milieu extérieur.

En situation réelle, un neurone n'est jamais dans un état de repos complet. Même en l'absence de stimulation externe, les nombreuses connexions qu'il entretient avec les autres neurones maintiennent un certain niveau d'activité. De ce fait, les valeurs de potentiel de repos observées peuvent être sensiblement différentes d'un neurone à l'autre.

Les situations d'activité se traduisent par des variations du potentiel de repos. On en distingue deux sortes, les potentiels localisés et les potentiels d'action, chacun correspondant à un type différent du codage de l'information.

Les potentiels localisés

Ce sont des variations du potentiel de repos qui, ne pouvant diffuser que sur de très courtes distances, restent toujours localisés au seul corps cellulaire, d'où leur nom. On dit qu'il y a « hyperpolarisation » si le potentiel interne du neurone devient encore plus négatif que le niveau de repos, et « dépolarisation » dans le cas contraire. Les potentiels localisés sont graduables, c'est-à-dire que leur amplitude peut prendre n'importe quelle valeur en fonction de la cause qui leur donne naissance. La gamme de variation reste cependant relativement faible, généralement de quelques millivolts à quelques dizaines de millivolts tout au plus.

Un premier exemple de potentiels localisés s'observe au niveau des récepteurs sensoriels. En réponse à un stimulus, le potentiel de repos de l'élément récepteur subit une variation appelée « potentiel récepteur ». Selon les cas, la stimulation externe produit soit une dépolarisation, soit une hyperpolarisation de l'élément récepteur. Insistons sur le fait que le terme de potentiel récepteur désigne la variation du potentiel de repos de cet élément. Par exemple, si une stimulation amène le potentiel interne d'une valeur initiale de repos de –70 mV, à une valeur de – 55 mV, l'amplitude du potentiel récepteur sera de + 15 mV [– 55 – (– 70) = + 15]. En ce qui concerne ces potentiels récepteurs, le codage est très simple, puisque leur amplitude est toujours proportionnelle à l'intensité du stimulus. On peut donc considérer que la valeur du potentiel récepteur est l'information qui traduit l'intensité du stimulus. Une ambiguïté demeure cependant, dans la mesure où un stimulus de faible intensité, mais particulièrement adapté au récepteur, peut conduire à la même valeur de potentiel récepteur qu'un stimulus moins bien adapté, donc moins efficace, mais de forte intensité. Nous y reviendrons lorsque nous aborderons les courbes d'accord des neurones.

Un autre exemple très important de potentiels localisés est celui des influences que chaque neurone reçoit de la part d'autres neurones, au niveau des synapses. Appelées « potentiels postsynaptiques », ces influences se traduisent par des dépolarisations ou des hyperpolarisations d'amplitudes variables au sein du neurone cible considéré. Toutes ces variations s'additionnent algébriquement dans son corps cellulaire, si bien qu'à chaque instant le potentiel interne du neurone est la somme de son propre potentiel et de tous ces potentiels localisés. Chaque neurone se comporte donc comme un centre intégrateur d'informations, capable de réagir à des centaines de messages provenant d'autres neurones, l'information résultante étant codée en permanence par la valeur instantanée de l'amplitude de son potentiel interne.

Le type de codage que nous venons de décrire, où l'amplitude du potentiel peut prendre une valeur continûment variable en fonction des influences reçues, est qualifié de « codage analogique ». Il s'oppose au « codage numérique » réalisé par les potentiels d'action dont l'amplitude est constante.

Les potentiels d'action (PA)

Les PA sont de brèves impulsions électriques produites au niveau du segment initial, partie du corps cellulaire où l'axone prend naissance. Ils sont déclenchés systématiquement lorsque la valeur du potentiel interne atteint un certain niveau, dit « niveau critique », d'environ – 50 mV. Chaque PA consiste en un brutal renversement de polarité, le potentiel interne devenant positif pendant un temps très bref (fraction de milliseconde) avant de reprendre sa valeur initiale. Bien que seul le segment initial soit concerné par la production des PA, le phénomène est suffisamment ample pour que les PA soient enregistrables par une microélectrode introduite n'importe où dans le corps cellulaire ou même simplement placée à son voisinage. L'amplitude d'un PA, mesurée par l'écart entre la valeur de repos et le sommet du pic positif, est d'environ 100 mV. Elle est constante pour un neurone donné, ce qui signifie que tous les PA émis par un neurone ont la même amplitude. Il s'agit d'un phénomène de tout ou rien, puisque soit il n'y a pas de PA, soit il est présent avec son amplitude toujours identique. Après l'émission d'un PA, si le niveau critique est toujours atteint, un autre PA est émis, et ainsi de suite. On observe alors des bouffées ou des trains de PA.

La propriété essentielle des PA est de pouvoir se propager tout le long de l'axone pour transmettre l'information à un autre neurone. La question est alors de comprendre comment des impulsions électriques d'amplitudes identiques peuvent coder une information différenciée. La réponse réside dans le codage utilisé qui est de type numérique, c'est-à-dire que l'information est codée par la distribution des PA dans le temps. Par exemple, un neurone fortement activé émettra des cadences élevées de PA, alors qu'un neurone fortement inhibé pourra ne plus émettre de PA (cette cadence ou fréquence se mesure en nombre de PA émis par seconde). Plus précisément, l'information est contenue dans la distribution temporelle des PA : train continu de PA, fonctionnement par bouffées de plusieurs PA, ralentissement de la cadence, absence temporaire de PA, etc. À ce propos, on peut citer Jean-Pierre Changeux qui écrit, dans

L'Homme neuronal : « Quel que soit l'endroit où on l'enregistre ou la manière dont il est produit, l'influx nerveux a la même forme. La communication dans le système nerveux s'effectue par un système très uniforme, voire universel, d'impulsions électriques. À cet égard, les signaux propagés se réduisent aux points et aux silences d'un langage Morse très simplifié. » On saisit alors tout l'intérêt d'étudier ces distributions temporelles des PA émis par les neurones ou parcourant les fibres pour comprendre la nature des traitements réalisés par les neurones.

Comme nous l'avons déjà dit, un neurone n'est jamais complètement dans un état de repos absolu. Inséré dans un réseau très complexe de connexions, il reçoit en permanence de nombreuses influences d'autres neurones, si faibles soient-elles, et son niveau de potentiel interne est le plus souvent légèrement supérieur au niveau critique. De ce fait, il émet toujours quelques PA. Cette activité, observée même en l'absence de toute stimulation externe, est appelée « activité spontanée » et s'exprime en nombre moyen de PA émis par seconde. Par rapport à cette activité spontanée, un neurone peut être soit activé, soit inhibé. Lorsque la somme des influences reçues par un neurone conduit à une dépolarisation, il y a activation (ou excitation) et le taux de PA émis augmente. À l'inverse, si le résultat conduit à une hyperpolarisation, il y a inhibition et la cadence des PA émis diminue ou même s'annule si le potentiel interne repasse très en dessous du niveau critique.

PROPAGATION DES POTENTIELS D'ACTION

Il est important de souligner que l'inversion transitoire de potentiel observée lors de l'émission d'un PA est strictement localisée à l'endroit de la dépolarisation qui l'a déclenché. Comment, dans ces conditions, peut-on parler de propagation des PA? L'explication est la suivante. La formation d'un PA en un point d'une fibre, en particulier son pic nettement positif, provoque une différence de potentiel avec les régions adjacentes. Il en résulte des courants électriques locaux qui dépolarisent les zones voisines. Lorsque cette dépolarisation atteint le niveau critique, un nouveau PA, rigoureusement identique au précédent, est créé en ce nouvel endroit. Le phénomène se répète sur la région suivante, et ainsi de suite, donnant l'impression d'une réelle propagation d'un influx. La situation est comparable à celle de ces bandeaux d'affichage lumineux, où l'allumage et l'extinction successifs de lampes adjacentes donne l'impression d'un déplacement du texte écrit. Il faut remarquer que la production d'un PA en un point rend cette région inexcitable pendant la milliseconde qui suit. En raison de cette période réfractaire, un PA ne peut se reproduire sur la région qu'il vient de parcourir. Le PA ne peut donc rebrousser chemin, et la propagation n'a lieu que dans un seul sens, de la racine de l'axone vers ses arborisations terminales. De plus, cette période réfractaire limite la fréquence maximale des PA que peut émettre un neurone. La durée du PA est d'environ une milliseconde pour tous les neurones. Le silence qui suit dû à la période réfractaire étant également d'environ une milliseconde, on calcule facilement que la cadence maximale d'émission des PA se situe autour de 500 PA par seconde.

La vitesse de propagation des PA est variable selon les fibres. Chez les mammifères, elle est comprise entre 1 et 120 mètres par seconde. Plus le diamètre d'une fibre est grand plus la conduction est rapide. À diamètre égal, la conduction est plus rapide pour les fibres myélinisées. En effet, la myéline, contenue dans des petits manchons

NATURE DE L'INFLUX NERVEUX

L'influx nerveux est la conséquence de plusieurs mécanismes responsables des mouvements ioniques à travers la membrane des neurones. Il est important de bien comprendre que la membrane des neurones n'est pas une enveloppe étanche et que si elle retient les grosses molécules comme les protéines, elle reste perméable à l'eau et aux ions de petite taille. Rappelons qu'un ion est une particule électriquement chargée (positive ou négative), résultant de la dissolution de toute molécule dans l'eau ou dans une solution aqueuse, comme les liquides intra- et extracellulaires. Par exemple, il est bien connu que le chlorure de sodium (NaCl, sel de cuisine) dissous dans l'eau est dissocié en ions Na^+ et Cl^-. À l'intérieur des neurones, les protéines sont elles-mêmes sous forme d'ions négatifs (Pr^-). Les ions intervenant dans l'influx nerveux sont surtout les ions sodium (Na^+), potassium (K^+) et chlore (Cl^-). Plusieurs phénomènes régulent leurs déplacements. D'abord, ils peuvent traverser librement et passivement la membrane sous l'effet de forces électrostatiques et de forces de diffusion. Les premières tendent à maintenir la neutralité électrique. Leur action est telle que les charges de même signe se repoussent, alors que les charges de signe contraire s'attirent. Les secondes agissent pour que la concentration interne de chaque ion reste égale à sa concentration externe. Toutes ces forces sont dites « passives » car elles ne nécessitent pas d'apport d'énergie. Un état stable est atteint si elles sont contrebalancées. Ensuite, il existe sur la membrane cellulaire de puissants mécanismes actifs, consommateurs d'énergie, capables de faire migrer les ions contre les forces passives. Ils peuvent ainsi maintenir des déséquilibres ioniques entre l'intérieur et l'extérieur de la cellule. Enfin, il existe des canaux supplémentaires spécifiques des différents ions. Fermés à l'état de repos, ces canaux peuvent s'ouvrir brusquement pendant des temps très courts. Leur ouverture est commandée soit par la présence d'un stimulus spécifique (canaux stimulus-dépendants), soit par la présence d'une substance particulière (canaux chimio-dépendants), soit pour une valeur particulière de potentiel (canaux voltages-dépendants). Durant leur ouverture, les forces passives produisent un déplacement bref mais massif des ions concernés.

Nantis de ces données, nous pouvons détailler la situation de chacun des trois types de potentiel mentionnés plus haut.

Potentiel de repos

La présence d'ions protéiques négatifs, retenus par la membrane à l'intérieur du neurone, provoque une forte attraction électrique des ions positifs. On devrait donc s'attendre à des entrées importantes et équilibrées des deux ions positifs, sodium et potassium, pour rétablir la neutralité électrique. Or ce n'est pas le cas, car deux raisons limitent l'entrée du sodium dans le neurone. D'une part, la membrane est beaucoup plus perméable aux ions K^+ qu'aux ions Na^+, ce qui favorise le passage du potassium dans le milieu intracellulaire. D'autre part, interviennent les mécanismes actifs présents sur la membrane, qui déplacent les ions contre les forces passives. Il s'agit de protéines enzymatiques capables d'utiliser l'énergie apportée par la cellule pour capturer les ions d'un côté de la membrane et les transporter de l'autre côté. Fonctionnant comme de véritables pompes, d'où leur nom de *pompes sodium-potassium*, elles assurent en permanence et conjointement l'expulsion des ions sodium vers l'extérieur et l'entrée des ions potassium à l'intérieur, dans la proportion de 3 ions Na^+ pour 2 ions K^+. En conséquence, la concentration du potassium est élevée à l'intérieur du neurone, alors que celle du sodium reste élevée dans le milieu extracellulaire. Cette répartition ionique très inégale de part et d'autre de la membrane est à l'origine du potentiel de repos. A titre d'exemple, le tableau ci-dessous indique les concentrations en millimoles par litre, mesurées pour un neurone de la moelle épinière pour lequel ce déséquilibre électrique permanent se traduit par un potentiel de repos d'environ –70 mV.

Extérieur	*Intérieur*
Na^+ (150)	Na^+ (15)
K^+ (5)	K^+ (150)
Cl^- (125)	Cl^- (9)
	Pr^- (155)

Potentiels localisés

Ils sont dus à des canaux particuliers qui permettent le passage sélectif à travers la membrane de chacune des catégories d'ions. Dès leur ouverture, les ions correspondants se déplacent dans le sens imposé par les forces passives. Ainsi, à l'ouverture des canaux sodium ou chlore, les ions Na^+ ou Cl^- s'engouffrent dans le neurone, alors qu'à l'ouverture des canaux potassium, les ions K^+ quittent le neurone. Tous ces canaux sont en fait de grosses protéines coincées dans la membrane cellulaire et qui se comportent comme si leur centre était percé d'une lumière de taille réglable. Reste à comprendre ce qui détermine l'ouverture de ces canaux.

Dans le cas des potentiels récepteurs, c'est l'arrivée du stimulus qui déclenche un processus provoquant l'ouverture de certains de ces canaux. Ces canaux sont dits « stimulus-dépendants ». Dans le cas des potentiels postsynaptiques, la membrane du neurone cible comporte de nombreux canaux « chimio-dépendants », dont l'ouverture dépend de la fixation de molécules chimiques spécifiques. Ces molécules sont les neurotransmetteurs libérés par la transmission synaptique (voir p. 50). S'il s'agit d'un neurotransmetteur se fixant sur les canaux sodium, les ions Na^+ pénètrent dans le neurone cible et le dépolarisent car l'intérieur devient moins négatif. S'il s'agit d'un neurotransmetteur provoquant l'ouverture des canaux potassium ou celle des canaux chlore, le neurone cible s'hyperpolarise puisque la sortie d'ions K^+, comme l'entrée des ions Cl^-, rend l'intérieur plus négatif. Un tel fonctionnement suggère celui d'une serrure où le neurotransmetteur agirait comme une clef permettant l'ouverture de canaux spécifiques. Dès qu'ils ont provoqué l'ouverture des canaux, les neurotransmetteurs sont rapidement dégradés par l'action d'enzymes appropriées, ce qui entraîne évidemment la fermeture immédiate du canal.

Potentiels d'action (fig. 12)

Au niveau du segment initial et tout le long de l'axone, la membrane est pourvue de nombreux canaux dits « voltage-dépendants », car leur ouverture et leur fermeture dépendent de la valeur du potentiel interne. Si le neurone est dépolarisé de façon à atteindre un certain niveau critique (de l'ordre de – 50 à – 60 mV), les canaux sodium voltage-dépendants s'ouvrent brusquement permettant l'entrée massive des ions Na^+, ce qui annule et même inverse localement la polarité; c'est la phase ascendante du PA. Le potentiel interne étant alors positif (jusqu'à + 30 mV) il provoque la fermeture de ces canaux sodium et l'ouverture de canaux potassium voltage-dépendants. Des ions K^+ quittent alors le milieu intracellulaire, ramenant le potentiel à son niveau initial ce qui assure la fermeture de ces canaux potassium; c'est la phase descendante de PA (suivie d'une légère hyperpolarisation par rapport au niveau de départ).

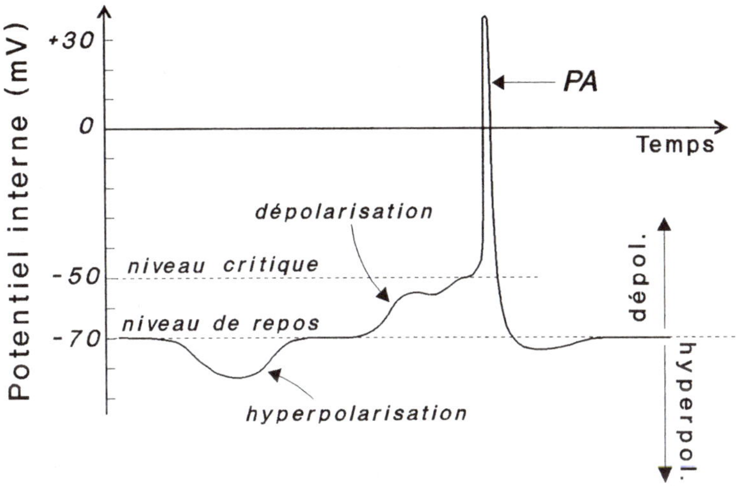

Figure 12

Variations de potentiels localisés et potentiel d'action au sein d'un neurone. Le PA se déclenche dès que la dépolarisation atteint le niveau critique.

En résumé, le potentiel de repos est dû au triple fait que des protéines ioniques chargées négativement sont présentes à l'intérieur du neurone, que la membrane est perméable aux petits ions, et que des mécanismes actifs maintiennent le sodium à l'extérieur et le potassium à l'intérieur. Les variations de potentiels observées lors de l'activité neuronale sont dues à des canaux particuliers qui permettent à chaque type d'ions de traverser sélectivement la membrane. La commande de leur ouverture et de leur fermeture dépend soit de l'arrivée d'un stimulus (canaux stimulus-dépendants), comme dans le cas du potentiel récepteur des systèmes sensoriels, soit de la présence d'une molécule chimique particulière (canaux chimio-dépendants), comme dans le cas des potentiels postsynaptiques, soit de la valeur du potentiel électrique interne (canaux voltage-dépendants), comme dans le cas des potentiels d'action.

qui se succèdent le long de l'axone, est électriquement isolante. Les canaux voltage-dépendants (voir encadré p. 47) ne sont présents qu'aux endroits où la gaine de myéline est interrompue (nœuds de Ranvier). Les PA successifs ne sont donc générés que d'un nœud à l'autre, comme s'ils sautaient les manchons de myéline, d'où le nom de « conduction saltatoire ». On peut dire que les points actifs d'une fibre myélinisée étant plus éloignés les uns des autres que ceux d'une fibre amyélinique, le phénomène de propagation est plus rapide. Pour reprendre l'analogie précédente du bandeau lumineux, tout se passe comme si les ampoules étaient plus espacées les unes des autres ; la vitesse du défilement apparent serait effectivement plus grande.

COMMUNICATION ENTRE LES NEURONES

Pour que le système nerveux puisse répondre par un comportement adapté aux stimulations de l'environnement, il doit traiter en permanence toutes les informations reçues par les systèmes sensoriels et élaborer une réponse en fonction d'un but à atteindre. Cette réponse est issue d'un choix dans lequel interviennent nos motivations, nos attentes, nos apprentissages, notre mémoire, en bref notre état psychique du moment. La prise en compte de toutes ces informations implique un nombre considérable d'interconnexions entre les éléments nerveux. Chaque neurone reçoit des informations transmises par des centaines de neurones et ajuste sa propre réponse qu'il transmet à son tour à des centaines d'autres neurones.

Comme nous l'avons déjà signalé, les messages nerveux se transmettent d'un neurone à l'autre au niveau de zones particulières de jonction appelées « synapses ». Dans leur très grande majorité il s'agit de synapses chimiques, pour lesquelles la transmission est assurée par l'intermédiaire d'une substance chimique appelée « neurotransmetteur ». Ces synapses sont le lieu d'action privilégié de nombreuses substances pharmacologiques qui peuvent faciliter ou au contraire entraver la transmission synaptique, et ce de façon suffisamment sélective pour permettre des traitements thérapeutiques spectaculaires. Les phénomènes d'accoutumance à certaines drogues sont également dus à des modifications du fonctionnement synaptique. De plus, l'efficacité d'une synapse n'est pas stable au cours du temps. Elle peut se modifier sur des périodes durables en fonction de son activité même. Une synapse utilisée fréquemment acquiert un fonctionnement plus régulier et plus précis. À l'inverse, une synapse qui ne fonctionne jamais finit par disparaître. Ce phénomène, connu sous le nom de « plasticité synaptique », intervient dans la maturation du système nerveux, lors des apprentissages et dans la mémoire. Au cours du développement, on observe une augmentation importante du nombre des synapses qui s'accompagne progressivement de multiples ajustements et réarrangements des connexions entre neurones.

Il existe également des synapses qui ne nécessitent pas la présence d'un intermédiaire chimique. Elles se présentent comme des zones de jonction où les deux éléments sont suffisamment accolés pour que l'influx nerveux passe directement de l'élément présynaptique à l'élément postsynaptique. De telles synapses électriques, peu nombreuses chez les vertébrés et dont le rôle est mal connu, ne seront pas étudiés ici.

Transmission synaptique

L'élément nerveux par lequel arrive l'influx est dit « présynaptique », et l'élément qui le reçoit est dit « postsynaptique ». Entre les deux, il existe un espace d'une épaisseur de 20 à 50 nm (1 nanomètre = 10^{-9} m) appelé «fente synaptique», suffisant pour qu'aucune transmission directe des potentiels électriques ne soit possible entre les deux éléments. La transmission s'effectue par libération dans la fente synaptique de molécules de neurotransmetteur, stockées dans de nombreuses vésicules de l'élément présynaptique. Ces molécules sont alors captées par les canaux chimio-dépendants situés sur la membrane de l'élément postsynaptique, ce qui provoque leur ouverture immédiate et le passage des ions spécifiques de ces canaux.

L'élément présynaptique est toujours l'extrémité d'un axone, alors que l'élément postsynaptique peut être un neurone, une fibre musculaire ou une cellule glandulaire. Le cas de la synapse neuromusculaire, appelée «plaque motrice», a été particulièrement étudié. Par l'intermédiaire du neurotransmetteur appelé acétylcholine (ACh), l'influx d'une fibre nerveuse motrice est transmis aux fibres musculaires et provoque leur contraction.

Lorsque l'élément postsynaptique est un neurone, on classe les synapses selon la partie du neurone sur laquelle s'établit la jonction : synapses axo-dendritiques, de loin les plus répandues, synapses axo-somatiques et, plus rarement, synapses axo-axoniques.

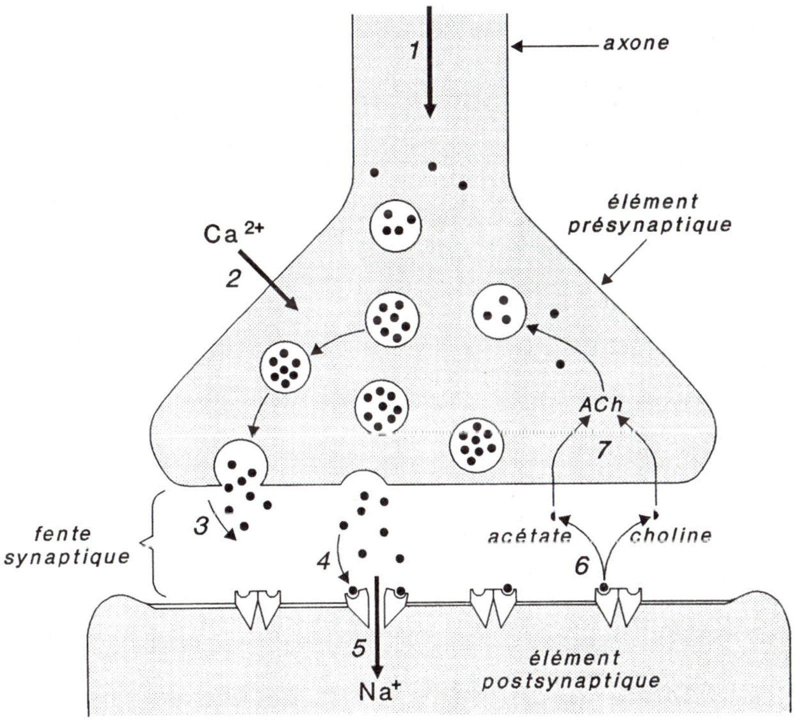

Figure 13

Principe de fonctionnement d'une synapse à neurotransmetteur. Les chiffres renvoient aux différentes étapes de la transmission.

Les étapes essentielles de la transmission synaptique, numérotées sur la figure 13, sont décrites pour le cas classique d'une synapse excitatrice à l'acétylcholine :

– 1. arrivée des PA à la terminaison de l'axone provoquant l'ouverture de canaux calcium voltage-dépendants situés sur la membrane de l'élément présynaptique ;

– 2. entrée massive d'ions Ca^{2+} ayant pour effet de faire migrer les vésicules remplies de molécules de neurotransmetteur (ACh dans cet exemple) vers la membrane avec laquelle elles fusionnent ;

– 3. exocytose des molécules d'ACh qui sont libérées dans la fente synaptique ;

– 4. fixation de l'ACh sur les sites récepteurs des canaux sodium de la membrane postsynaptique et ouverture de ces canaux (deux molécules d'ACh par canal) ;

– 5. entrée d'ions Na^+ dans l'élément postsynaptique, et donc dépolarisation de celui-ci ;

– 6. dégradation de l'ACh présente sur les sites récepteurs par une enzyme spécifique (acétylcholinestérase) présente dans la fente synaptique et fermeture des canaux sodium ;

– 7. réabsorption des composants de l'ACh dégradée par l'élément présynaptique, et reconstitution de l'ACh pour un nouveau stockage dans des vésicules reconstituées.

Ces différentes étapes se retrouvent dans toutes les synapses chimiques. Les variantes proviennent de la nature du neurotransmetteur et de la spécificité ionique des canaux chimio-dépendants. L'effet possible sur l'élément postsynaptique est soit une excitation, due à une dépolarisation que l'on appelle « potentiel postsynaptique excitateur (PPSE) », soit une inhibition, due à une hyperpolarisation que l'on appelle « potentiel postsynaptique inhibiteur (PPSI) ». Les canaux sodium provoquent toujours un PPSE par entrée des ions Na^+, les canaux chlore et les canaux potassium produisent un PPSI par entrée des ions Cl^- ou sortie des ions K^+ respectivement. En permanence, chaque neurone reçoit des centaines de PPSE et des centaines de PPSI sur son arborisation dendritique. Le résultat de leur sommation détermine le potentiel interne instantané du neurone et, par conséquent, le taux des PA qu'il va émettre.

Neurotransmetteurs

Depuis la découverte de l'acétylcholine, première substance dont le rôle transmetteur fut établi au niveau de la synapse neuromusculaire, de nombreux autres composants ont été identifiés comme des neurotransmetteurs. Ils ont en commun les propriétés suivantes :

– ils sont stockés dans des vésicules de l'élément présynaptique ;

– ils sont libérés par l'arrivée des PA au niveau de la terminaison axonique ;

– ils se fixent sur des récepteurs spécifiques de la membrane postsynaptique et provoquent une modification du potentiel de l'élément postsynaptique ;

– les mêmes effets sont observés s'ils sont injectés directement dans la fente synaptique par micro-iontophorèse ;

– ils sont rapidement inactivés par des enzymes spécifiques.

En dehors de l'acétylcholine, dont le rôle de neurotransmetteur dans le système nerveux central n'est toujours pas prouvé de façon irréfutable, on peut citer les neurotransmetteurs les plus importants répondant aux critères énoncés ci-dessus. Ils sont groupés en trois familles chimiques :

– acides aminés : acide gamma-aminobutyrique (GABA), glycine, glutamate et aspartate ;

– monoamines : noradrénaline, dopamine (sur lesquelles agissent les amphétamines) et sérotonine ;

– peptides : substance P, angiotensine, certaines enképhalines et certaines endorphines.

D'autres substances, qui ne sont pas des neurotransmetteurs au sens strict, peuvent toutefois intervenir dans la transmission synaptique en régulant l'activité des neurotransmetteurs. On leur réserve le nom de « neuromodulateurs ».

Contrairement à ce que l'on a longtemps pensé, la seule nature du neurotransmetteur ne présume pas de l'effet de la synapse. Certes, certains neurotransmetteurs semblent exclusivement excitateurs (glutamate) ou exclusivement inhibiteurs (gaba, dopamine, sérotonine), mais d'autres (ACh, noradrénaline) peuvent avoir l'un ou l'autre des effets selon la nature du canal récepteur postsynaptique. Dans ce cas, ces neurotransmetteurs peuvent produire simultanément un effet excitateur sur certains éléments et inhibiteur sur d'autres. De plus, il est maintenant acquis qu'un même neurone peut libérer des neurotransmetteurs différents selon son mode de fonctionnement ou selon l'extrémité de son arborisation axonale.

Les synapses chimiques sont très sensibles à de nombreuses substances pharmacologiques. Ces drogues agissent à différents niveaux du cycle du neurotransmetteur, soit en prolongeant son action, soit au contraire en la limitant. Selon les cas, elles peuvent inhiber l'action des enzymes devant dégrader le neurotransmetteur (ce qui maintient la transmission synaptique), occuper les sites récepteurs postsynaptiques (cas du curare qui, en prennant la place de l'ACh, bloque la commande musculaire), s'incorporer dans les vésicules synaptiques et limiter ainsi la quantité de neurotransmetteur émis.

CIRCUITS NEURONAUX

Les messages engendrés par les récepteurs sensoriels sont traités tout au cours de leur progression vers les aires spécialisées du cerveau, à travers les réseaux des fibres nerveuses et leurs multiples connexions. Nous allons décrire quelques-uns des principaux circuits neuronaux rencontrés dans le système nerveux et intervenant communément dans le traitement de l'information.

Divergence

L'axone de la plupart des neurones s'arborise en plusieurs ramifications dites collatérales qui entrent en contact synaptique avec un nombre important d'autres neurones. À chaque dérivation, la propagation des PA se poursuit dans chacune des branches, de sorte que l'information est distribuée simultanément à de nombreux neurones localisés dans diverses régions du système nerveux. C'est le phénomène de divergence, présent un peu partout dans le cerveau. Sur la figure 14a qui en donne une représentation schématique, on voit que le neurone A distribue son activité sur douze autres neurones. Dans la réalité le facteur de divergence est beaucoup plus grand, pouvant atteindre 1 pour 1 000 (un seul neurone peut en influer mille autres).

Convergence et champ récepteur

La convergence est le phénomène inverse du précédent et, comme lui, il se rencontre partout dans le système nerveux. La convergence intervient dès que deux neurones différents établissent des synapses sur un seul neurone. La figure 14b en donne une

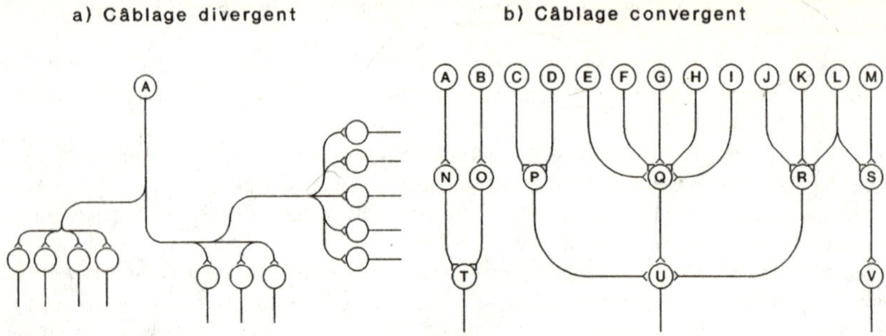

Figure 14

Types de connexions entre plusieurs neurones.

illustration. Les neurones C et D font synapse sur le même neurone P, les neurones E, F, G, H et I sur le même neurone Q, etc. En général plusieurs milliers d'axones convergent sur la plupart des neurones. Le phénomène pouvant se répéter à plusieurs niveaux, le facteur de convergence peut atteindre des valeurs considérables. Sur la figure 14b, le neurone U qui reçoit directement les informations des neurones P, Q et R collecte en fait les informations provenant de tous les neurones de C à L.

Dans les systèmes sensoriels, ce phénomène de convergence est à l'origine de la notion très importante de champ récepteur. On appelle « champ récepteur » d'un neurone donné, la zone de réception délimitée par toutes les cellules réceptrices qui ont une action sur le neurone considéré. Dans l'exemple de la figure 14b, si l'on considère que la première rangée de cellules (de A à M) représente les cellules réceptrices d'un système sensoriel, on peut définir le champ récepteur de chacun des neurones des niveaux ultérieurs. Par exemple, le neurone Q a pour champ récepteur la zone réceptrice constituée des récepteurs E, F, G, H et I. De même, le neurone R a pour champ récepteur une zone plus petite limitée aux récepteurs J, K et L, alors que le neurone U a pour champ récepteur une aire plus grande formée des récepteurs C à L inclus. Remarquons qu'une même cellule réceptrice peut évidemment appartenir aux champs récepteurs de plusieurs neurones. La cellule L qui appartient simultanément au champ récepteur des neurones R, S, U et V en donne un exemple. Cela signifie aussi que les champs récepteurs de différents neurones ne sont pas disjoints et accolés, mais qu'ils se chevauchent largement. Enfin, il est important de retenir qu'un champ récepteur est toujours associé à un neurone particulier. Cela n'aurait pas de sens de parler de champ récepteur en soi ; il s'agit toujours du champ récepteur de tel neurone ou de tel type de neurones.

Cette notion de champ récepteur a été déterminante pour la compréhension des traitements sensoriels réalisés par les neurones du système visuel. En pratique, il est impossible d'identifier les relations synaptiques et de compter les cellules réceptrices, comme nous l'avons fait ci-dessus en raisonnant sur des schémas de principe. La technique expérimentale consiste à enregistrer l'activité d'un neurone à l'aide d'une microélectrode et à rechercher, en déplaçant le stimulus, la région réceptrice modifiant l'activité de ce neurone. On peut ainsi délimiter très précisément les contours du champ récepteur associé et également déterminer quelles sont les caractéristiques du stimulus auxquelles ce neurone est le plus sensible.

Circuits inhibiteurs

Ces circuits comportent des synapses inhibitrices qui agissent en atténuant ou en supprimant des effets excitateurs excessifs ou indésirables. On les rencontre dans de nombreuses régions du système nerveux, qu'il s'agisse du traitement des informations sensorielles ou de celui des commandes motrices. Leurs fonctions sont multiples. Ils permettent de réguler et d'adapter l'intensité du message en fonction de l'effet produit ou d'en améliorer la qualité et le degré de précision en renforçant et en isolant les informations les plus pertinentes. Dans les prochaines figures illustrant les différents types de circuits inhibiteurs, les synapses excitatrices sont représentées par le symbole < accompagné d'un signe +, les synapses inhibitrices par le symbole • accompagné d'un signe – et les corps cellulaires des neurones inhibiteurs sont tramés en gris.

• *Inhibition réciproque*. Dans les systèmes de traitement qui mettent en jeu deux mécanismes aux effets antagonistes, la qualité du traitement est largement améliorée lorsque l'activation de chaque mécanisme s'accompagne de l'inhibition de l'autre. Cela nécessite des circuits d'inhibition réciproque couplés aux circuits de commande principaux. Un exemple très simple à comprendre est celui de la commande des muscles des articulations. Pour permettre à l'articulation d'agir activement dans les deux sens, les mouvements de rotation sont assurés par deux muscles dont les effets s'opposent. L'efficacité est maximale lorsque la contraction de l'un s'accompagne du relâchement de l'autre. Des circuits inhibiteurs schématisés à la figure 15a assurent cette coordination. La commande d'extension excite en même temps le motoneurone noté E innervant les fibres musculaires du muscle extenseur et le neurone inhibiteur noté i2. Ce dernier bloquera ainsi l'activité du motoneurone F commandant la contraction du muscle fléchisseur qui restera donc relâché. Un circuit réciproque assure bien évidemment le mouvement inverse de flexion.

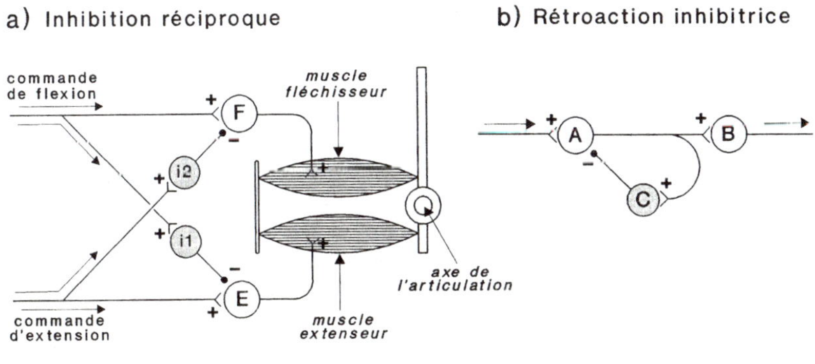

Figure 15

Exemples de circuits neuronaux avec inhibition. Les neurones inhibiteurs sont en gris, les synapses inhibitrices sont marquées par le signe – et les synapses activatrices par le signe +.

• *Rétroaction inhibitrice.* Une boucle de rétroaction inhibitrice est illustrée à la figure 15b. L'émission de PA par le neurone A active simultanément le neurone B et le neurone C qui, en retour, exerce une action inhibitrice sur le neurone A lui-même. Plus l'activation de A tend à augmenter, plus l'inhibition provenant de C tend à la réduire. Ce système régule donc l'activité neuronale en limitant le taux d'émission des PA. Un exemple classique est l'inhibition des motoneurones, connue sous le nom d'« inhibition de Renshaw », qui assure une limitation de l'activité de ces neurones afin de prévenir une hyperactivité musculaire.

• *Inhibition latérale.* Dans ce cas, l'inhibition ne porte plus sur la source d'excitation elle-même, mais sur des voies de transmission adjacentes, par des interactions généralement symétriques. De tels circuits se rencontrent très fréquemment dans les systèmes sensoriels. Le principe de leur fonctionnement est illustré à la figure 16a. Chaque neurone d'un premier niveau (notés par des chiffres) envoie deux types d'information sur les neurones du niveau suivant (notés par des lettres). D'une part, une excitation directe sur le neurone situé juste en dessous de lui et, d'autre part, des inhibitions sur les deux neurones situés latéralement par l'intermédiaire de neurones inhibiteurs. Par exemple, l'activité du neurone 3 provoque l'excitation du neurone C et l'inhibition des neurones B et D. Le message émis par le neurone C est donc renforcé par rapport à ceux qu'émettent les neurones B et D. Un tel câblage accentue les écarts d'activité que peuvent présenter des neurones voisins, mais il est sans effet si ces neurones ont des activités identiques.

• *Champs récepteurs à régions antagonistes.* L'une des conséquences de l'inhibition latérale dans les systèmes sensoriels, est de conduire à des champs récepteurs qui ne sont pas homogènes. Reportons-nous au schéma de la figure 16a (p. 57) en supposant maintenant que les cellules du premier niveau sont des cellules réceptrices d'un système sensoriel et considérons le neurone C. D'après la définition ci-dessus (voir convergence), le champ récepteur du neurone C est formé des cellules réceptrices 2, 3 et 4. On remarque alors que ce neurone est activé directement par la cellule 3 située juste au-dessus, alors qu'il est inhibé par les deux cellules 2 et 4 situées latéralement. Ainsi, son champ récepteur n'est pas homogène, car il est constitué d'une partie activatrice (cellule 3) et d'autres inhibitrices (cellules 2 et 4).

Cet exemple est simplifié à l'extrême puisqu'il ne concerne que trois cellules. Les champs récepteurs rencontrés dans les systèmes sensoriels sont constitués d'un grand nombre de cellules réceptrices. La plupart d'entre eux ne sont pas homogènes. On peut délimiter sur leur surface différentes régions dont les influences sur le neurone associé sont opposées, les unes étant excitatrices et les autres inhibitrices. Ce sont toujours des circuits inhibiteurs qui sont responsables du comportement antagoniste de ces régions. Étudions comment l'inhibition latérale intervient dans la formation des champs récepteurs à antagonisme centre-pourtour, observés pour certaines cellules du système visuel. Considérons la figure 16b qui représente de manière simplifiée le principe du câblage nerveux de la rétine. S'agissant d'une coupe transversale schématique, l'ensemble doit s'imaginer avec une symétrie circulaire comme le suggère la vue en perspective de la partie droite. Le premier étage est constitué de cellules réceptrices (R) sensibles à la lumière. Le deuxième étage est constitué de neurones intermédiaires, les cellules bipolaires (B), au niveau desquelles on observe un phénomène de convergence. Le troisième étage est celui des cellules ganglionnaires (G) dont les axones regroupés dans le nerf optique se dirigent vers les aires visuelles primaires. De plus,

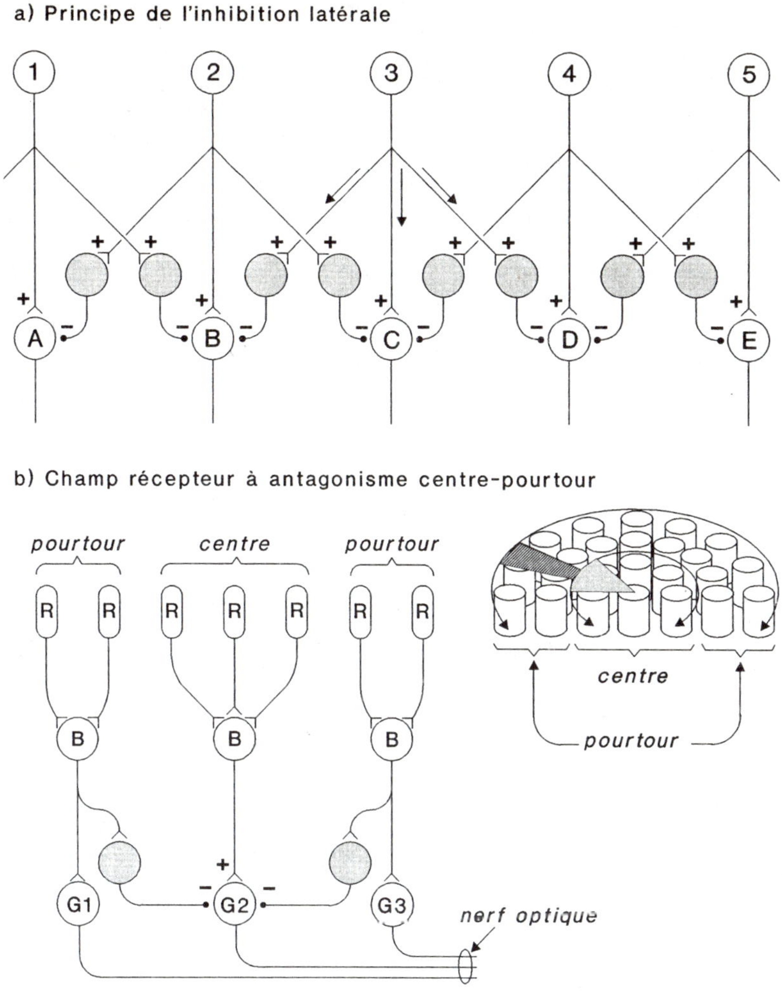

Figure 16

Inhibition latérale. En (a), l'activité de chaque neurone (A, B, C, D, E) résulte de la combinaison d'une influence excitatrice directe et de deux influences inhibitrices arrivant latéralement. En (b), application de l'inhibition latérale dans le fonctionnement de la rétine ; le champ récepteur de la cellule ganglionnaire G2 (représenté en perspective à droite) est formé d'une zone centrale comportant les récepteurs qui activent la cellule et d'un pourtour comportant ceux qui l'inhibent.

des cellules intermédiaires exercent des actions inhibitrices latéralement. Le champ récepteur de la cellule ganglionnaire G2 est constitué des sept photorécepteurs présents sur le schéma (dans la réalité ce nombre peut être 10 ou 100 fois plus grand), ce qui signifie que toute lumière arrivant sur l'un d'eux influencera cette ganglionnaire. Cependant, ces influences ne sont pas toutes identiques. Les signaux en provenance des trois photorécepteurs centraux atteignent G2 via une synapse excitatrice et vont donc l'activer. À l'inverse, les signaux en provenance des photorécepteurs du pourtour (les deux de droite ou les deux de gauche) atteignent G2 via une synapse inhibitrice et vont donc diminuer son activité. Ainsi, le champ récepteur de G2 n'est pas uniforme, mais présente deux régions aux comportements antagonistes : le centre, qui provoque une excitation de la cellule, et le pourtour, qui provoque son inhibition (la situation inverse, centre inhibiteur et pourtour activateur, existe également). C'est pourquoi de tels champs récepteurs sont appelés « à antagonisme centre-pourtour ». Leur particularité est de rendre la cellule ganglionnaire peu sensible à un éclairage uniforme de l'ensemble de sa surface. Dans ce cas, en effet, les influences activatrices et inhibitrices se compensent, et l'activité de la cellule est proche de son niveau spontané. En revanche, la ganglionnaire décrite est fortement activée par un spot lumineux limité à la partie centrale de son champ récepteur, et fortement inhibée par un anneau de lumière qui se projette sur son pourtour. La conséquence de ce fonctionnement est d'améliorer notre aptitude à détecter les contrastes lumineux.

CODAGE NEUROSENSORIEL

Les bases du fonctionnement nerveux étant maintenant connues, il reste à comprendre comment cet influx nerveux peut coder les diverses informations présentes dans l'environnement. Cela dépend, bien entendu, des modalités sensorielles et des caractéristiques de la stimulation, mais certains principes généraux de codage sont cependant communs à toutes les modalités. L'arrivée d'une stimulation sur les cellules réceptrices provoque un potentiel récepteur dans chacune d'elles. Ces potentiels récepteurs diffusent sur le site voisin, générateur des PA, ou bien sont transmis synaptiquement à un neurone assurant cette fonction. Le message nerveux ainsi créé doit refléter le plus fidèlement posssible les caractéristiques de la stimulation. Le terme de « codage » désigne les règles permettant de convertir l'information présente dans la stimulation physique sous une autre forme d'information contenue dans le message nerveux. Un stimulus étant caractérisé par son intensité et par différentes autres grandeurs (voir le chap. 2, p. 18), il convient de distinguer ces deux sortes de codage.

Codage de l'intensité du stimulus

L'essentiel a été vu en décrivant les différents types de potentiel électriques observés dans les neurones. Pour les potentiels récepteurs, où un codage analogique est possible puisqu'ils sont graduables, l'intensité du stimulus est codée par l'amplitude du potentiel. Selon les cas, cette amplitude est proportionnelle soit à l'intensité du stimulus, soit au logarithme de cette intensité. Certains auteurs ont vu dans cette relation la justification physiologique de la loi de Fechner. Ce codage initial est à l'origine du codage sous forme de PA. Dans ce cas, seul un codage numérique jouant sur la répartition des PA est possible, puisque tous les PA ont la même amplitude. L'intensité du stimulus semble codée par la fréquence d'émission des PA. Pour des gammes d'intensité moyennes, il résulte des nombreuses expériences effectuées chez l'animal que la fréquence des PA varie avec l'intensité selon une fonction logarithmique (suivant la loi de Fechner) ou une fonction puissance (suivant alors la loi de Stevens).

A priori, un tel codage est limité par la fréquence maximale d'émission du neurone qui, rappelons-le, est d'environ 500 PA/s. Or, nous sommes sensibles à des écarts d'intensité très importants, pouvant couvrir plusieurs unités logarithmiques, entre l'intensité la plus faible (seuil absolu) et l'intensité la plus élevée à la limite de la détérioration des récepteurs sensoriels (seuil de douleur). Pour coder des gammes d'intensité aussi étendues, plusieurs neurones participent au codage, et le nombre de neurones en activité augmente lorsque l'intensité s'accroît. C'est le « phénomène de recrutement ». Cela nécessite que les seuils individuels de chaque neurone recruté se répartissent sur toute la gamme des intensités, de sorte qu'une nouvelle cellule n'entre en activité que lorsque la précédente atteint la saturation. Chaque neurone répond ainsi à son propre intervalle d'intensité. Des intensités croissantes activent d'abord le neurone 1 seul, puis le 2 en plus du neurone 1 qui est saturé, puis le 3 en plus des neurones 1 et 2 qui sont saturés, et ainsi de suite.

La fréquence des PA n'est pas la seule façon de coder l'intensité du stimulus. Une forme de codage complémentaire apparaît dans la répartition temporelle de l'émission des PA. Souvent très irrégulière aux faibles intensités, elle s'organise d'abord en bouffées de plus en plus fournies et fréquentes, puis devient très régulière à cadence soutenue, lorsque l'intensité augmente.

Aspect temporel — adaptation sensorielle

Lorsqu'une stimulation est maintenue avec une intensité physique constante, l'intensité de la sensation perçue peut progressivement diminuer. Ce phénomène est appelé « adaptation sensorielle ». Nous savons tous qu'une odeur nouvelle (agréable ou non), fortement ressentie en entrant dans une pièce, s'estompe en quelques minutes. De même, on finit par apprécier la température de l'eau d'un bain dans laquelle le plongeon a pu être saisissant. On s'habitue en quelques minutes à un écart d'éclairement important en passant d'un lieu à un autre. Il existe deux exceptions notables à ce phénomène : il n'y a pas d'adaptation au niveau sonore (sauf dans des cas très particuliers) et l'on ne s'adapte pas à la douleur. La conséquence d'une adaptation rapide est que nous percevons des changements de stimulation beaucoup mieux qu'une stimulation constante.

Le phénomène d'adaptation peut être étudié par les méthodes de la psychophysique. Il suffit de suivre l'évolution des valeurs des seuils au cours du temps ou de mesurer l'intensité perçue à différents moments par comparaison à une stimulation étalon ou par estimation directe. Les graphiques représentant les résultats montrent une évolution du niveau perçu (plus ou moins importante et rapide selon les cas) vers un plateau indiquant que l'intensité perçue se stabilise à une valeur différente de la valeur initiale.

D'un point de vue physiologique, le phénomène d'adaptation sensorielle résulte des variations de la cadence des PA émis par les neurones des systèmes sensoriels. L'apparition d'un stimulus provoque le plus souvent une forte augmentation de la fréquence d'émission des PA. Si la stimulation est maintenue constante, cette nouvelle cadence ne se maintient pas forcément mais peut diminuer progressivement avant se stabiliser. La situation inverse (forte diminution suivie d'une augmentation de la fréquence des PA vers une valeur plateau) peut également s'observer. L'importance et la rapidité de l'adaptation permettent de différencier deux comportements opposés des neurones :

– un neurone est dit « tonique » (en anglais : *sustained*, soutenu, maintenu) si son activité se maintient à la même valeur tant que la stimulation reste constante ;

– un neurone est dit « phasique » (en anglais : *transient*, transitoire) si son activité, provoquée par l'apparition de la stimulation, revient rapidement à sa valeur de repos. Un tel neurone réagit à la variation du stimulus mais n'est pas activé par un stimulus stationnaire.

De nombreux neurones ont des comportements intermédiaires entre ces deux extrêmes.

À l'arrêt du stimulus, le retour à l'activité spontanée est différent selon les cas. Pour un neurone tonique, on observe un retour au niveau de l'activité spontanée, parfois marquée par une phase de récupération pendant laquelle l'activité est inférieure à ce niveau spontané. L'interprétation de certains effets consécutifs repose sur la présence de cette phase. En effet, à l'arrêt d'une stimulation constante de longue durée, les détecteurs spécifiques récupèrent lentement le niveau spontané et, pendant tout ce temps, le traitement est déséquilibré puisque l'activité des détecteurs opposés domine. La sensation perçue est alors celle d'une stimulation « inverse ». Ainsi, après une observation prolongée d'un mouvement dans un sens, un stimulus stationnaire peut être perçu comme animé d'un mouvement en sens inverse. De même, après avoir observé une intense couleur rouge (ou verte), une surface neutre peut sembler verdâtre (ou rougeâtre). Pour un neurone phasique, l'arrêt de la stimulation provoque une nouvelle réponse (dite réponse *OFF*) comparable à celle obtenue lors de son établissement (qui est la réponse *ON*). Ainsi de tels systèmes répondent à l'apparition et à la disparition du stimulus, à toutes ses variations, mais pas à un stimulus maintenu constant. Ce sont de véritables détecteurs de changements.

Signalons que le terme d'« adaptation » est utilisé avec de nombreuses autres acceptions que l'on s'efforcera de ne pas confondre.

Codage des autres grandeurs du stimulus

• *Spécificité neuronale*. Les cellules réceptrices et la majorité des neurones des systèmes sensoriels ont une sensibilité maximale pour un type spécifique de stimulus. Par exemple, des cellules du système auditif sont fortement activées par une fréquence sonore particulière, d'autres par une variation soit montante, soit descendante de la fréquence. Des cellules du système visuel sont très activées par une orientation particulière du stimulus, ou par une direction donnée d'un mouvement, ou par une certaine gamme de longueur d'onde. Ces exemples, et il y en a beaucoup d'autres, apportent un premier élément pour expliquer le codage des différentes grandeurs des stimuli. En effet, si des neurones sont suffisamment spécialisés pour répondre préférentiellement à un type de stimulus, l'activité de tel neurone plutôt que de tel autre signifie la présence de ce stimulus dans l'environnement. Mais il ne faudrait pas conclure à une théorie de la spécificité absolue, où il existerait un neurone pour chaque grandeur d'un stimulus et pour chaque valeur possible de cette grandeur. Le nombre des neurones, certes très élevé (on l'estime à environ 10^{12}), n'y suffirait pas, et un tel système ne serait guère économe. En outre, la spécificité observée reste limitée. Lorsqu'un neurone est spécialisé pour un type de stimulus, il répond évidemment mieux à ce stimulus, mais il répond également, avec une activité moindre, aux stimuli voisins. Ainsi, même si la plupart des neurones possèdent une spécificité à un stimulus particulier, cette propriété n'est pas suffisante pour rendre compte complètement du codage des diverses qualités d'une stimulation.

• *Courbe d'accord du neurone — principe de l'univariance*. La spécificité relative d'un neurone, vis-à-vis d'une grandeur du stimulus autre que l'intensité, peut être évaluée en représentant graphiquement les variations de son activité (exprimée par le nombre de PA émis par seconde) en fonction de la valeur de cette grandeur. Une telle courbe est appelée « courbe de réponse », ou « courbe d'accord du neurone » (fig. 17a). Elle présente un maximum en un point qui correspond au « meilleur » stimulus, celui auquel le neurone est le plus sensible, puisque son activité est alors maximale. Pour toute autre valeur de cette grandeur du stimulus, l'activité du neurone est plus faible. La courbe est d'autant plus étroite que le neurone est spécifique d'un stimulus particulier.

Si l'on augmente l'intensité des stimuli, on constate que l'activité du neurone s'accroît pour l'ensemble des valeurs auxquelles ce neurone est sensible. La courbe d'accord s'élève vers les ordonnées croissantes, mais sans déplacement de la position du maximum. La figure 17a illustre cette situation. Deux courbes d'accord sont représentées, l'une pour une première intensité i1 et l'autre pour une intensité plus élevée i2. Comme le montre le trait horizontal, une valeur d'activité de 50 PA/s peut correspondre à quatre stimuli différents : soit s1 ou s4 avec l'intensité i2, soit s2 ou s3 avec l'intensité i1. Autrement dit, un stimulus *a priori* moins efficace peut, si son intensité est suffisamment élevée, provoquer la même activité du neurone qu'un stimulus plus efficace ayant une intensité plus faible. Cela est dû au fait que l'activité d'un neurone dépend tout à la fois du type de stimulus et de l'intensité de celui-ci. Cette propriété est parfois appelée « principe de l'univariance », pour signifier que l'activité du neurone ne varie que sur une seule dimension, la fréquence de ses PA. La conséquence de cette situation est que la grandeur du stimulus ne peut pas être codée sans ambiguïté par l'activité d'un seul neurone, aussi spécifique soit-il, puisqu'on ne peut pas dissocier dans cette activité ce qui est dû à l'intensité du stimulus et ce qui revient à cette grandeur. Pour que le système puisse discriminer la grandeur du stimulus, il est nécessaire d'avoir recours à plusieurs neurones, comme nous allons le voir ci-dessous.

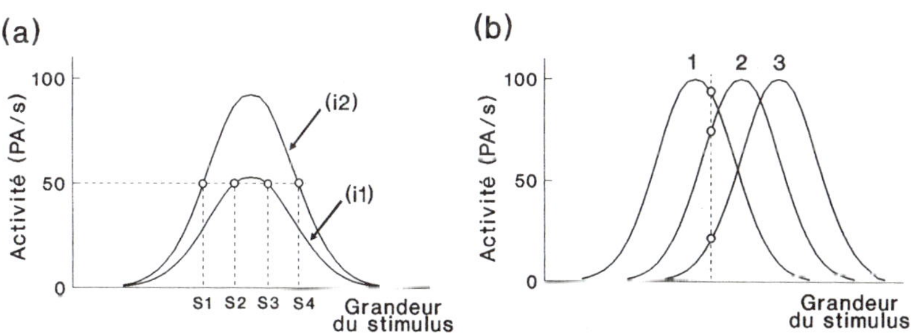

Figure 17

Courbes d'accord d'un neurone. (a) : La grandeur portée en abscisse est un paramètre du stimulus autre que son intensité. L'activité du neurone varie en fonction de la valeur de cette grandeur, selon une courbe en cloche. L'activité obtenue pour une intensité faible (i1) est globalement multipliée par un même facteur pour une intensité plus forte (i2). (b) : Courbes d'accord obtenues pour trois neurones différents. Chaque neurone est sensible à une gamme particulière de la grandeur du stimulus. En conséquence, une valeur donnée de cette grandeur active différemment les trois neurones.

• *Codage par comparaison entre neurones.* En général, plusieurs neurones sont spécifiques d'une même qualité de stimulus, mais pour des valeurs différentes de cette qualité. Ils ont des courbes d'accord comparables, voire identiques, mais décalées le long de l'axe horizontal représentant cette qualité. La situation est illustrée à la figure 17b pour trois neurones. Chaque valeur particulière du stimulus provoque des activités différentes dans chacun de ces trois neurones. Par exemple, pour la valeur indiquée par le trait vertical, on observe des niveaux d'activité de 94 PA/s, 74 PA/s et 20 PA/s pour les neurones 1, 2 et 3, respectivement. Avec une intensité du stimulus plus élevée, on constaterait une augmentation de l'activité des trois neurones, mais dans la même proportion pour chacun. Ainsi, le rapport d'activité entre ces trois neurones est conservé, et ce quelle que soit l'intensité du stimulus. En revanche, toute autre valeur du stimulus conduit à un autre rapport entre les activités. En conséquence, le codage de la qualité d'un stimulus est assuré s'il existe plusieurs neurones sensibles à cette qualité dont les courbes d'accord sont calées sur des valeurs différentes et un système (un autre neurone) capable de comparer les activités de ces neurones. Nous rencontrerons cette situation dans la vision colorée, où la discrimination est assurée par certains neurones qui comparent l'activité de trois types de photorécepteurs accordés sur des gammes de longueurs d'onde différentes. Avec un seul type de photorécepteur, cette discrimination n'est plus possible.

4 *Perception auditive*

L'audition est la modalité sensorielle qui nous permet d'entendre, de percevoir les sons. Cette faculté est remarquablement développée et elle assure, associée à la production de la parole, le système de communication le plus important chez l'homme. Le terme de « son » désigne aussi bien la sensation perçue que la vibration sonore qui lui donne naissance. Nous veillerons à distinguer ces deux notions en utilisant le terme de vibration sonore pour tout ce qui concerne la description physique du stimulus. Le chapitre est organisé en quatre parties : description et quantification du stimulus physique (vibration sonore), description et mesure de la sensation auditive, description du système auditif et du codage neurosensoriel des sons (traitements des informations auditives) et, enfin, éléments de l'organisation perceptive sonore (analyse des scènes auditives).

VIBRATION SONORE (S phys q)

On peut définir la vibration sonore comme une « perturbation qui se propage dans un milieu matériel ». Dans la situation la plus courante le milieu est l'air environnant, mais tout autre milieu gazeux, liquide ou solide peut être considéré. Cette définition marque clairement la nécessité d'un milieu pour que la vibration puisse être créée et se propager. Dans le vide il n'y a pas de son.

Depuis la source sonore où elle est créée, la perturbation se propage dans tout le milieu, avec une vitesse qui dépend de la nature du milieu, de la pression moyenne et de la température. Plus le milieu est dense, plus la vitesse de propagation est élevée. Voici quelques valeurs moyennes, exprimées en mètre par seconde : 340 $m.s^{-1}$ dans l'air, 1 500 $m.s^{-1}$ dans l'eau et de 1 000 à 5 000 $m.s^{-1}$ dans les solides (3 500 $m.s^{-1}$ dans l'os).

Chaque fois qu'un corps est déplacé dans l'espace, il provoque une perturbation dans les couches d'air, mais celle-ci ne donne pas nécessairement lieu à une vibration audible (nous comprendrons pourquoi plus loin). Le cas le plus caractéristique est celui où la source sonore est un corps mis en vibration (diapason, corde d'instrument de musique, membrane de haut-parleur, corde vocale, etc.). Par sa vibration, la source déplace les molécules d'air situées à son voisinage, en les faisant osciller autour de leur position d'équilibre. À leur tour, celles-ci déplacent leurs voisines et la perturbation se transmet ainsi, de proche en proche, à tout le milieu. Il faut bien noter que les molécules d'air ne font qu'osciller sur place et qu'elles ne se propagent pas ; seule la perturbation se propage. De telles perturbations produisent des zones successives de compression (plus grande densité des molécules d'air) et de dépression (raréfaction des molécules d'air). En conséquence, une vibration sonore peut être entièrement définie en chaque point donné de l'espace par les variations de pression en fonction du temps (on peut aussi considérer les variations de la pression à un instant donné, comme figé par une photographie instantanée, le long de la direction de propagation, mais cette autre représentation est moins utile). Bien entendu, il s'agit de variations de pression par rapport à la pression de l'air en l'absence de vibration, c'est-à-dire autour de la pression atmosphérique ambiante. Avec un microphone, dispositif pouvant capter les variations de pression, et un système de visualisation, on obtient facilement la représentation d'une vibration sonore. La figure 18 en donne des exemples. Le plus souvent cette représentation est si complexe qu'elle n'est pas utilisable pratiquement. On a alors recours à une autre description beaucoup plus pertinente, reposant sur une décomposition de la variation de pression en éléments plus simples. En effet, on peut démontrer mathématiquement (théorème de Fourier), mais aussi constater perceptivement, que n'importe quel son est équivalent à une superposition judicieuse de plusieurs sons purs, lesquels se caractérisent très simplement. Le problème revient donc à réaliser cette décomposition. Un son quelconque est alors complètement défini par la connaissance des différents sons purs qui le constituent. Nous décrirons d'abord les sons purs, puis nous aborderons, en appliquant la décomposition de Fourier, le cas des sons quelconques.

SON PUR

Par définition, un son pur est une vibration sonore pour laquelle la variation de pression est sinusoïdale. Il s'agit d'une onde simple, régulière qui se répète sans cesse

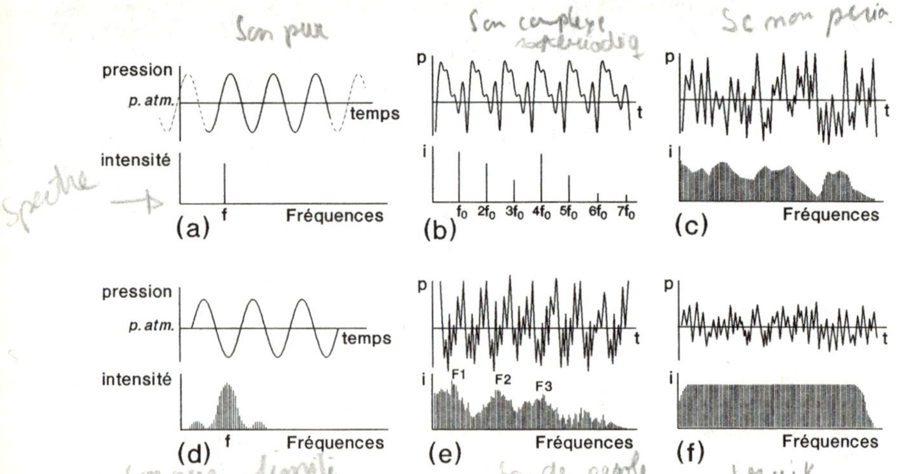

Figure 18

Exemples de vibrations sonores et de leur spectre pour différents sons. Pour chaque graphique, la partie supérieure représente l'évolution temporelle de la pression sonore et la partie inférieure, le spectre d'amplitude correspondant. En (a), son pur (vibration sinusoïdale illimitée). En (b), son complexe périodique. En (c), son complexe non périodique. En (d), son sinusoïdal limité dans le temps. En (e), son de parole (voyelles). En (f), bruit blanc.

identique à elle-même (fig. 18a). En réalité, un son est toujours de durée limitée ce qui complique sa description, et ce d'autant plus que la durée est brève (voir p. 69). Restons dans le cas idéal du son pur en supposant la vibration permanente, sans début ni fin. La variation de la pression p en fonction du temps t s'exprime mathématiquement par :

$$p(t) = p_m.\sin(2 \pi f t)$$

où f est la fréquence de la vibration et p_m son amplitude (valeur maximale de la sinusoïde). Ces deux paramètres définissent entièrement la vibration. En pratique, on utilise la fréquence, qui renseigne sur le déroulement temporel de la vibration, et l'intensité, qui est reliée à l'amplitude. Décrivons ces deux grandeurs.

Fréquence

On appelle « fréquence » le nombre de cycles de pression par seconde, c'est-à-dire le nombre de fois où la variation de pression se reproduit identique à elle-même en une seconde. Elle s'exprime en hertz (Hz). Pour les fréquences élevées, on utilise aussi le multiple kilohertz (kHz, 1 kHz = 1 000 Hz).

Un son pur ne peut être audible par l'homme que si sa fréquence est comprise entre 20 Hz et 20 000 Hz. Ces valeurs limites faciles à retenir sont approximatives ; certains sujets entendent des sons ayant une fréquence de 16 Hz, d'autres n'entendent pas les sons de fréquence supérieure à 15 000 Hz. La limite inférieure explique qu'une vibration des couches d'air ne puisse être audible que si elle est assez rapide pour se reproduire au moins 20 fois par seconde (et encore faut-il qu'elle ait une intensité suffisante). Les vibrations dont la fréquence est inférieure à 20 Hz sont les infra-sons, celles de fréquence supérieure à 20 000 Hz sont les ultra-sons. La plupart des mammifères sont sensibles à une gamme de fréquences comparable, qui s'étend cependant vers les ultra-sons chez certaines espèces (chien, chat, cheval, cobaye, chauve-souris, dauphin). Les poissons disposent le long de leur corps d'un système, appelé « ligne latérale », sensible aux infra-sons.

Intensité

Par définition, l'« intensité acoustique » est la quantité d'énergie propagée par unité de temps et par unité de surface. Elle s'exprime en watt par mètre-carré ($W.m^{-2}$). Deux autres grandeurs sont utilisées par les acousticiens : la « puissance acoustique », exprimée en watt (W), qui est l'énergie propagée par unité de temps, et la « pression acoustique efficace », exprimée en pascal (Pa). Pour un son pur, la pression efficace est facilement reliée à l'amplitude de la sinusoïde ; elle est égale à $p_m / \sqrt{2}$. Pour les autres sons, la définition de la pression efficace est plus délicate et ne sera pas détaillée ici. Dans la suite, le terme de pression sous-entend pression efficace. Ces trois grandeurs ne sont pas indépendantes. On démontre que l'intensité acoustique et la puissance acoustique sont toutes deux proportionnelles au carré de la pression efficace.

Aucune de ces trois grandeurs n'est parfaitement adaptée pour évaluer la gamme très étendue des intensités sonores auxquelles le système auditif est sensible. Par exemple, un son pur d'une fréquence de 2 000 Hz est juste perceptible (seuil absolu) pour une intensité d'environ 10^{-12} $W.m^{-2}$, ce qui correspond à une pression acoustique de 2.10^{-5} Pa. Ce sont des valeurs excessivement faibles. À l'opposé, un son d'un niveau très élevé au point d'être douloureux correspond à une intensité de 1 $W.m^{-2}$, soit une pression de 20 Pa. Les écarts entre ces valeurs sont considérables : douze puissances de 10 pour les intensités, autant qu'entre 1 millimètre et 1 million de kilomètres ou qu'entre 1 millième de seconde et une trentaine d'années ! Aussi préfère-t-on faire appel aux logarithmes qui permettent une compression des valeurs en utilisant l'échelle des décibels (dB). Celle-ci nécessite une valeur de référence qui a été fixée, par convention, à $I_0 = 10^{-12}$ W.m^{-2} pour un calcul en intensité, ce qui correspond à la valeur $p_0 = 2.10^{-5}$ Pa pour un calcul en pression. Cela conduit à la nouvelle définition suivante :

le « niveau acoustique » d'une vibration sonore d'intensité I, ou de pression p, a pour valeur en décibels :

$$N_{(dB)} = 10 \cdot \log \frac{I}{I_0} = 20 \cdot \log \frac{p}{p_0}.$$

Ces formules appellent quelques commentaires et explications :

– Diviser la valeur d'intensité I (ou la valeur de pression p) par la valeur de référence correspondante I_0 (ou p_0), c'est appliquer ce que l'on fait dans toute mesure (souvent sans s'en rendre compte) en recherchant combien de fois telle grandeur contient la référence ou l'étalon.

– Prendre le logarithme de ce rapport pour compacter l'échelle revient à ne considérer que les puissances de dix des valeurs initiales. Le résultat brut s'exprime en bel (en hommage à Graham Bell, l'inventeur du téléphone, qui perd une lettre l au passage). Pour des raisons de commodités on utilise le sous-multiple, le décibel, et le résultat est donc multiplié par le facteur 10. Le facteur 20 dans la formule qui utilise les pressions provient du fait que l'intensité est proportionnelle au carré de la pression et que $\log(p^2) = 2.\log(p)$. On peut vérifier, par exemple, qu'une intensité de 10^{-7} W.m^{-2}, correspondant à une pression acoustique de $6{,}325.10^{-3}$ Pa, conduit à un niveau de 50 dB, quelle que soit la formule utilisée.

– L'échelle des décibels est aussi utilisée dans d'autres domaines (donc avec d'autres valeurs de référence), ou même pour quantifier l'écart entre deux niveaux quelconques, l'un d'eux servant de référence. Pour éviter des confusions éventuelles, on spécifie par la notation dB SPL (abréviation de *Sound Pressure Level*) les valeurs obtenues avec la pression $p_0 = 2.10^{-5}$ Pa comme référence, et l'on précise de plus qu'il s'agit d'un « niveau de pression acoustique ». Plus couramment, et si aucune ambiguïté n'est à craindre, on utilise le terme d'« intensité acoustique » exprimée en décibels, alors qu'il faudrait dire « niveau d'intensité acoustique ».

– En raison du passage aux logarithmes, les décibels doivent s'utiliser avec prudence. On ne peut pas additionner les décibels directement, mais seulement les pressions (Pa), les puissances (W) ou les intensités (W.m^{-2}). Par exemple, deux haut-parleurs délivrant chacun 80 dB produiront ensemble un niveau de 83 dB. Plus généralement, doubler la source sonore augmente le niveau de 3 dB. Il faut multiplier les sources par 10, 100 ou 1 000 pour augmenter le niveau acoustique respectivement de 10, 20 ou 30 dB. Un son de 100 dB superposé à un autre de 110 dB conduit à un niveau de 110,4 dB. Ceux à qui la calculette est familière pourront vérifier aisément ces données.

– La valeur de référence choisie (I_0 ou p_0) correspond, comme nous le verrons, à la valeur du seuil absolu pour un son pur de 2 000 Hz. Exprimé en décibels, le seuil pour cette fréquence vaut donc 0 dB (log 1 = 0). Mais ce n'est pas à 2 000 Hz que notre sensibilité auditive est la meilleure. Pour des fréquences plus favorables le seuil peut être inférieur à ces valeurs de référence et donc s'exprimer par des valeurs en décibel négatives (voir audiogramme plus loin).

À titre indicatif voici quelques ordres de grandeur de niveau acoustique exprimés en dB :

- seuil moyen d'audition : 0 dB (par définition des dB);
- chuchotement : 20 dB;
- parole normale : 60 dB;
- rue à grand trafic : 80 dB;
- moto forte cylindrée : 100 dB;
- discothèque : 110 dB;
- seuil de douleur : 120/130 dB;
- réacteur d'avion : 140 dB;
- violente explosion : 200 dB.

SON COMPLEXE

Tous les sons qui ne sont pas purs sont des sons complexes. Les variations de la pression en fonction du temps sont beaucoup plus compliquées et elles ne peuvent pas être caractérisées directement par quelques paramètres. La solution réside dans l'application du théorème de Fourier qui indique que n'importe quel son peut être décrit par l'ensemble des sons purs équivalents, si l'on peut préciser la fréquence et l'amplitude de chacun d'eux. Nous allons appliquer une telle démarche, mais il convient de distinguer deux catégories de sons complexes, selon qu'ils sont périodiques ou non périodiques.

Son complexe périodique

Les sons complexes périodiques sont des vibrations pour lesquelles la variation de pression n'est pas sinusoïdale, mais reste cependant périodique (fig. 18b, p. 64). Cela signifie que le même motif de pression se reproduit, identique à lui-même, à un intervalle de temps régulier. La fréquence avec laquelle le motif se répète est appelée la « fréquence fondamentale », souvent notée f_0. Tous les sons produits par les instruments de musique (sauf les percussions) et les sons des voyelles de la parole appartiennent à cette catégorie.

On démontre qu'un tel son est équivalent à une somme de plusieurs composantes pures, appelées « harmoniques », dont les fréquences respectives sont des multiples entiers de la fréquence fondamentale ($n \times f_0$). Il n'y a pas de règle particulière concernant les amplitudes de ces harmoniques. Mathématiquement, le nombre de composantes peut être illimité. En ce qui concerne l'audition, la série est évidemment limitée aux harmoniques dont la fréquence reste inférieure à 20 kHz, puisque au-delà ils sont inaudibles. Le nombre entier n est le rang de l'harmonique, la composante fondamentale étant l'harmonique de rang 1. Une fois la décomposition effectuée, le son complexe est totalement défini par la liste des fréquences et des amplitudes de chaque harmonique. Mathématiquement, la décomposition de Fourier fournit également la phase relative de chaque composante, c'est-à-dire son décalage temporel par rapport à la fondamentale. En effet, toutes les composantes ne passent pas à la valeur zéro et dans le même sens de variation au temps t = 0. Pour un son complexe permanent, le système auditif semblant peu sensible aux différences de phase entre les composantes harmoniques, nous ne considérerons pas le paramètre de phase dans la suite.

Les résultats de la décomposition peuvent être présentés dans un tableau, comme ci-dessous :

Composante	Fréquence	Amplitude
fondamentale	$1 \times f_o$	a_1
harmonique de rang 2	$2 \times f_o$	a_2
harmonique de rang 3	$3 \times f_o$	a_3
harmonique de rang 4	$4 \times f_o$	a_4
....	.....	.....
....	.....	.....
harmonique de rang n	$n \times f_o$	a_n

En pratique, on utilise plus couramment une représentation graphique, appelée « spectre d'amplitude ». Chaque composante est figurée par un trait vertical proportionnel à son amplitude, situé à l'abscisse correspondant à sa fréquence. Les diagrammes inférieurs de la figure 18 montrent de telles représentations. Le trait vertical est proportionnel soit au niveau acoustique (dB), soit à la pression efficace des composantes. L'échelle des fréquences utilisée en abscisse est le plus souvent logarithmique. Pour les sons complexes périodiques un tel graphique a toujours l'allure d'un spectre de raies, puisqu'il ne possède que quelques composantes à des fréquences bien spécifiques. La composante fondamentale n'a pas nécessairement la plus grande amplitude et, dans certains cas, des harmoniques peuvent avoir une amplitude nulle et donc être absents du spectre. De nouveau, il convient de préciser que le spectre de raies suppose que le son soit continûment maintenu, alors que les sons réels ont un début et une fin. Le spectre de raies est une approximation acceptable pour les sons persistant au moins une demi-seconde (instrument de musique qui maintient une note, voyelle longue).

Il est important de se familiariser avec les deux représentations graphiques usuelles d'une vibration sonore : soit la pression acoustique en fonction du temps, soit le niveau acoustique en fonction de la fréquence (spectre). Pour un son pur, le premier graphique est une sinusoïde et le second une seule raie dont l'abscisse est à la fréquence du son.

Son complexe non périodique

C'est la situation la plus générale pour laquelle la variation de pression n'est même plus périodique. Le principe de la décomposition de Fourier s'applique toujours, mais le nombre des composantes augmente considérablement et leur fréquence n'est plus un multiple entier de la fréquence fondamentale. Ce ne sont donc plus des harmoniques, on les appelle des « partiels ». Dans certains cas (son d'une cloche), le spectre reste discontinu formant toujours un spectre de raies avec de nombreuses composantes bien individualisées. Mais le plus souvent, les composantes sont si nombreuses et si rapprochées qu'elles ne se distinguent plus les unes des autres. Elles forment un spectre continu, et le graphique ne montre plus qu'une enveloppe spectrale (fig. 18c).

Un spectre continu se rencontre pour n'importe quel son dont la durée est limitée, donc dans la majorité des situations réelles. Même un son pur, dont le spectre théorique (son pur supposé permanent) ne comporte qu'une seule raie, voit son spectre s'élargir aux fréquences voisines dès qu'on limite sa durée. Plus le son pur est bref, plus le spectre est large, mais il présente toujours un maximum marqué à la fréquence propre du son (fig. 18d).

Tous les sons de parole ont aussi un spectre continu. Leur enveloppe présente cependant plusieurs pics, appelés « formants », qui sont caractéristiques de la lettre, de la syllabe ou du phonème prononcé (fig. 18e).

La plupart des bruits acoustiques ont un spectre continu qui n'est pas constant en fonction de la fréquence. Certaines bandes de fréquences dominent. Seuls le bruit blanc (fig. 18f), qui comporte toutes les composantes de 20 à 20 000 Hz avec la même amplitude, et les impulsions de bruit (« clic ») possèdent une enveloppe spectrale plate.

Mesure d'un son complexe

Les définitions de l'intensité et du niveau acoustique proposées pour un son pur s'appliquent aux sons complexes avec les mêmes valeurs de référence. La seule différence provient du calcul de la valeur efficace de la pression acoustique. Nous laisserons ce soin aux ingénieurs spécialisés en acoustique. On peut tout de même estimer l'intensité d'un son complexe dont on connaît la décomposition spectrale en additionnant les intensités acoustiques de toutes les composantes (ou le carré des pressions acoustiques efficaces).

La notion de fréquence n'est plus aussi pertinente pour un son complexe, car il équivaut à une somme de nombreuses composantes de fréquences différentes. Cependant, pour un son complexe périodique, la fréquence fondamentale f_0 possède un statut particulier puisqu'elle permet de générer toute la série des harmoniques. Les notes de la gamme musicale sont caractérisées par leur seule fréquence fondamentale, l'amplitude relative des différentes harmoniques dépendant de l'instrument qui joue la note. Plus précisément, la fourniture en harmoniques, c'est-à-dire leur répartition le long du spectre, constitue une troisième caractéristique essentielle des sons complexes. Elle est cependant très difficile à quantifier. Pour l'essentiel, l'analyse consiste à repérer sur le spectre la position des fréquences ou des bandes de fréquences de plus grande amplitude (maximums locaux du spectre), ainsi que la fréquence qui correspond au « centre de gravité » du spectre.

SENSATION AUDITIVE

Trois grandeurs subjectives permettent de caractériser une sensation auditive : la sonie, la hauteur et le timbre. La sonie est la qualité de la sensation qui nous permet d'apprécier le niveau sonore, de dire qu'un son est faible ou fort. Elle est principalement le correspondant perceptif de l'intensité acoustique, mais pas exclusivement. La relation entre l'intensité acoustique et la sonie dépend aussi de la fréquence et de l'étendue spectrale des bandes de fréquences dans le cas des sons complexes. La hauteur est la qualité de la sensation qui nous fait dire qu'un son est grave ou aigu, qui nous permet d'ordonner les notes de la gamme. Cette dimension subjective est approximativement le correspondant perceptif de la fréquence, mais elle dépend aussi de l'intensité acoustique et de la répartition spectrale des différentes composantes. Le timbre est la qualité qui nous permet de différencier des instruments de musique qui jouent une même note avec la même sonie, qui nous fait dire qu'un son est sourd, mat, terne, brillant... C'est une qualité subjective qui possède plusieurs dimensions et qu'on ne peut pas évaluer le long d'un seul continuum sensoriel. Elle dépend, entre autre chose, de la répartition spectrale des composantes. Dans cette partie, nous allons définir chacune de ces trois qualités de la sensation auditive, en précisant leurs correspondances avec les paramètres physiques de la vibration sonore.

SONIE

La sonie (*loudness* en anglais) est l'intensité subjective des sons, la force sonore ressentie. L'un des objectifs de la psycho-acoustique étant d'établir les relations entre le stimulus sonore et la sensation auditive, il convient de décrire comment varie la sonie en fonction de la stimulation. Les premiers éléments sont donnés par l'évaluation des seuils absolus et différentiels. Nous verrons ensuite le rôle primordial de l'intensité physique du stimulus dans l'estimation de la sonie. Pour les sons complexes, d'autres paramètres influencent la sonie comme l'étendue en fréquence de leur spectre.

Seuil de détection des sons purs et audiogramme

La détermination des seuils absolus d'audition pour les sons purs a fait l'objet d'un nombre de mesures considérable, avec des techniques diverses et pour différentes conditions d'écoute. Le principe consiste à déterminer, fréquence par fréquence, le niveau d'intensité acoustique perçu dans 50 % des cas, comme nous l'avons vu dans le chapitre décrivant les méthodes psychophysiques. Les résultats obtenus en champ libre (diffusion par haut-parleurs) sont portés graphiquement sur la figure 19a, courbe inférieure. Les niveaux d'intensité (en dB) sont en ordonnée et les fréquences en abscisse sur une échelle logarithmique. On constate que la sensibilité est maximale (seuil absolu le plus bas) pour des fréquences comprises entre 2 et 5 kHz. La valeur minimale de seuil peut atteindre – 5 ou – 10 dB. Le seuil est de 0 dB pour les fréquences de 2 et 5 kHz. Il augmente progressivement vers les basses fréquences et plus rapidement vers les fréquences élevées. À 20 Hz, il est d'environ 75 dB. Avec des écouteurs on obtient généralement des valeurs de seuil légèrement supérieures.

Ces résultats nous fournissent un bon exemple pour montrer que les mesures de la physique ne sont pas adaptées à une évaluation directe des sensations. À la question : « Un son pur de 20 dB est-il audible ? », il est impossible de répondre si l'on ne connaît pas la fréquence du son. En effet, les mesures de seuil montrent qu'un tel son est inaudible pour une fréquence de 50 Hz, qu'il est juste perceptible pour une fréquence de 150 Hz et qu'il est parfaitement audible à 1 000 Hz (fig. 19a). Si l'on veut disposer d'une mesure directe du niveau sonore perçu, il est nécessaire de construire une échelle subjective, avec des unités propres, qui prenne en compte la variation de sensibilité du système auditif selon la fréquence sonore.

La courbe qui relie les valeurs de seuils absolus (fig. 19a) obtenues pour les différentes fréquences de la gamme audible est appelée « audiogramme ». Toute baisse de sensibilité auditive se traduit sur l'audiogramme par des augmentations des valeurs de seuil. Ce type de mesure est couramment pratiqué en audiométrie clinique pour dépister des atteintes auditives. Le plus souvent les appareils utilisés donnent directe-

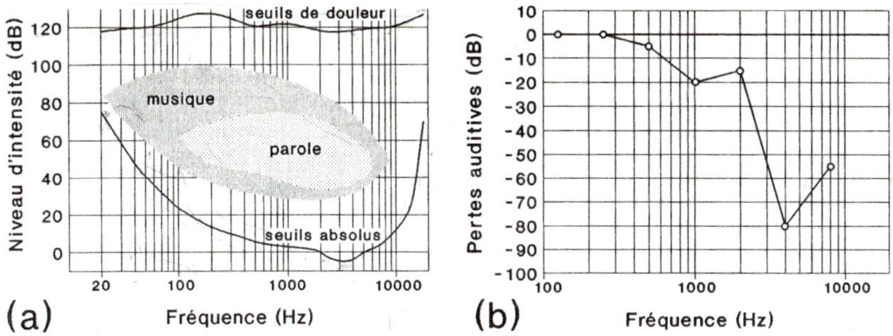

Figure 19

Audibilité des sons purs. En (a), le domaine des sons audibles, limité par la courbe des seuils absolus (audiogramme) et la courbe des seuils de douleur. Les sons musicaux et les sons de parole occupent des domaines plus restreints. En (b), audiogramme en valeurs relatives par rapport au sujet normal (ligne horizontale) la courbe représentée indiquant les déficits d'un sujet atteint de surdité.

ment les écarts en dB par rapport à la courbe standard de seuil (c'est-à-dire la différence entre la valeur du seuil standard et la valeur du seuil du sujet pour une même fréquence). Il s'agit donc d'un audiogramme en valeurs relatives (fig. 19b). Les fréquences testées sont 125, 250, 500, 1 000, 2 000, 4 000 et 8 000 Hz. Les résultats sont présentés sous une nouvelle forme graphique où les pertes de sensibilité apparaissent en valeurs négatives. Un sujet ne présentant aucun déficit auditif obtient évidemment des écarts nuls, donc un graphique plat à la valeur zéro. La courbe d'un sujet atteint de surdité présente des chutes aux fréquences pour lesquelles sa sensibilité est déficitaire (fig. 19b).

Le graphique de la figure 19a est complété par une courbe supérieure représentant la limite d'audibilité. Elle est obtenue en évaluant pour chaque fréquence le niveau d'intensité pour lequel le son est si fort qu'il en devient douloureux. Au-delà de ces valeurs il y a un risque de lésion irréversible des récepteurs. Entre cette courbe, désignée comme le seuil de douleur, et la courbe inférieure de l'audiogramme qui représente les seuils absolus, se situe l'ensemble de tous les sons purs normalement audibles. En toute rigueur, un son d'intensité nettement supérieure au seuil de douleur n'est pas inaudible, mais il n'est audible qu'une seule fois puisqu'il entraîne une destruction des récepteurs ; c'est malheureusement le cas lors de violentes explosions.

Le domaine des sons de la parole, d'une part, et celui des sons musicaux, d'autre part (fig. 19a), sont plus limités que le vaste ensemble de tous les sons audibles.

Seuils de discrimination

Par définition, le seuil différentiel d'intensité, ou seuil de discrimination est la plus petite différence d'intensité entre deux sons permettant de les juger différents (voir chap. 2, p. 23). Pour les sons purs, le seuil différentiel relatif, $\Delta I/I$ (rapport de Weber), diminue lorsque le niveau d'intensité augmente, contrairement à la loi de Bouguer-Weber qui voudrait qu'il reste constant. Par exemple, pour un son de 1 000 Hz le seuil de discrimination relatif mesuré par $10 \log \frac{I + \Delta I}{I}$ vaut 2 dB pour des intensités proches du seuil d'audition et seulement 0,4 dB pour un niveau de 90 dB. Cela signifie que la sensibilité discriminative du système auditif s'améliore lorsque l'intensité augmente. Pour des sons complexes à spectre étendu, le seuil différentiel relatif diminue jusqu'à 30 dB mais reste constant au-delà. On peut donc considérer que la loi de Bouguer-Weber ne se vérifie que pour les sons complexes de niveau supérieur à 30 dB.

Ces résultats s'expliquent en considérant que l'activité du système auditif est distribuée dans plusieurs filtres adjacents (bandes critiques) répartis sur l'ensemble des fréquences (voir, p. 75, la modélisation de la sonie). Tant que l'intensité reste faible, un son pur n'active que le seul filtre correspondant à sa fréquence. Lorsque le niveau d'intensité augmente l'activité s'étend aux filtres adjacents. La discrimination d'intensité est alors améliorée car elle résulterait de la sommation des écarts d'activité appréciables dans chacun des filtres. Plus le son pur est intense, plus le nombre de filtres actifs est important et meilleure est la discrimination. Pour un son complexe à spectre large la situation est différente puisqu'il couvre déjà plusieurs filtres à faible intensité. Le nombre de filtres actifs peut s'accroître avec l'intensité, mais dès 30 dB tous les filtres sont impliqués. La sommation des écarts d'activité évoquée ne peut plus augmenter et la discrimination des intensités reste constante au-delà de 30 dB.

Variation de la sonie des sons purs

Puisque nous sommes capables d'apprécier si deux sons ont le même niveau sonore ou si l'un paraît plus fort que l'autre quelles que soient leurs fréquences et leur nature (sons purs, complexes ou bruits), il paraît possible de construire une échelle subjective de niveau sonore perçu, c'est-à-dire une échelle de sonie. Envisageons d'abord le cas des sons purs. On distingue alors deux méthodes d'estimation — comparative et directe — de la sonie.

• *Estimation comparative; échelle des phones.* Depuis les premiers résultats proposés par Fletcher et Munson (1933), de nombreuses recherches ont permis d'établir, pour différentes conditions d'écoute, des réseaux de courbes normalisées, appelées « lignes d'isosonie », qui relient les sons purs produisant une même sensation de force sonore (fig. 20). Chaque ligne correspond à une sonie particulière exprimée en « phones ».

Les lignes isosoniques sont établies en comparant un son test variable à un son de référence de 1 000 Hz et de niveau sonore donné. Fixons par exemple à 40 dB le son de référence. À chaque fréquence choisie du son test, on ajuste son intensité pour qu'il paraisse de même force que le son de référence. On détermine ainsi l'intensité que doivent avoir les sons purs de toute autre fréquence pour évoquer la même sonie. Toutes les valeurs obtenues sont portées sur un graphique intensité-fréquence et reliées entre elles pour former une ligne isosonique. Tous les sons appartenant à cette ligne ont donc la particularité d'avoir la même sonie, celle du son de 1 000 Hz à 40 dB. Par convention, on attribue à cette sonie la valeur de 40 phones. On recommence ensuite les mesures pour une autre intensité du son de référence, par exemple 60 dB, et on obtient alors la ligne isosonique de 60 phones. En répétant ce protocole de mesure pour des intensités du son de référence réparties entre le seuil et 130 dB, on obtient un réseau de lignes isosoniques comme celui de la figure 20. On notera que pour la fréquence de 1 000 Hz, les valeurs de l'échelle des phones coïncident, par construc-

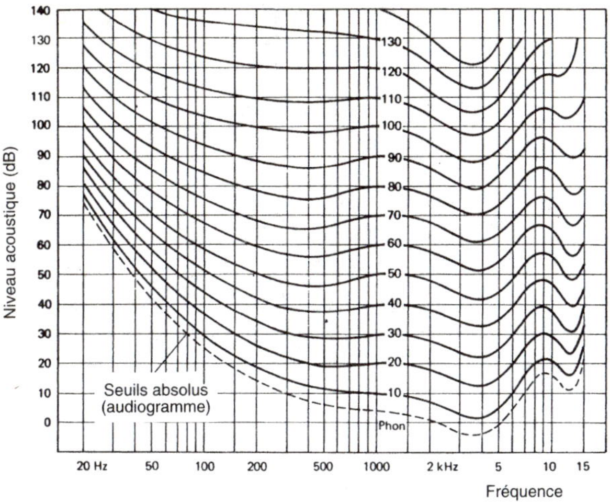

Figure 20

Réseau de lignes isosoniques. Chaque ligne relie les sons produisant une même sonie. La valeur de la sonie est indiquée, en phones, sur chaque courbe. La courbe inférieure, en pointillée, correspond aux seuils absolus (environ 3 phones).

(*Source :* d'après *Noise, Do we measure it correctly?*, P.V. Bruël, 1975, p. 4.)

tion, avec celles de l'échelle des décibels. Une bizarrerie de l'échelle des phones est que la courbe des seuils absolus correspond à une sonie de 3 phones et non de 0 phone comme il serait logique s'agissant des plus faibles sons perçus. Cela provient simplement du fait que le son de référence a été choisi à 1 000 Hz et que pour cette fréquence le seuil absolu est précisément de 3 dB. Les lignes isosoniques sont beaucoup plus resserrées pour les basses fréquences que pour les fréquences moyennes et élevées. Cela veut dire que la sonie croît beaucoup plus rapidement avec l'intensité acoustique pour les sons de basses fréquences.

Le réseau de lignes isosoniques permet de déterminer graphiquement la sonie de n'importe quel son pur dont on connaît la fréquence et l'intensité. Il suffit de le placer sur le graphique et de lire la valeur en phones de la ligne isosonique sur laquelle il se situe (par interpolation s'il tombe entre deux lignes). Par exemple, nous pouvons ordonner la sonie des six sons purs suivants, du plus faible au plus fort : 20 Hz et 80 dB (20 phones), 3 000 Hz et 40 dB (46 phones), 50 Hz et 80 dB (62 phones), 500 Hz et 60 dB (64 phones), 1 000 Hz et 80 dB (80 phones), 4 000 Hz et 80 dB (90 phones).

• *Estimation directe; échelle des sones.* Il est possible d'étudier l'augmentation de la sonie en fonction de l'intensité physique des sons en appliquant la méthode directe d'estimation de grandeurs proposée par Stevens (voir chap. 2, p. 31). Il suffit de demander aux sujets d'estimer par des nombres la sonie d'un son présenté à différents niveaux d'intensité acoustique. La normalisation des nombres donnés par les sujets permet de construire une échelle de la sonie avec une nouvelle unité appelée le « sone ». Par convention, la valeur de 1 sone est la sonie d'un son pur de 1 000 Hz à 40 dB. Les résultats obtenus pour différents sons purs sont présentés à la figure 21 dans une représentation log-log, avec en abscisse le niveau acoustique en dB et en ordonnée la sonie estimée en sones. Pour un son pur de 1 000 Hz et des niveaux supérieurs à 30 dB, la sonie varie comme une fonction puissance (d'exposant 0,6) de la pression acoustique, conformément à la loi de Stevens. La relation peut s'écrire

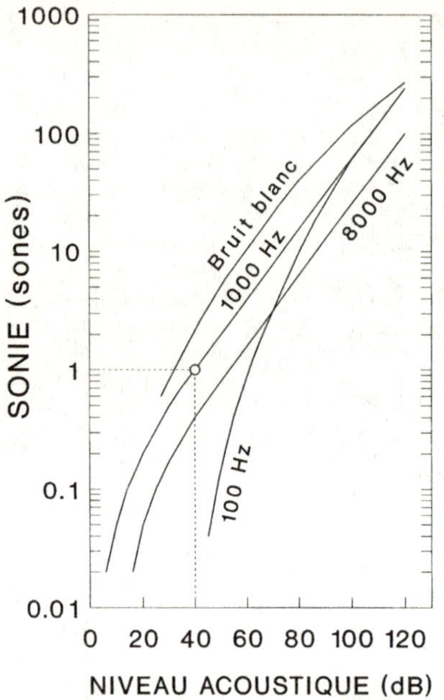

Figure 21

Relations entre la sonie et le niveau acoustique pour des sons purs de différentes fréquences et un bruit blanc.

$L = k.p^{0.6}$, où L est le niveau de la sonie exprimée en sones, p la pression acoustique en pascals et k une constante. Des fonctions de même exposant, donc de même pente, sont obtenues pour des sons purs de fréquence plus élevée, alors que pour des fréquences basses la variation de la sonie est beaucoup plus rapide et la pente est plus abrupte (voir 8 000 Hz et 100 Hz respectivement à la fig. 21).

Variation de la sonie des sons complexes — bandes critiques

La sonie des sons complexes augmente non seulement avec leur niveau d'intensité acoustique, comme celle des sons purs, mais aussi avec l'étendue en fréquence de leur spectre dès que celle-ci dépasse une certaine largeur, appelée « bande critique ». Deux expériences mettent en évidence ce phénomène et permettent de déterminer la largeur des bandes critiques.

Dans la première expérience, le sujet doit estimer la sonie d'un son complexe formé de deux sons purs de fréquences différentes encadrant la valeur de 2 000 Hz. Sans changer leur niveau d'intensité, on augmente progressivement l'écart entre ces deux fréquences (leur moyenne géométrique étant maintenue à 2 kHz). On constate que la sonie reste constante jusqu'à un écart de 300 Hz, mais qu'elle augmente dès que l'écart dépasse cette valeur. On en conclut que la sonie s'additionne si la stimulation se répartit sur plus d'une bande critique, et que la largeur de la bande critique centrée sur 2 000 Hz est de 300 Hz.

Dans la seconde expérience, le sujet doit ajuster le niveau d'un son pur de 1 000 Hz (son test), afin qu'il ait la même sonie qu'un son complexe dont le spectre initial est une bande étroite de fréquences centrée sur 1 000 Hz. À chaque essai, on élargit l'étendue spectrale du son complexe, tout en maintenant constant son niveau acoustique global. Les résultats montrent que la sonie reste constante jusqu'à une largeur spectrale de 160 Hz. Au-delà, le sujet doit augmenter le niveau du son test pour réaliser l'ajustement, ce qui traduit un accroissement progressif de la sonie du son complexe, et ce d'autant plus que le spectre est élargi. La conclusion est que la largeur de la bande critique centrée sur 1 000 Hz est de 160 Hz et qu'il y a sommation de la sonie lorsque le spectre d'un son complexe s'étale au-delà d'une seule bande critique.

En répétant ces expériences pour d'autres fréquences centrales, on constate que les bandes critiques sont d'autant plus larges que leur fréquence centrale est élevée. La bande centrée sur 50 Hz a une largeur de 80 Hz, alors que celle centrée sur 13 500 Hz a une largeur de 3 500 Hz.

Modélisation de la détermination de la sonie

Ces différentes données expérimentales ont conduit à proposer un modèle permettant d'expliquer les variations de la sonie en fonction des différentes stimulations sonores. Le système auditif fonctionnerait comme un ensemble de filtres adjacents, répartis sur toute l'étendue spectrale, et dont les largeurs (bandes passantes) sont précisément celles des bandes critiques. Selon le modèle psychophysique de la sonie proposé par Zwicker (1956), la sonie est déterminée par la quantité d'activation évoquée dans ces différents filtres. Si le spectre du son complexe est assez étroit pour n'activer qu'un seul filtre, la quantité d'excitation est intégrée dans ce seul filtre. Si le spectre est suffisamment large pour activer plusieurs filtres adjacents, il y a sommation des activités de ces différents filtres et, par conséquent, accroissement de la sonie. En déterminant précisément la forme de 24 filtres adjacents couvrant les fréquences de 20 Hz à 15 500 Hz, Zwicker a établi un premier modèle de calcul de la sonie applicable à n'importe quel son complexe dont on connaît le spectre. Sur le même modèle, il a mis au point un logiciel de détermination automatique de la sonie reposant sur 20 filtres de tiers d'octave. En fait, il faut bien comprendre que le nombre de filtres et leur position sur le spectre ont un caractère arbitraire. Toute fréquence peut être considérée comme la fréquence centrale d'un filtre (ou d'une bande critique) dont la largeur est spécifique. Pour les modèles, il suffit de couvrir l'étendue spectrale nécessaire avec une série de filtres adjacents, et 20 à 30 filtres sont suffisants.

Concernant les sons purs, on pourrait penser qu'ils n'activent qu'un seul filtre, puisqu'ils ne comportent qu'une seule fréquence. Cela est vrai à faible niveau d'intensité physique. Pour des niveaux moyens et élevés, ils activent plusieurs filtres, comme nous l'avons dit à propos des seuils de discrimination. L'explication est suggérée par la figure 22. Ce schéma présente trois situations de niveaux sonores croissants de 1 à 3. La forme des filtres est approximée par des triangles. L'axe horizontal représente les fréquences. Sur ce schéma l'élévation du niveau est traduit par une augmentation d'amplitude des filtres qui, de ce fait, se chevauchent partiellement. Pour le niveau 1, d'intensité faible, le son pur indiqué par le segment vertical n'active que le filtre 2. Pour le niveau 2, d'intensité moyenne, il active le filtre 2 et un peu le filtre 3. Pour le niveau 3, d'intensité élevée, il active par ordre d'importance les filtres 2, 3, 1 et 4. Revenons un instant sur les mesures de seuils. Le seuil différentiel d'intensité des sons purs diminue quand le niveau augmente, car un niveau acoustique élevé qui active plusieurs filtres permet des évaluations simultanées de l'écart d'intensité dans plusieurs filtres. La capacité de discrimination est donc accrue. Concernant le seuil absolu, comparons les valeurs obtenues pour un son pur et pour un son de même intensité

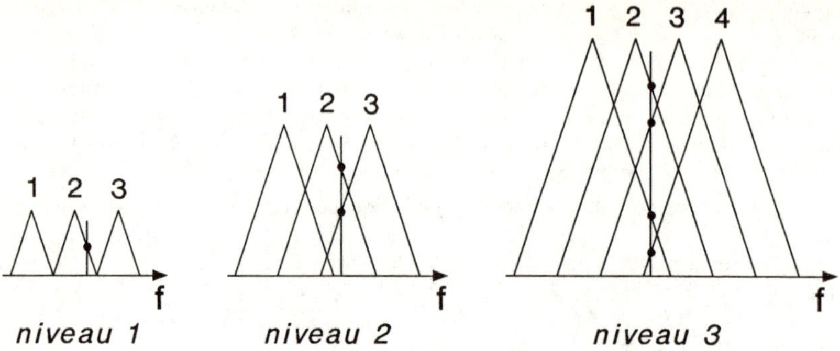

Figure 22

Modèle des filtres auditifs. Ce schéma montre comment l'augmentation du niveau sonore semble élargir la gamme de fréquences auxquelles répondent les filtres.

globale composé de deux fréquences. On constate que le seuil absolu est le même tant que les deux fréquences sont assez rapprochées pour n'activer qu'un seul filtre. Dès que l'écart des fréquences est suffisant pour activer deux filtres différents, il faut augmenter le niveau global d'environ 3 dB pour être au seuil de détection, cet accroissement étant nécessaire pour que le seuil soit atteint dans au moins l'un des filtres.

Autres facteurs influençant la sonie

La sonie dépend de la durée des sons. Pour les durées brèves, la sonie d'un son d'intensité physique constante augmente avec la durée du son jusqu'à 180 ms (millisecondes) puis reste constante au-delà. Pour les sons de longue durée (plusieurs secondes), on s'attendrait à observer une diminution de la sonie selon un phénomène classique d'adaptation sensorielle. Cela n'est observé que pour les sons purs de niveau inférieur à 30 dB. Un son pur de 4 000 Hz et 5 dB devient inaudible au bout de 2 à 3 minutes. À 30 dB sa sonie n'est réduite que de 20 %. Pour les sons purs de niveau supérieur à 30 dB et pour tous les sons complexes, il n'y a aucune adaptation de la sonie, contrairement à ce qui se passe dans les autres systèmes sensoriels. Tant qu'ils sont maintenus, ils sont perçus avec la même sonie.

Tout ce que nous avons vu jusqu'à présent s'applique aux situations dans lesquelles un seul son est présent (ou deux pour les mesures par comparaison). Dans les situations réelles nous sommes soumis, le plus souvent, à l'écoute de nombreux sons simultanés. On constate alors que la sonie d'un son particulier peut dépendre de l'environnement sonore. Généralement, la sonie des sons de plus faible niveau est affectée par la présence des sons de niveau plus élevé émis simultanément. C'est le phénomène de masquage. À ces effets simultanés s'ajoutent des effets consécutifs. La sonie d'un son particulier peut être diminuée dans des proportions importantes lorsqu'il est précédé par l'écoute prolongée d'un autre son de niveau élevé. On dit qu'il y a fatigue auditive. Ces deux phénomènes importants concernant l'influence d'un son sur l'audition d'un autre seront étudiés en détail dans la dernière section de ce chapitre (p. 99-101).

HAUTEUR

La hauteur – on précise souvent « hauteur tonale » (*pitch* en anglais) – est l'attribut de la sensation auditive qui nous permet d'ordonner les sons sur une échelle allant du grave à l'aigu. La hauteur est fortement dépendante de la fréquence des sons, mais d'autres facteurs interviennent, en particulier pour les sons complexes. Nous évoquerons d'abord la hauteur des sons purs (en abordant successivement les seuils de détection et de discrimination des fréquences, les différentes échelles de hauteur tonale qui conduisent à distinguer deux qualités différentes de hauteur) et ensuite les différents aspects de la hauteur tonale des sons complexes.

Hauteur tonale des sons purs

• *Seuil de détection et de discrimination de fréquences*. Les seuils de détection de fréquence d'un son pur sont les valeurs qui limitent l'étendue audible des fréquences. Elles sont estimées respectivement à 20 Hz et 20 000 Hz mais, comme nous l'avons vu, ces valeurs dépendent du niveau d'intensité.

Le seuil différentiel correspond au plus petit écart de fréquences juste perceptible. Cette résolution fréquentielle du système auditif humain est mesurée en recherchant la plus petite différence de fréquence que doivent présenter deux sons purs successifs pour être discriminés. Le résultat dépend de la fréquence autour de laquelle se fait la mesure et aussi du niveau d'intensité choisi. Le rapport de Weber ($\Delta f / f$ dans ce cas) varie avec la fréquence selon une courbe en U. Il n'est donc relativement constant, comme le prédit la loi de Weber, que pour des fréquences comprises entre 500 Hz et 3 000 Hz, et il augmente aux fréquences extrêmes, basses et hautes. Sa valeur minimale est obtenue vers 1 500 Hz et vaut environ 0,002, ce qui correspond à un seuil différentiel de 3 Hz.

Perceptivement, nous considérons comme graves les sons de fréquence inférieure à 400 Hz, comme médium ceux dont la fréquence est comprise entre 400 Hz et 1 600 Hz et comme aigus ceux dont la fréquence est supérieure à 1 600 Hz. Ces valeurs limites sont des ordres de grandeur. Cette échelle nominale à trois niveaux (grave, médium et aigu) est très insuffisante pour évaluer la hauteur tonale. Les estimations plus précises amènent à distinguer deux types d'échelles subjectives.

• *Les deux échelles de hauteur tonale :*

1. Échelle musicale et chroma. La succession des notes de la gamme de la musique constitue une échelle de hauteur tonale. Un grand nombre de gammes différentes ont marqué l'histoire de la musique, mais toutes ont cependant en commun l'intervalle d'octave ; il s'agit de l'intervalle le plus rapproché entre deux notes qui paraissent identiques, l'une étant plus aiguë que l'autre. L'harmonie entre deux notes séparées d'une octave est telle qu'on leur donne le même nom. Du point de vue de la physique, l'intervalle d'octave correspond à deux sons dont les fréquences fondamentales sont dans le rapport de 2 à 1, c'est-à-dire que la fréquence haute de l'intervalle est le double de sa fréquence basse. L'ensemble des sons audibles s'étend sur une dizaine d'octaves, mais dans la pratique musicale on n'utilise que 7 octaves de 30 Hz à 4 000 Hz environ. Seul, l'orgue peut étendre son registre sur 8 octaves. Le tableau ci-après (p. 80) donne les fréquences fondamentales correspondant aux notes de ces 8 octaves. Pour chaque note on remarque le doublement de la fréquence en passant d'une octave à l'autre (à l'arrondi près). Le terme d'octave s'emploie dans d'autres domaines que la musique pour préciser l'étendue d'un intervalle de fréquences. Par exemple, un filtre passe-bande à l'octave a une fréquence de coupure haute qui est le double de la fréquence de coupure basse, un filtre à tiers d'octave a une fréquence de coupure haute qui vaut $2^{1/3} = \sqrt[3]{2} = 1{,}26$ fois la fréquence de coupure basse.

Le fait que deux notes séparées d'une octave paraissent similaires est reconnu comme une qualité particulière de la sensation auditive. Plus précisément, on appelle « chroma » la qualité selon laquelle deux sons purs dont le rapport des fréquences est 2 (donc séparés d'une octave) sont identiques. C'est donc une qualité qui nous permet d'apprécier le degré d'harmonie de deux sons. L'harmonie est parfaite pour l'intervalle d'octave, mais d'autres valeurs de rapport entre les fréquences produisent aussi des associations harmonieuses. C'est le cas de la quinte (intervalle entre le *do* et le *sol*, par exemple) pour laquelle le rapport des fréquences est 3/2. D'autres intervalles sont caractéristiques, comme la quarte (4/3), la tierce majeure (5/4) et la tierce mineure (6/5). On aura compris qu'en musique un intervalle entre deux notes se caractérise toujours par le rapport entre leurs fréquences.

Les notes issues des instruments de musique sont des sons complexes périodiques, composés d'une fréquence fondamentale et de la série des harmoniques. Bien que nous parlions pour l'instant des sons purs, il est pertinent d'évoquer ici les principes de construction de quelques gammes musicales, car cela permet de concrétiser l'échelle musicale de hauteur. Les gammes sont formées de sons ou notes dont les fréquences sont dans des rapports déterminés et qui satisfont au sens musical humain. Ce que nous appelons alors « fréquence d'une note » est la fréquence de sa composante fondamentale. Toutes les gammes de la musique occidentale reposent, nous l'avons dit, sur l'intervalle d'octave. Les différences entre les gammes portent sur la façon de diviser cet intervalle en éléments plus petits afin d'en construire les différents échelons (les lecteurs musiciens pourront se reporter à l'encadré p. 79).

Selon les échelles musicales, la hauteur tonale varie en fonction du logarithme de la fréquence (elle semble donc suivre la loi de Fechner). Autrement dit, deux sons purs a et b évoquent le même intervalle de hauteur tonale que les sons c et d si les rapports de leurs fréquences sont égaux ($f_a / f_b = f_c / f_d$). À partir des valeurs du tableau de la gamme tempérée, on peut vérifier que le logarithme des fréquences croît d'une quantité constante (égale à 0,02508) en passant d'une note à la suivante, c'est-à-dire lorsque la sensation de hauteur croît régulièrement de demi-ton en demi-ton. En utilisant directement les fréquences (et non leur logarithme), on constate que c'est leur rapport qui conserve une valeur fixe de 1,05946. Lorsqu'on transpose une mélodie d'un ton à un autre, on en change toutes les notes par des notes plus graves ou plus aiguës, mais en conservant les mêmes rapports de fréquence entre les notes successives. Le « chroma » est la qualité particulière de la hauteur tonale sur laquelle sont construites les gammes musicales. Ajoutons que des intervalles caractéristiques de la musique, comme la quinte, la quarte ou la tierce, sont très facilement identifiés par un musicien tant que les fréquences sont inférieures à 5 000 Hz. Au-delà, les réponses sont aléatoires, comme si la qualité de chroma était perdue.

2. *Échelle d'estimation et tonie.* Une autre façon d'apprécier la variation de la hauteur tonale avec la fréquence du son est de procéder par estimation directe, comme l'a proposé Stevens. L'expérience consiste à présenter au sujet un son pur étalon et à lui demander d'ajuster la fréquence d'un autre son afin que la hauteur lui paraisse le double (ou la moitié) de celle du son étalon. La fréquence obtenue sert alors d'étalon et

GAMMES MUSICALES OCCIDENTALES

L'intervalle de la quinte est à la base de la gamme grecque, attribuée à Pythagore. En pratique, c'est en mesurant la longueur de cordes vibrantes tendues que les Grecs déterminaient ces rapports. En générant tous les intervalles de quinte possibles à partir d'une même note et en les ramenant à l'octave de la note initiale (par sauts d'octave, c'est-à-dire en divisant par des puissances de 2), on obtient tous les intervalles de la gamme grecque. Ces intervalles ne sont pas égaux et leur suite présente des inversions fâcheuses conduisant à des duretés d'harmonie (par exemple, le *mi dièse* est plus haut que le *fa*, et le *fa bémol* est plus bas que le *mi*). Les trois intervalles élémentaires de cette gamme sont dans les rapports 9/8, 256/243 et 2 187/2 048, qui sont tous construits avec certaines puissances de 2 et de 3 (respectivement $3^2/2^3$, $2^8/3^5$ et $3^7/2^{11}$, la quinte étant elle-même dans le rapport 3/2). On remarquera les liens étroits entre la musique et l'arithmétique, au point que ces deux disciplines constituaient, avec la géométrie et l'astronomie, l'intégralité de l'enseignement des sciences mathématiques dans la Grèce Antique.

Au XVIe siècle, l'italien G. Zarlino proposa une nouvelle gamme musicale, dite « gamme naturelle », qui repose sur la consonance naturelle parfaite entre un son fondamental et la série de ses harmoniques. Partant d'une note, par exemple un *do*, les harmoniques retenus conduisent aux notes *sol* (rang 3), *mi* (rang 5), *ré* (rang 9) et *si* (rang 15), situées dans des octaves supérieures. En les ramenant par sauts d'octave dans l'octave initiale, les rapports de fréquence avec le *do* sont 3/2 (*sol*), 5/4 (*mi*), 9/8 (*ré*) et 15/8 (*si*). Les notes complémentaires sont dans les rapports 4/3 (*fa*) et 5/3 (*la*). Les autres harmoniques de la série du *do* permettent d'obtenir les notes altérées (dièses et bémols). Une telle gamme offre l'agrément d'être particulièrement harmonieuse et consonante, mais elle conduit à trois intervalles différents entre les notes et à un décalage variable entre le dièse d'une note et le bémol de la suivante, rendant toute transposition impossible.

Les problèmes de transposition furent résolus au début du XVIIIe siècle avec la « gamme tempérée » proposée par A. Werckmeister, organiste et théoricien de la musique. L'intervalle d'octave est divisé en 12 parties égales, appelées « demi-ton ». Chaque demi-ton est donc limité par des fréquences basse et haute dans un rapport de $\sqrt[12]{2} = 1{,}05946$. L'intervalle d'un ton, dont le rapport est $\sqrt[6]{2} = 1{,}12246$, comporte deux demi-tons égaux. Chaque note diésée coïncide avec le bémol de la note suivante. Aucun de ces intervalles ne correspond exactement aux intervalles naturels, mais les écarts sont minimes et ne produisent pas de dissonance. À partir de cette échelle à 12 intervalles égaux, dite « gamme chromatique », sont créées 24 gammes différentes en choisissant judicieusement des séries de 7 notes parmi les 12. Ces gammes sont dites « diatoniques » car elles combinent des intervalles d'un ton et d'un demi-ton. Les 12 gammes en mode majeur ont pour intervalles successifs 1, 1, 1/2, 1, 1, 1, 1/2 ton et les 12 gammes en mode mineur 1, 1/2, 1, 1, 1/2, 1 1/2, 1/2 ton. La tonalité de la gamme est donnée par la première note. Par exemple, *do* majeur (*do, ré, mi, fa, sol, la, si*), *fa*# majeur (*fa*#, *sol*#, *la*#, *si, do*#, *ré*#, *mi*# ou *fa*), *si* mineur (*si, do*#, *ré, mi, fa*#, *sol, la*#). Les intervalles entre les notes chromatiques étant constants (en valeur de rapport), ce système offre la possibilité de transposer sans aucun problème toute mélodie dans n'importe quel ton. Il doit son succès à J.-S. Bach qui, en composant le *Clavecin bien tempéré*, œuvre à caractère didactique où chaque morceau diffère d'une tonalité du précédent, apporta une preuve remarquable de son efficacité et de son intérêt musical (d'où la désignation courante, mais quelque peu injuste, de gamme tempérée de J.-S. Bach). Le tableau ci-dessous indique, pour 8 octaves, les fréquences fondamentales des notes de cette gamme chromatique. Chaque note est généralement indicée par le chiffre du rang de l'octave à laquelle elle appartient ($fa^{\#}_2$ pour le *fa*$^{\#}$ de la deuxième octave). Un clavier de piano s'étend du la_{-1} au do_7. La valeur encadrée est celle de la note d'accord (fournie par un diapason ou la tonalité de la ligne téléphonique en France). C'est le *la* de la troisième octave (la_3) qui a été fixé, par une convention internationale en 1953, à la fréquence de 440,00 Hz. Les Anglo-Saxons ont conservé la notation de la gamme antique utilisant les 7 premières lettres de l'alphabet, la note *A* correspondant au *la*, le *B* au *si*, le *C* au *do*, etc. (moyen mnémotechnique : le *F* correspond au *fa*). Leur première octave commence au rang zéro (C_0 de fréquence 16,35 Hz), soit un rang de décalage par rapport aux pays latins. En conséquence leur note de référence à 440 Hz est le A_4 (d'où parfois quelques confusions des rangs d'octave selon les pays).

Fréquence (en Hz) des notes de la gamme tempérée chromatique

Octave Notes	– 1	0	1	2	3	4	5	6	7
do	16,35	32,70	65,41	130,81	261,63	523,25	1 046,50	2 093,00	4 186,01
do$^{\#}$ ou *ré*$^{\flat}$	17,32	34,65	69,30	138,59	277,18	554,37	1 108,73	2 217,46	–
ré	18,35	36,71	73,42	146,83	293,66	587,33	1 174,66	2 349,32	–
ré$^{\#}$ ou *mi*$^{\flat}$	19,45	38,89	77,78	155,56	311,13	622,25	1 244,51	2 489,02	–
mi	20,60	41,20	82,41	164,81	329,63	659,26	1 318,51	2 637,02	–
fa	21,83	43,65	87,31	174,61	349,23	698,46	1 396,91	2 793,83	–
fa$^{\#}$ ou *fa*$^{\flat}$	23,12	46,25	92,50	185,00	369,99	739,99	1 479,98	2 959,96	–
sol	24,50	49,00	98,00	196,00	392,00	783,99	1 567,98	3 135,96	–
sol$^{\#}$ ou *sol*$^{\flat}$	25,96	51,91	103,83	207,65	415,30	830,61	1 661,22	3 322,44	–
la	27,50	55,00	110,00	220,00	440,00	880,00	1 760,00	3 520,00	–
la$^{\#}$ ou *la*$^{\flat}$	29,14	58,27	116,54	233,08	466,16	932,33	1 864,66	3 729,31	–
si	30,87	61,74	123,47	246,94	493,88	987,77	1 975,53	3 951,07	–

Chaque colonne représente les douze notes différentes d'une octave. Le rang de l'octave est indiqué en tête de colonne. L'intervalle entre deux notes successives est d'un demi-ton, soit un rapport entre les fréquences de $\sqrt[12]{2}$ = 1,05946. Les fréquences doublent d'une octave à l'autre. La note encadrée est la note d'accord.

Au début du XXe siècle, mais surtout ces trente dernières années avec l'utilisation des synthétiseurs électroniques, s'est développée la « gamme dodécaphonique » reposant sur 12 intervalles élémentaires égaux, eux-mêmes partagés en deux parties égales (soit 24 intervalles de rapport $\sqrt[24]{2}$ = 1,02930). Une telle gamme permet des combinaisons de sons audacieuses, caractéristiques de la musique contemporaine. Ces créations musicales résultent de plus en plus de collaborations étroites et fructueuses entre les musiciens et les scientifiques de l'acoustique (informaticiens, chercheurs en psychoacoustique). L'IRCAM, centre de recherches et de créations des plus actifs, édite et diffuse des documents sonores que le lecteur pourra auditionner avec profit.

le sujet réitère la mesure. De proche en proche, on établit ainsi la fonction de correspondance entre les fréquences et la sensation de hauteur. Les résultats, présentés à la figure 23, permettent de construire une échelle de hauteur tonale exprimée dans une nouvelle unité appelée le « mel ». Par convention, la hauteur de 1 000 mels est celle d'un son pur d'une fréquence de 1 000 Hz. Cette fonction n'est pas logarithmique puisque le graphique n'est pas une droite. En particulier des doublements de fréquence (intervalle d'une octave) ne correspondent pas à un accroissement constant du nombre de mels. Cela explique qu'une octave située dans les tons très graves ou très aigus puisse sembler moins étendue qu'une octave située dans les médiums, ce que relatent de nombreux auditeurs, qu'ils soient ou non musiciens. Il apparaît donc que pour construire l'échelle des mels, les sujets utilisent une autre dimension de la hauteur tonale, appelée « tonie ». On peut apprécier la tonie d'un son pur pour toutes les fréquences allant de 20 Hz à 20 000 Hz.

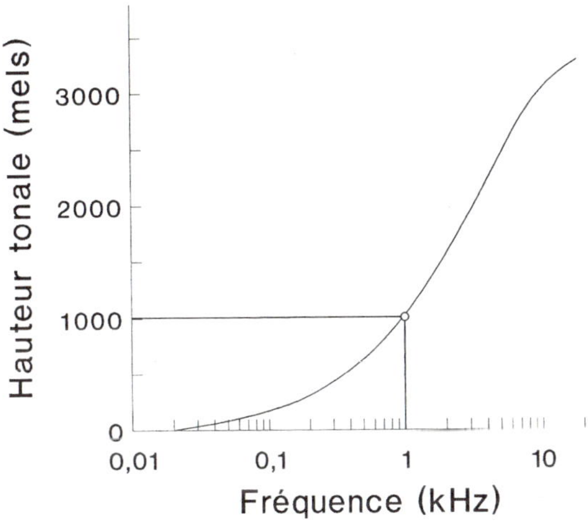

Figure 23

Variation de la tonie en fonction de la fréquence du son pur.

En conclusion, nous retiendrons qu'il existe deux qualités de hauteur tonale :

– la qualité de chroma, selon laquelle deux sons purs à l'octave — c'est-à-dire dont la fréquence du plus aigu est le double de celle du plus grave — paraissent identiques et sur laquelle reposent toutes les échelles musicales. Cette qualité ne s'applique qu'à un domaine fréquentiel restreint, de 60 Hz à 5 kHz environ. Elle n'est plus perçue pour des sons de fréquence extérieure à cet intervalle.

– la qualité de tonie, qui permet d'ordonner les sons du grave à l'aigu, et sur laquelle repose l'échelle des mels ; selon cette qualité, la sensation de hauteur ne varie pas de façon logarithmique avec la fréquence, mais toutes les fréquences de 20 Hz à 20 kHz ont une tonie ;

Lorsqu'on doit comparer la hauteur de sons purs, indépendamment de leur caractère musical, l'estimation se fait plutôt sur la tonie. Lorsqu'il s'agit de nommer une note isolée, l'identification se fait sur le chroma. On constate alors qu'un sujet ne confondra pas deux notes différentes d'une même octave (par exemple, un mi_3 avec un la_3), alors qu'il peut confondre deux mêmes notes séparées d'une octave (*mi*$_3$ et *mi*$_4$), même s'il est musicien. Une telle ambiguïté d'octave est caractéristique de la qualité de chroma. Nous en proposerons une explication lorsque nous aborderons le codage neurosensoriel de la fréquence.

• *Influence d'autres facteurs sur la hauteur tonale des sons purs*. La hauteur tonale des sons purs ne dépend pas exclusivement de leur fréquence. Le niveau d'intensité peut aussi influencer la sensation de hauteur. Signalons seulement que pour des niveaux d'intensité proches du seuil, il est très difficile d'apprécier la hauteur d'un son. Quand le niveau augmente au-delà de 60 dB, les sons de fréquence élevée paraissent légèrement plus aigus (leur hauteur augmente), alors que les sons de fréquence basse peuvent paraître légèrement plus graves (leur hauteur diminue). Les variations observées ne sont pas négligeables et peuvent dépasser un écart d'un ton au-delà de 90 dB. Elles diffèrent d'un auditeur à l'autre, et même d'une oreille à l'autre chez une même personne. Pour les sons de fréquence moyenne (entre 1 000 et 3 000 Hz), la hauteur ne varie quasiment pas avec le niveau d'intensité.

La hauteur peut aussi être modifiée par la présence simultanée ou consécutive d'un autre son ou d'un bruit blanc. Bien que dans certaines conditions expérimentales ces variations de hauteur soient supérieures à un ton, il ne semble pas que ces phénomènes produisent des gênes importantes dans les conditions d'écoute habituelles.

Hauteur tonale des sons complexes

Les sons complexes, rappelons-le, sont décrits par la superposition des sons purs qui leur est équivalente et qui est obtenue en appliquant la décomposition de Fourier. Dans le cas des sons complexes périodiques, la décomposition conduit à une somme limitée de plusieurs composantes dont les fréquences sont des multiples entiers de la fréquence la plus basse appelée fréquence fondamentale. Un tel son est dit « harmonique » si toutes les composantes harmoniques de la série sont présentes (aucun harmonique d'amplitude nulle). Si ce n'est pas le cas, le son complexe périodique est dit « inharmonique ». Les autres sons complexes ne sont pas périodiques et la décomposition conduit alors à un grand nombre de partiels, et même à un spectre continu. Nous traiterons particulièrement les sons complexes périodiques harmoniques, car ils constituent avec quelques approximations la majorité des sons pertinents de notre environnement sonore (voix, instruments de musique). En effet, même les sons naturels quasi-périodiques peuvent leur être assimilés car l'ensemble des partiels de leur décomposition est souvent très voisin d'une série harmonique complète.

• *Hauteur des sons complexes harmoniques*. Pour évaluer la hauteur d'un son complexe harmonique, on demande au sujet d'ajuster la fréquence d'un son pur de comparaison afin qu'il paraisse de même hauteur que le son complexe. L'ajustement conduit généralement à la fréquence de la fondamentale du son complexe. On en conclut que la hauteur tonale d'un son complexe harmonique est entièrement déterminée par celle de sa composante fondamentale et on l'appelle « hauteur fondamentale ». Cela justifie que nous ayons considéré uniquement la fréquence fondamentale des notes lors de la description des gammes musicales. Comme la hauteur fondamentale peut présenter des ambiguïtés d'octave, on l'attribue à la qualité de chroma.

La question est alors de savoir si la qualité de tonie est également applicable aux sons complexes harmoniques. La réponse est affirmative, mais il faut souligner ici l'évolution des conceptions depuis les vingt dernières années. Deux sons complexes harmoniques ayant même fréquence fondamentale (donc même hauteur fondamentale), mais des fournitures en harmoniques différentes, se distinguent facilement. Celui des deux dont les harmoniques de rang élevé sont les plus amples paraît plus brillant, plus aigu que l'autre, qui paraît plus terne et plus grave. Puisque l'on pouvait exprimer cette distinction supplémentaire en terme de « grave » ou d'« aiguë », elle fut attribuée, dans les années 70, à la tonie du son complexe. On appela « hauteur brute » cette qualité liée à la distribution des harmoniques ou, plus précisément, à la position du maximum de son spectre. Cette sensation est totalement indépendante de la hauteur fondamentale. À l'instar de ce qui a été vu pour les sons purs, on considérait alors que la hauteur des sons complexes harmoniques avait deux composantes : une composante de chroma, responsable de la hauteur fondamentale et dépendante de la fréquence de la composante fondamentale, et une composante de tonie, responsable de la hauteur brute et dépendante de la position du maximum de l'enveloppe spectrale. Actuellement, cette distinction a perdu de sa pertinence, et l'on considère plutôt la hauteur brute comme l'une des qualités du timbre (voir p. 84).

Dans un son complexe, il est possible, pour une oreille exercée et au prix d'une attention soutenue, de distinguer les sons purs correspondant aux premiers harmoniques. On doit donc reconnaître que le système auditif est capable d'une certaine écoute analytique permettant de discerner les différentes composantes d'un son complexe. On réserve le terme de « hauteur spectrale » pour désigner la hauteur de l'une des composantes d'un son complexe.

• *Fondamentale absente*. On désigne sous les termes de « fondamentale absente » un phénomène curieux qui montre combien le statut de la fréquence fondamentale d'un son complexe est privilégié. Considérons la note do_1 de fréquence fondamentale 65,41 Hz et de fréquences harmoniques 130,81 Hz, 196,22 Hz, 261,63 Hz, 327,03 Hz… Supposons que cette note soit jouée *pianissimo*, c'est-à-dire avec un niveau d'intensité très faible d'environ une trentaine de dB. Il suffit de se reporter à l'audiogramme standard pour constater que la fréquence fondamentale est en dessous du seuil d'audition et, qu'en conséquence, elle n'est pas perçue. Pourtant, cette note conserve la même hauteur fondamentale que lorsqu'elle est jouée à un niveau plus élevé. La perception de hauteur n'est pas modifiée, que la fréquence fondamentale soit individuellement perçue ou non. De même, si l'on fabrique expérimentalement un son complexe harmonique par superposition des sons purs nécessaires et qu'on le compare au même son dont on enlève la fréquence fondamentale, on ne constate aucune variation de la hauteur fondamentale. Bien que la composante fondamentale soit absente, le système auditif est capable d'encoder une information relative à la fréquence qu'aurait cette composante si elle était présente. Nous verrons qu'un codage temporel est susceptible d'expliquer ce phénomène.

• *Hauteur des sons complexes inharmoniques*. Il s'agit des sons complexes périodiques dont certains harmoniques sont absents ou de sons complexes composés de partiels (composantes dont les fréquences ne sont pas des multiples entiers de la fréquence la plus basse). Pour de tels sons, la perception de hauteur ne suit pas des règles simples. Lorsque le spectre est proche de celui d'un son complexe harmonique, en particulier si les premiers harmoniques sont présents, la hauteur perçue est souvent celle de la composante de plus basse fréquence. Parfois, la perception de hauteur est ambiguë et plusieurs hauteurs sont perçues en même temps. Dans le cas de partiels, la composante de plus basse fréquence n'impose pas la hauteur perçue, comme le montre l'expérience suivante : considérons le son inharmonique synthétique formé d'une composante à 100 Hz et de partiels à 214 Hz, 458 Hz, 980 Hz et 2 097 Hz. En multipliant par 2 toutes les fréquences, on obtient un son dont les composantes se situent à 200 Hz, 428 Hz, 916 Hz, 1 960 Hz et 4 194 Hz. En raison du doublement des fréquences, on pourrait s'attendre à la perception d'un son plus aigu d'une octave. Pourtant le son paraît légèrement plus grave. On l'explique en constatant que ce n'est pas le décalage individuel propre à chaque partiel qui est perçu, mais les écarts les plus faibles possibles, soit ceux de 214 à 200, de 458 à 428, de 980 à 916, de 2 097 à 1 960. Tous ces écarts présentent une diminution de fréquence, ce qui imposerait la perception d'une hauteur plus grave. Quelle que soit la validité de cette explication, on observe que ce n'est pas systématiquement la fréquence la plus basse du son composite qui détermine la hauteur perçue.

En résumé, nous retiendrons que la hauteur des sons complexes harmoniques dépend essentiellement de la fréquence de la composante fondamentale. Elle est appelée « hauteur fondamentale » et résulterait d'une qualité de chroma. La hauteur n'est pas altérée si cette composante est physiquement absente du son complexe. Les autres qualités perçues relèvent plutôt du timbre. Pour les sons inharmoniques et les sons apériodiques, la sensation de hauteur est plus ambiguë et elle ne peut pas être reliée de façon simple à une caractéristique physique du stimulus.

TIMBRE

Le timbre est défini comme la qualité de la sensation sonore qui nous permet de différencier des instruments de musique jouant une même note avec la même sonie : en somme, c'est tout ce qui n'est pas hauteur et sonie. Le timbre ne dépend pas principalement d'une seule caractéristique physique et il ne peut pas être évalué le long d'un seul continuum sensoriel. Ce caractère multidimensionnel a suscité de nombreuses recherches visant à préciser quelles sont les dimensions du timbre et quels sont les paramètres physiques dont elles dépendent.

En utilisant des sons d'instruments de musique et des sons de voyelles, Plomp (1976) a montré le rôle très important de l'enveloppe spectrale dans l'identification du timbre. Grey (1977) a mené une étude plus systématique à partir de 16 sons d'instruments synthétisés par ordinateur. La tâche du sujet était d'estimer le degré de similitude ou de dissemblance des sons présentés par couple. En appliquant un procédé d'analyse multidimensionnelle de correspondance, les sons ont pu être classés le long de trois dimensions caractéristiques de timbre. La première dimension est reliée à l'enveloppe spectrale qui représente la distribution de l'énergie sur les différentes composantes ou, si l'on préfère, la position du centre de gravité du spectre. Cette qualité est appelée la « brillance » (c'est la hauteur brute décrite plus haut). Certains instruments de musique, qualifiés de ternes, ont un spectre étroit qui présente un maximum sur les premiers harmoniques (cor, violoncelle). À l'opposé, d'autres sont qualifiés de brillants et ont un spectre étendu avec un maximum pour les harmoniques de rang élevé (hautbois). La deuxième dimension est appelée « flux spectral » et résulte à la fois du degré de fluctuations de l'enveloppe spectrale pendant le maintien du son et du synchronisme des différents harmoniques. À une extrémité se situent le saxophone et les bois qui ont des harmoniques qui commencent, fluctuent et s'arrêtent ensemble. Ce n'est pas le cas des cordes, de la flûte ni du basson (qui est un bois très particulier) dont les harmoniques n'ont aucun synchronisme et dont les spectres fluctuent lorsqu'une note est maintenue. Enfin, la troisième dimension est la « qualité d'attaque », qui dépend du début du son, de son temps de monté. Les cordes, la flûte et les instruments à anche simple se caractérisent par la présence de composantes transitoires de fréquence élevée lors de l'établissement du son. Les cuivres ou le basson sont dépourvus de telles composantes transitoires.

Ces résultats constituent une description possible du timbre. Différentes études ont conduit à proposer d'autres dimensions du timbre, reliées à diverses combinaisons des paramètres physiques des sons complexes. Le problème n'est donc pas définitivement résolu. On peut cependant conclure que le système auditif est à même de réaliser une analyse du spectre nous permettant d'être sensible à la répartition spectrale de l'énergie et aux évolutions rapides de cette répartition. Remarquons que les sons purs, dont le spectre est réduit à une seule fréquence, n'ont pas de timbre.

TRAITEMENTS DES INFORMATIONS AUDITIVES

Cette partie a pour objectif d'exposer l'essentiel de nos connaissances actuelles sur la façon dont le système auditif traite les informations de fréquence et d'intensité des vibrations sonores afin d'en extraire les qualités de hauteur, de sonie et de timbre à partir desquelles nous construisons nos perceptions auditives. Nous commencerons par une description anatomique du système auditif, en particulier de la partie réceptrice qui conditionne notre capacité à discriminer les fréquences sonores. Nous détaillerons ensuite les phénomènes de transduction entre l'information physique et le message nerveux, puis nous aborderons le codage des informations de fréquence et de niveau d'intensité acoustique, ce qui nous permettra d'expliquer certains des phénomènes que nous venons de décrire. Nous terminerons par quelques éléments du traitement du message nerveux qui se poursuit dans les différentes structures du système auditif.

ANATOMIE DU SYSTÈME AUDITIF

L'oreille est l'organe de l'audition. Sa partie visible n'en est qu'un élément. Elle se divise en trois parties qui correspondent à des différences anatomiques et fonctionnelles : l'oreille externe, l'oreille moyenne et l'oreille interne (fig. 24, p. 86).

Oreille externe

L'oreille externe comprend une partie visible, le pavillon, et le conduit auditif externe, fermé à son extrémité par la membrane du tympan. Le pavillon favorise la capture des sons et aide à leur localisation. La géométrie et la nature de l'oreille externe donnent naissance à des phénomènes de résonance qui amplifient les fréquences moyennes. La

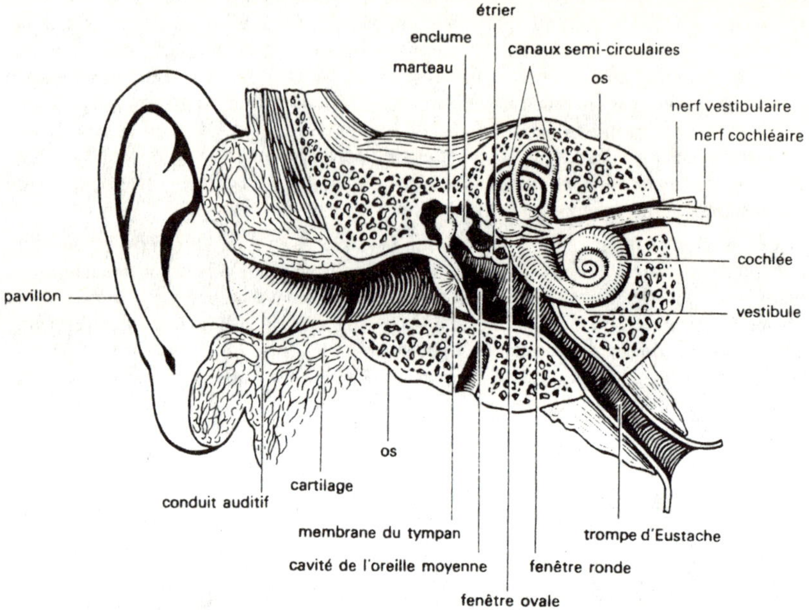

Figure 24

Représentation schématique de l'oreille.
(*Source : Encyclopædia Universalis*, art. « Audition ».)

vibration sonore parcourt le conduit auditif et met en vibration la membrane du tympan. Derrière celle-ci se trouve l'oreille moyenne.

Oreille moyenne

L'oreille moyenne est une petite cavité de l'os temporal, remplie d'air et percée de quatre orifices. Le premier est fermé par le tympan. Deux autres ouvertures sont en relation avec l'oreille interne : la fenêtre ovale, fermée par la platine de l'étrier, et la fenêtre ronde, fermée par une membrane souple. Le dernier orifice correspond à l'abouchement de la trompe d'Eustache.

Les mouvements du tympan sont transmis à l'oreille interne par la chaîne des osselets qui comprend le marteau (solidaire du tympan et qui vibre avec lui), l'enclume (en position intermédiaire) et l'étrier (dont la partie plate ferme la fenêtre ovale). Les osselets sont maintenus par des ligaments qui les relient aux parois de la cavité. Le rôle des osselets est de transformer mécaniquement la vibration aérienne en des déplacements des liquides remplissant l'oreille interne. Ils amplifient la force vibratoire d'un facteur 20 par un effet de levier et en concentrant les vibrations de la grande surface du tympan sur la surface beaucoup plus petite de la platine de l'étrier. Les mouvements de l'étrier sont contrôlés par le muscle stapédien. Un son intense produit sa contraction réflexe qui rigidifie l'ensemble et limite les mouvements de l'étrier. Ce réflexe stapédien assure une protection relative contre les stimulations très intenses à condition qu'elles ne soient pas brusques, car ce réflexe a une latence d'environ 200 ms. Il est malheureusement inefficace dans le cas des explosions.

L'oreille moyenne est en communication avec le pharynx par un canal souple appelé la « trompe d'Eustache ». En contrôlant le passage de l'air dans l'oreille moyenne, son rôle est de maintenir l'égalité des pressions statiques de l'air entre les deux faces du tympan. D'ordinaire fermée, elle ne s'ouvre que lors de la déglutition et du bâillement. Une diminution rapide de la pression atmosphérique (montée en altitude) nécessite de chasser de l'oreille moyenne l'air en surpression. À l'inverse, une augmentation de la pression ambiante nécessite d'apporter de l'air dans l'oreille moyenne (il suffit de bâiller ou de déglutir). En plongée sous-marine il est nécessaire d'insuffler de l'air dans l'oreille moyenne en soufflant tout en se bouchant le nez. L'obstruction pathologique de la trompe d'Eustache (infection ORL par exemple) conduit à une raréfaction de l'air de la caisse du tympan. Ce phénomène, en faisant bomber le tympan, diminue sa mobilité et provoque une perte auditive. Au contraire, la béance permanente de la trompe d'Eustache permet le passage direct vers l'oreille moyenne des sons produits par les cordes vocales du pharynx : le sujet se plaint de bourdonnement et d'entendre sa propre voix directement (phénomène d'autophonie).

Oreille interne

Située dans l'os temporal, l'oreille interne consiste en un ensemble de cavités, le labyrinthe osseux, rempli d'un liquide appelé « périlymphe » et contenant un système complexe et clos de tubes et de sacs, le labyrinthe membraneux. Ce dernier, rempli d'un liquide différent appelé « endolymphe », abrite les cellules réceptrices du système vestibulaire et du système auditif. En effet, l'oreille interne comporte deux parties : la cochlée, responsable de l'audition, et l'appareil vestibulaire, responsable de l'équilibration. De même origine embryologique, ces deux parties maintiennent des relations anatomiques à l'état adulte mais doivent être distinguées du point de vue fonctionnel.

La cochlée se présente comme un tube enroulé en spirale sur deux tours et demi (à l'image d'une coquille d'escargot) autour d'un axe creux occupé par les fibres nerveuses auditives. La figure 25a (p. 88) représente, à gauche, un schéma en perspective de la cochlée dont la partie inférieure, sectionnée transversalement, montre l'enroulement en spirale coupé trois fois. À droite, la coupe transversale est agrandie. La figure 25b est un schéma de principe de fonctionnement où la cochlée est supposée « déroulée » et coupée longitudinalement. Ce schéma n'est pas à l'échelle, puisqu'en réalité la cochlée est longue de 35 mm pour un diamètre moyen de 2 mm. La cochlée apparaît divisée sur toute sa longueur en trois compartiments parallèles. Le canal cochléaire, élément tubulaire du labyrinthe membraneux, occupe une position médiane entre la rampe vestibulaire et la rampe tympanique. Au sommet de la cochlée, ces deux rampes communiquent par un fin canal appelé « hélicotréma ». À leur base, la rampe tympanique est fermée par la membrane souple de la fenêtre ronde, alors que la rampe vestibulaire est en continuité avec les cavités vestibulaires. C'est à la base de la rampe vestibulaire que se situe la fenêtre ovale dans laquelle s'insère la platine de l'étrier. Le canal cochléaire, clos à son sommet, communique à sa base avec les structures membraneuses de l'appareil vestibulaire. Sur une coupe transversale, on remarque que le canal cochléaire, de section sensiblement triangulaire, est séparé de la rampe vestibulaire par la membrane de Reissner et de la rampe tympanique par la membrane

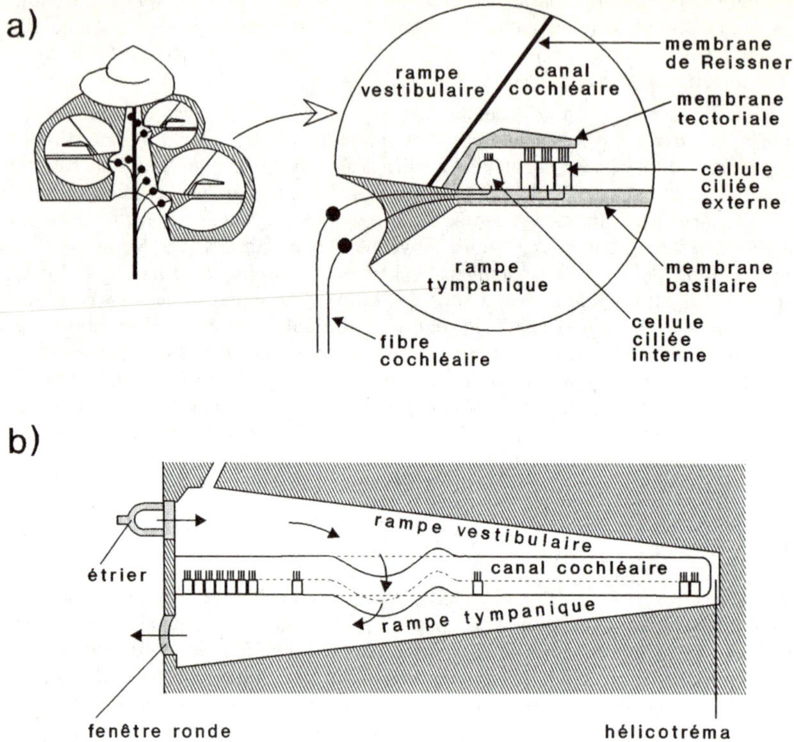

Figure 25

Représentation schématique de la cochlée. En (a), coupe partielle de la cochlée montrant l'enroulement en spirale autour de l'axe creux où se rejoignent les fibres cochléaires; à droite, représentation agrandie d'une section. En (b), schéma de principe du fonctionnement cochléaire, la cochlée étant supposée déroulée.

basilaire. Celle-ci a un rôle essentiel puisqu'elle porte sur toute sa longueur la rangée des cellules réceptrices de l'audition.

Sous l'effet d'une vibration sonore, l'étrier, comme le ferait un piston, déplace la périlymphe de la rampe vestibulaire. Les cavités étant remplies de liquides incompressibles, les perturbations se répercutent d'un compartiment à l'autre, provoquant des mouvements transversaux de la membrane basilaire et des déplacements compensatoires de la membrane de la fenêtre ronde (fig. 25b).

On peut se représenter la membrane basilaire comme un plan incliné, de largeur et d'épaisseur variables, qui s'étend longitudinalement dans la cochlée. Elle est étroite et épaisse, donc très raide à sa base (côté étrier), et elle s'élargit et s'aplatit progressivement au cours de l'enroulement devenant ainsi très souple à son extrémité. Sur toute sa longueur, elle porte l'organe de Corti, ensemble constitué de cellule de soutien, des cellules ciliées internes (CCI) et des cellules ciliées externes (CCE). Ces cellules, qui doivent leur nom à la présence de cils implantés à leur sommet, sont responsables des phénomènes de la transduction auditive.

Cellules ciliées

Bien que souvent rassemblées sous le vocable commun de «cellules ciliées», il faut se garder de mêler ces deux populations de cellules, internes et externes, qui se distinguent du point de vue anatomique et surtout du point de vue fonctionnel. Les qualificatifs «interne» et «externe» font référence à l'axe de l'enroulement en spirale (interne car plus près de l'axe, externe car plus près de la périphérie). Les cellules ciliées sont alignées en rangées parallèles sur toute la longueur de la membrane basilaire : une seule rangée pour les 3 500 CCI, et trois à quatre rangées pour les 20 000 CCE (par oreille).

Les CCI, de forme ovoïde, sont les cellules réceptrices de l'audition, celles qui génèrent le message nerveux auditif. L'extrémité de leurs cils est libre et baigne dans l'endolymphe. Tout déplacement ou basculement de leurs cils provoque des courants ioniques dans ces cellules, responsables d'une modification de leur potentiel de repos : c'est le potentiel récepteur, à l'origine du message nerveux. À leur base, elles établissent des synapses avec les extrémités dendritiques des premiers neurones auditifs. Le neurotransmetteur est le glutamate. Les CCI n'engendrent pas de potentiels d'action (PA), mais transmettent leur potentiel récepteur aux dendrites des premiers neurones qui sont les véritables sites générateurs des PA.

Les CCE sont de forme cylindrique. L'extrémité de leurs cils est engagée dans une membrane dite «tectoriale» qui, à la manière d'un toit ou d'un auvent, surplombe les cellules ciliées tout du long. Les CCE renferment des protéines contractiles (actine, myosine) conférant à ces cellules une structure de fibre musculaire. Depuis les années 80, plusieurs études ont montré que les CCE peuvent effectivement se contracter jusqu'à 20 000 fois par seconde. Leurs cils assurant une liaison mécanique avec la membrane tectoriale, la contraction des CCE impose des déplacements de cette membrane qui provoquent le basculement des cils des CCI, soit directement, la membrane tectoriale venant à leur contact, soit indirectement par un courant d'endolymphe. Ainsi les CCE sont des mécanismes actifs qui, par leurs contractions, participent à la stimulation des CCI. La contraction des CCE est sous la dépendance d'un contrôle nerveux central par des fibres issues de l'olive bulbaire (mais cheminant avec le nerf auditif) et innervant la base des CCE grâce à des synapses à l'acéthylcholine, neuromédiateur type des commandes musculaires.

Les voies nerveuses de l'audition

Les premiers neurones des voies auditives ascendantes ont leur corps cellulaire dans la cochlée. Leurs axones se regroupent dans l'axe creux de la cochlée pour former le nerf cochléaire, contingent strictement auditif du nerf VIII, et gagnent le bulbe rachidien. En effet, le nerf VIII, bien qu'appelé «nerf auditif», regroupe le nerf cochléaire et le nerf vestibulaire. Leurs dendrites, nous l'avons dit, sont en contact synaptique avec la base des cellules ciliées. Pour les CCI, chaque cellule transmet son information à une dizaine de fibres. Toute fibre provenant d'une CCI donc d'un endroit spécifique de la membrane basilaire, la cochlée est ainsi innervée par une espèce de câblage en nappe s'étalant sur la totalité de l'enroulement cochléaire. Pour les CCE, une seule fibre se ramifie sur une dizaine de cellules.

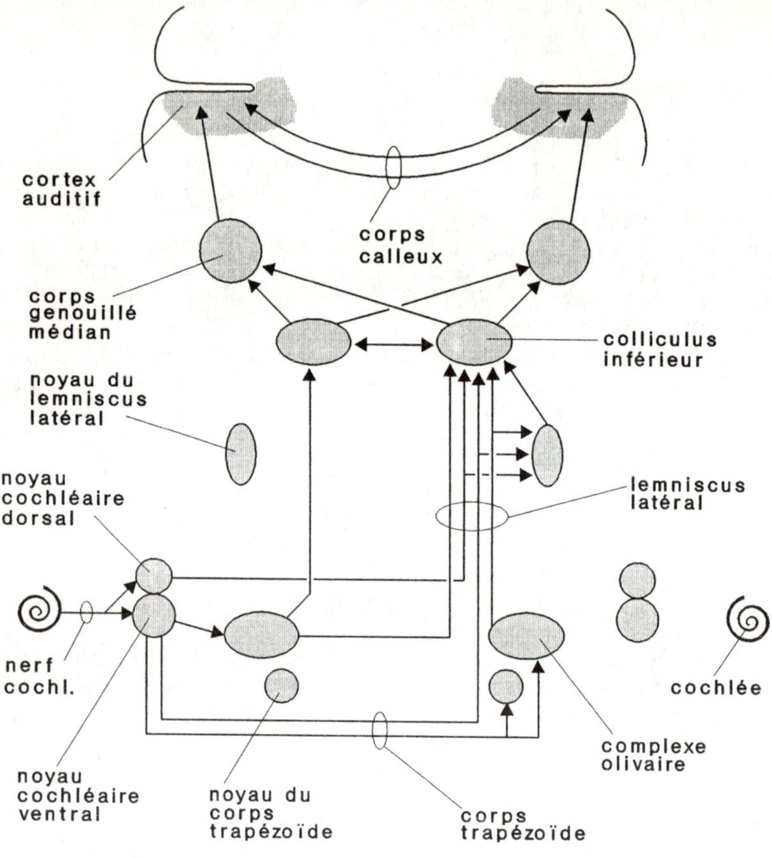

Figure 26

Représentation schématique des voies auditives. Seules sont représentées les voies issues de la cochlée gauche.

Pour être précis, signalons que le contingent auditif regroupe des fibres afférentes (vers le cerveau ou centripètes) et des fibres efférentes (venant du cerveau ou centrifuges) dans les proportions de 30 000 fibres afférentes, provenant très majoritairement des CCI (90 %), mais aussi des CCE (10 %), pour seulement quelque 1 000 fibres efférentes, innervant pour moitié les CCI et pour moitié les CCE.

Le trajet des voies auditives ascendantes, relativement complexe, se caractérise par de nombreux relais et de nombreux croisements du plan médian (fig. 26). Le nerf VIII pénètre dans le cerveau au niveau du bulbe rachidien et se sépare en deux branches, l'une faisant relais dans le noyau cochléaire dorsal, l'autre dans le noyau cochléaire ventral. Du noyau ventral les nouvelles fibres gagnent soit l'olive supérieure ipsilatérale soit, par le faisceau appelé corps trapézoïde, l'olive supérieure controlatérale. Ainsi les neurones de chaque complexe olivaire reçoivent des afférences en provenance des deux oreilles. C'est le premier niveau d'interaction binaurale du système auditif, d'importance primordiale pour la localisation spatiale des sources sonores. De là, les fibres gagnent le colliculus inférieur, relais des voies auditives, soit directement, soit via le noyau du lemniscus latéral. Du noyau cochléaire dorsal les fibres croisent et se projettent également sur les neurones du colliculus inférieur ou du noyau du lemniscus latéral. Ensuite les voies auditives font relais dans le corps genouillé médian, avant de gagner le cortex auditif situé dans le lobe temporal.

De cette description anatomique, nous retiendrons les éléments suivants :

– La vibration sonore aérienne est transformée, par la chaîne des osselets, en des vibrations des liquides remplissant les divers compartiments de la cochlée. La membrane basilaire est le siège de déplacements transversaux localisés qui activent les cellules situées à cet endroit.

– Les cellules ciliées internes (CCI) sont les cellules réceptrices de l'audition. Elles sont alignées sur une seule rangée tout le long de la membrane basilaire. L'élément déclenchant du potentiel de récepteur est le déplacement de leurs cils. Ce potentiel est transmis aux prolongements dendritiques de plusieurs fibres afférentes, site générateur des PA donc du message nerveux.

– Les cellules ciliées externes (CCE) sont disposées sur plusieurs rangs le long de la membrane basilaire. En se contractant, elles provoquent le déplacement des cils des CCI et améliorent l'activation de celles-ci. Le fonctionnement des CCE est actif et, de ce fait, sous dépendance du métabolisme. Certains des troubles de l'audition (comme les acouphènes) ont leur origine dans un dysfonctionnement des CCE.

– Les voies auditives ascendantes sont issues de la base des CCI. L'ensemble des fibres forme une sorte de câblage en nappe, chacune ayant son origine à un endroit très précis de la membrane basilaire. Elles se regroupent pour former le nerf cochléaire. Les voies auditives ascendantes se caractérisent par un nombre important de relais et par plusieurs croisements (dont l'un à un niveau très précoce) permettant le regroupement des informations en provenance des deux oreilles.

– Aux voies afférentes qui gagnent le cortex se superpose un système efférent distribuant ses influx vers la cochlée. Le rôle des voies auditives descendantes (faisceau olivo-cochléaire de Rasmussen) est mal connu. Elles interviennent dans le contrôle de la contraction des CCE, mais aussi, on le suppose, dans la discrimination des sons au milieu du bruit et peut-être comme protection contre les sons intenses.

TRANSDUCTION COCHLÉAIRE

À partir de ces données anatomiques nous pouvons décrire les mécanismes de transduction qui assurent l'élaboration du message nerveux porteur des informations contenues dans la vibration sonore. Les idées ont beaucoup évolué depuis les importants travaux de von Békésy qui privilégiaient le rôle purement mécanique de la membrane basilaire. Nous savons maintenant que la participation active des CCE est indispensable à la qualité du message, mais la conception générale n'a pas varié.

Conception classique

Les premiers résultats expérimentaux significatifs sont dus à von Békésy (prix Nobel 1961). La vibration sonore provoque une perturbation transversale de la membrane basilaire qui semble se propager de la base vers son extrémité (onde propagée). Le fait essentiel est que cette perturbation présente une amplitude maximale en un lieu de la membrane basilaire qui dépend de la fréquence sonore, puis s'atténue brusquement au-delà. Chaque point de cette membrane (et donc les cellules situées en ce point) est ainsi particulièrement activé par une fréquence sonore spécifique. Il y a une correspondance précise entre la fréquence sonore et le lieu d'activation maximale de la membrane basilaire, propriété appelée « tonotopie » (du grec *tonos*, tonalité donc fréquence, et *topos*, lieu, place). L'ensemble des fréquences audibles est « étalé » tout le long de la membrane basilaire. En raison de sa rigidité mécanique qui décroît avec l'éloignement, c'est sa base (côté étrier) qui est activée par les fréquences sonores élevées et son extrémité par les fréquences basses (on se rappellera qu'une corde vibre à une fréquence d'autant plus élevée que sa tension, donc sa raideur, est grande).

Avec les conditions expérimentales de l'époque, ces résultats remarquables n'ont pu être obtenus que pour des niveaux d'intensité considérables (120 dB et plus) et sur des animaux morts. La membrane basilaire ne réagissait donc que passivement à la stimulation. De fait, la tonotopie décrite ne semblait pas assez sélective puisque deux sons de fréquences proches sollicitaient le même endroit de la membrane, alors qu'on les savait parfaitement discriminables. L'hypothèse, autrefois avancée, d'un hypothétique second filtre pouvant améliorer cette sélectivité insuffisante de la membrane basilaire est définitivement abandonnée aujourd'hui.

Microdéplacements de la membrane basilaire

Les travaux modernes, dans des conditions physiologiques et pour des intensités plus faibles, ont considérablement enrichi et précisé ces précédents résultats. De plus, ils ont montré l'existence de mécanismes actifs dans la cochlée, responsables d'une extraordinaire sélectivité à la fréquence des sons. Des techniques très sophistiquées (interférométrie par rayon laser ou effet Mössbauer) ont permis de mettre en évidence des déplacements transversaux de la membrane basilaire aussi petits que des fractions de nanomètre ! On a pu ainsi établir la courbe de réponse mécanique de la membrane basilaire et montrer que chaque point donné de cette membrane est particulièrement sensible, dans ses déplacements transversaux, à une fréquence spécifique. Toute autre fréquence n'active ce même point que si l'intensité sonore est augmentée. Bien entendu, les cellules ciliées situées en ce point possèdent cette même sélectivité à la fréquence.

Ainsi, ces observations confirment le codage tonotopique des fréquences réalisé par la membrane basilaire. Ce codage, d'une finesse et d'une précision extraordinaires, met en jeu des déplacements transversaux infimes de la membrane, inobservables par von Békésy. Pour une fréquence sonore donnée, l'amplitude des déplacements est d'autant plus grande que l'intensité sonore est élevée (d'où les niveaux élevés utilisés dans le passé, nécessaires à la visualisation des déplacements). L'intervention des CCE est indispensable pour garantir l'extrême précision de la tonotopie basilaire. La sélectivité est considérablement atténuée si les CCE ne fonctionnent pas comme c'était le cas des expériences de von Békésy. La tonotopie observée au niveau de la membrane basilaire et des cellules ciliées qu'elle porte est conservée dans les fibres cochléaires afférentes, comme le montre leurs courbes d'accord.

Courbe d'accord des fibres cochléaires

Une microélectrode introduite dans une fibre afférente du nerf cochléaire permet d'enregistrer, chez l'animal, les potentiels d'action en réponse à un son pur dont on fait varier la fréquence. Pour chaque fréquence, on mesure l'intensité nécessaire pour obtenir une modification de la cadence spontanée des PA, c'est-à-dire une réponse de la fibre. Les résultats pour trois fibres différentes apparaissent à la figure 27. Chaque courbe obtenue, appelée « courbe d'accord » de la fibre (*tuning curve* en anglais), montre que la fibre peut répondre à des intensités très faibles, mais seulement pour une gamme très étroite de fréquences. La fréquence pour laquelle la fibre répond avec l'intensité la plus faible, celle pour laquelle elle est la plus sensible, est appelée « fréquence caractéristique » de la fibre. Pour des fréquences éloignées de cette valeur, la fibre peut répondre, mais à condition d'augmenter considérablement l'intensité de la stimulation. En répétant l'expérience sur un grand nombre de fibres, on constate que chaque fibre répond sélectivement à une gamme très étroite de fréquences autour de la fréquence caractéristique qui lui est propre. On dit qu'elle est « accordée sur cette fréquence ». Cette sélectivité est la conséquence du fait que la fibre a son origine sur une CCI particulière, elle-même sélective à cette même fréquence en raison de sa position sur la membrane basilaire.

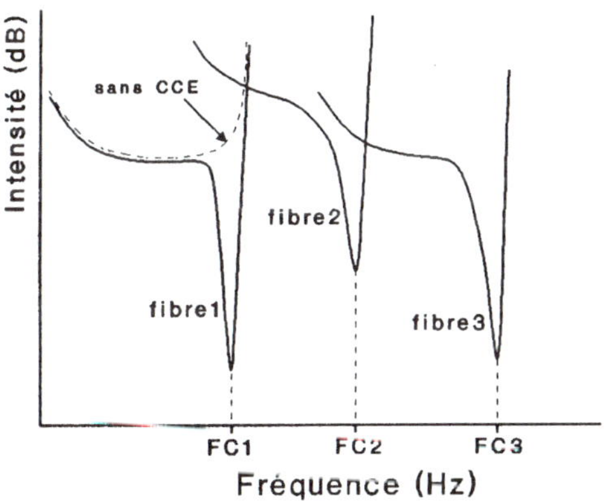

Figure 27

Courbe d'accord de trois fibres du nerf auditif. Chaque fibre possède sa fréquence caractéristique (FC) à laquelle elle est le plus sensible. Après traitement éliminant les CCE, ce pic disparaît (courbe en pointillés uniquement représentée pour la fibre 1).

Mécanismes actifs

À quoi est due l'étonnante sélectivité à la fréquence sonore? On a constaté expérimentalement que le moindre déséquilibre métabolique atténue la pointe de sélectivité des courbes d'accord. Cette sélectivité précise ne résulte donc pas d'un mécanisme purement passif mais bien d'un mécanisme actif, sous la dépendance du métabolisme. Lorsque l'on trace les courbes d'accord chez un animal traité à l'amikacine ou à la kanamycine, on observe la disparition complète de la pointe de sélectivité (courbe en tirets à la fig. 27). La fibre continue à répondre mais seulement pour des niveaux d'intensité élevés et pour une large gamme de fréquence. Or, les deux antibiotiques utilisés ont la particularité de détruire sélectivement les seules CCE. Le mécanisme actif responsable de la sélectivité à la fréquence doit donc être attribué aux cellules ciliées externes.

La transduction cochléaire

Grâce à ses propriétés mécaniques intrinsèques, la membrane basilaire répond à la stimulation sonore par un infime déplacement transversal parfaitement localisé en fonction de la fréquence sonore (de la base de la membrane pour les fréquences élevées à son extrémité pour les fréquences les plus basses). La transduction effectuée par la cochlée se décrit actuellement de la façon suivante :

– Pour les intensités d'un niveau faible ou moyen, le déplacement transversal de la membrane basilaire est trop faible pour provoquer un basculement des cils des CCI. En revanche, il est suffisant pour provoquer la contraction active des CCE à cet endroit. Par un couplage encore mal connu, ces contractions ont pour effet de provoquer des déplacements des cils des CCI voisines et, par conséquent, un potentiel de récepteur.

– Pour des vibrations de fortes intensités le déplacement transversal de la membrane basilaire est suffisamment important pour faire bouger directement les CCI et provoquer un basculement de leurs cils. Mais si ce déplacement transversal est important, il mobilise aussi une zone plus étendue de la membrane basilaire. L'intervention des CCE est donc toujours nécessaire pour renforcer la sélectivité à la fréquence.

– En absence des CCE ou en cas de mauvais fonctionnement, un message peut être émis à condition que l'intensité sonore soit suffisamment élevée. Il est alors moins sélectif, moins discriminatif de la fréquence, car la région basilaire activée est plus large.

– Cette sélectivité à la fréquence se retrouve au niveau des fibres afférentes du nerf cochléaire, puisque chacune n'est en relation synaptique qu'avec une seule CCI. Chaque fibre est ainsi accordée sur une fréquence sonore caractéristique. Cependant, pour des niveaux sonores élevés la gamme de fréquences auxquelles la fibre répond s'élargit. Notre capacité discriminative des fréquences n'étant pas altérée, tout au contraire, aux niveaux élevés (nous l'avons vu à propos des seuils de discrimination des fréquences), il est nécessaire d'envisager un traitement complémentaire pour conserver cette capacité.

CODAGE ET TRAITEMENT DE L'INFORMATION AUDITIVE

Nos connaissances sur les codages réalisés par le système auditif résultent d'un grand nombre d'enregistrements électrophysiologiques réalisées chez différentes espèces animales. Les premiers éléments du codage s'observent dès les cellules ciliées. Ils sont plus élaborés dans l'activité des fibres cochléaires. Des traitements de plus en plus spécifiques apparaissent au niveau des différents relais auditifs.

Codage au niveau des cellules ciliées

Le potentiel de repos des CCI est d'environ – 35 mV. Sous l'effet d'une stimulation sonore, le potentiel de récepteur correspond toujours à une dépolarisation qui se maintient tant que dure la stimulation. Pour chaque CCI ce potentiel présente une sélectivité fréquentielle marquée. À de faibles intensités, il n'apparaît que pour la fréquence sonore caractéristique de la cellule. Si la stimulation s'écarte de cette fréquence, le potentiel récepteur ne se développe que pour des niveaux d'intensités plus élevés. Il est graduable et varie avec l'intensité sonore selon une fonction logarithmique.

Rien de tel ne s'observe au niveau des CCE. Ces cellules ont un potentiel de repos d'environ -70 mV. La stimulation sonore provoque des dépolarisations et des hyperpolarisations successives synchronisées sur les cycles de pression de l'onde sonore. Elles correspondent sans doute aux mouvements contractiles de ces cellules et ne constituent donc pas un potentiel récepteur.

Codage au niveau des fibres

• *Codage de la fréquence*. Deux mécanismes complémentaires assurent le codage de la fréquence des sons. Le premier repose sur la tonotopie et découle de ce qui a été exposé jusqu'à présent. Il est appelé « codage spatial ». Le second repose sur la distribution temporelle des PA et est appelé « codage temporel ».

1) Codage spatial ou tonotopique. Comme nous l'avons vu, chaque fibre est accordée sur une fréquence caractéristique qui lui est propre. Ainsi, la fréquence sonore du stimulus active une fibre particulière et n'a pas d'effet sur les autres fibres. Plus précisément, c'est un groupe de fibres qui peut être activé puisque 10 à 20 fibres sont connectées à la même CCI. Ce codage est la conséquence directe de la tonotopie de la membrane basilaire et du câblage en nappe des fibres cochléaires afférentes connectées à la base des CCI, réparties sur toute la longueur de la membrane basilaire. Dans le cas d'un son complexe, toutes les fibres accordées sur les différentes composantes de son spectre sont activées simultanément.

Le fait que chaque fibre possède une fréquence caractéristique ne signifie pas qu'elle ne réponde qu'à cette seule fréquence sonore. Il s'agit simplement de la fréquence pour laquelle elle est la plus sensible. Nous savons que les courbes d'accord des fibres s'élargissent lorsque l'intensité sonore augmente, ce qui signifie que la fibre répond à toute fréquence appartenant à un intervalle plus étendu. L'activité d'une fibre donnée ne peut donc pas indiquer sans ambiguïté la fréquence de stimulation. Cette propriété très générale des neurones sensoriels a été discutée au chapitre précédent (principe de l'univariance) et nous avons vu qu'une comparaison des activités de plusieurs fibres voisines permettait de surmonter cette difficulté. Pour le système auditif, il existe aussi un codage complémentaire par la distribution temporelle des PA.

2) Codage temporel. Ce codage est très spécifique des stimulations sonores qui, par nature, contiennent une information temporelle essentielle, à savoir leur période. Rappelons que la période s'exprime par l'inverse de la valeur de la fréquence et qu'elle représente la durée du cycle de pression qui se répète. Le codage temporel réside dans un phénomène de synchronisation des PA sur ces cycles de pression. L'émission d'un PA n'est pas aléatoire, mais se synchronise toujours sur la régularité périodique du stimulus. La figure 28a illustre ce phénomène. Les enregistrements de l'évolution de pression de l'onde sonore et de la distribution temporelle des PA sont représentés l'un au-dessous de l'autre avec la même échelle des temps. On constate que les PA apparaissent toujours au même moment du cycle de pression, mais pas nécessairement à chaque cycle. Ainsi les intervalles entre deux PA successifs ne peuvent être que des multiples de la période du stimulus. Une autre façon d'observer ce phénomène est

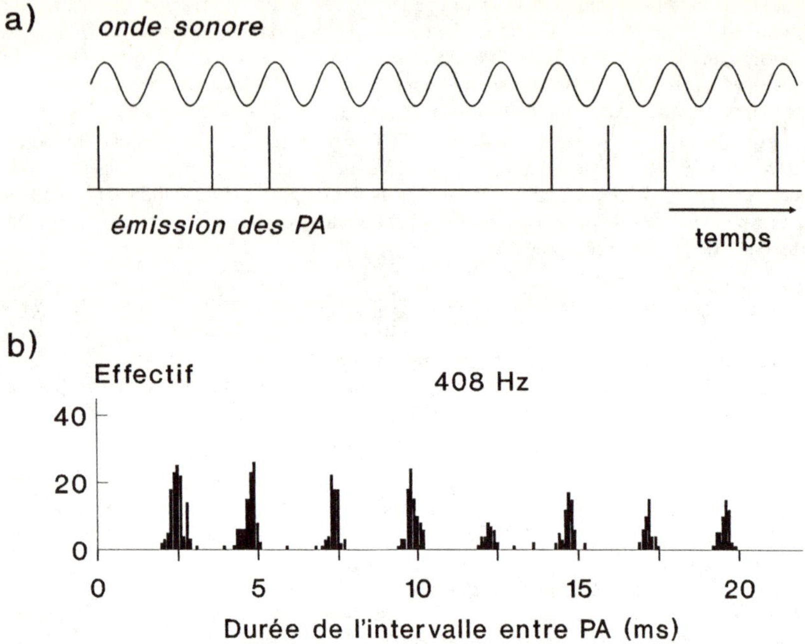

Figure 28

Codage temporel dans la fibre auditive. En (a), on observe que les PA émis par la fibre n'apparaissent qu'au même moment du cycle de pression de l'onde. En (b), distribution des intervalles de temps entre PA émis par une fibre en réponse à un son pur de 408 Hertz. Ces intervalles ne se répartissent que sur des multiples de la période du son (1/408 = 0,00245 s = 2,45 ms).

illustré à la figure 28b. On mesure la durée de tous les intervalles entre les PA successifs et on présente les résultats sous forme d'histogramme (l'ordonnée représente l'effectif, c'est-à-dire le nombre d'intervalles entre PA dont la durée est portée en abscisse). La figure représente la distribution obtenue pour un son pur de 408 Hz (soit une période de 2,45 ms). On constate que les intervalles entre PA ne peuvent avoir que certaines durées particulières centrées sur 2,45 ms, 4,9 ms, 7,35 ms, 9,8 ms, …, c'est-à-dire que les PA ne sont émis que tous les 1, 2, 3, 4… cycles, conformément à l'existence d'une synchronisation.

Pour les fréquences inférieures à 5 000 Hz les deux modes de codage sont présents en même temps. Pour les fréquences supérieures à 5 000 Hz, la synchronisation n'a jamais pu être observée et seul le codage tonotopique semble possible. Cela ne doit pas surprendre. Nous avons vu au chapitre précédent qu'un neurone ne pouvait pas émettre plus de 500 PA par seconde (en raison de la durée d'environ 1 ms du PA et de l'existence d'une période réfractaire d'environ 1 ms). La synchronisation d'une fibre individuelle ne peut donc dépasser la fréquence de 500 Hz, situation dans laquelle elle doit émettre un PA à chaque cycle de pression. Pour une fréquence sonore supérieure la fibre doit nécessairement sauter des cycles. Le codage temporel implique alors la participation d'un groupe de fibres qui, en quelque sorte, se relayent pour répondre à tour de rôle. Avec le groupe des dix fibres qui contactent habituellement une même CCI, on peut concevoir une synchronisation collective jusqu'à la fréquence maximale de 5 000 Hz (période de 0,2 ms). La fibre 1 répond au premier cycle de pression, la fibre 2 au 2e cycle, la fibre 3 au 3e cycle et ainsi de suite jusqu'à la fibre 1 qui peut de nouveau répondre au 10e cycle, puisqu'il s'est écoulé 2 ms. Un tel fonctionnement coopératif entre plusieurs fibres avait déjà été suggéré dans le passé sous le nom de « théorie de la volée ». Il semble actuellement admis que le système nerveux central combine les informations temporelles issues de plusieurs fibres voisines.

L'existence de ces deux modes de codage de la fréquence est à rapprocher des deux qualités (la tonie et le chroma) que l'on peut distinguer dans la hauteur d'un son musical. La tonie, liée à la fréquence fondamentale, serait codée sur le mode tonotopique. La sensation de chroma, qui repose sur des rapports de fréquences, serait codée sur des indices temporels conservés par la synchronisation, indépendamment de la fibre en activité. Rappelons que nous avons vu que seuls les sons de fréquence inférieure à 5 000 Hz possédaient une qualité de chroma, ce qui correspond à la limite du codage temporel.

Le phénomène de la confusion d'octave, d'une part, et celui de la fondamentale absente, d'autre part, trouvent une interprétation cohérente à partir du codage temporel de la fréquence. Pour la confusion d'octave, reprenons l'exemple ci-dessus du son pur de 408 Hz et considérons le son pur de l'octave supérieure soit 816 Hz (période de 1,225 ms). Ce dernier sera codé temporellement par des intervalles entre PA de 2,45 ms, 3,68 ms, 4,90 ms, 6,13 ms, 7,35 ms, etc. (le premier intervalle de 1,22 ms est exclu en raison du délai minimum de 2 ms). Tous les intervalles possibles pour le son de 408 Hz étant présents dans cette série, on peut concevoir une éventuelle confusion de chroma entre ces deux sons. Concernant la fondamentale absente, prenons l'exemple d'un son complexe harmonique à la fondamentale de 100 Hz. Ses harmoniques ont pour fréquence 200 Hz, 300 Hz, 400 Hz, etc. Examinons quels sont les intervalles entre PA produits par le codage temporel. Ils valent respectivement 10 ms, 20 ms, 30 ms, 40 ms, etc., pour la fondamentale, 5 ms, 10 ms, 15 ms, 20 ms, 25 ms, 30 ms… pour le premier harmonique, 3,33 ms, 6,67 ms, 10 ms, 13,33 ms, 15,67 ms, 20 ms… pour le deuxième harmonique et ainsi de suite. Ainsi, tous les intervalles codant temporellement la fréquence fondamentale sont également présents dans le codage temporel des fréquences harmoniques. On comprend alors que le chroma de la fondamentale puisse être perçu même si celle-ci est absente de la stimulation.

• *Codage de l'intensité*. Lorsqu'une fibre est stimulée à sa fréquence caractéristique, la cadence moyenne des PA varie avec l'intensité sonore suivant une fonction logarithmique de pente très variable selon les fibres. Mais ce codage ne concerne qu'une faible gamme dynamique de l'ordre de 30 dB. Au-delà la fibre sature, c'est-à-dire qu'elle émet à son taux maximum d'environ 500 PA/s. Pourtant nous pouvons entendre et discriminer des niveaux sonores sur une dynamique beaucoup plus grande, au moins de 0 dB à 120 dB. Ceci semble possible grâce à un phénomène de recrutement. Un nombre croissant de fibres voisines, toutes accordées sur la même fréquence caractéristique, entre en action au fur et à mesure que l'intensité croît. Le fait que chaque CCI soit en connexion avec dix à vingt fibres constitue un dispositif adéquat pour un tel recrutement. Cela nécessite simplement que les seuils de réponse des différentes fibres d'un même groupe soient convenablement répartis sur l'échelle des niveaux d'intensité. Par exemple, on peut imaginer une première fibre ayant un seuil à 0 dB et saturant à 30 dB, une seconde ayant un seuil à 20 dB et saturant à 50 dB, la suivante ayant un seuil à 40 dB et saturant à 70 dB, etc. Un son de 60 dB provoquerait alors la saturation des fibres 1 et 2 et un taux d'émission moyen pour la 3.

En résumé, le nerf cochléaire transporte toute l'information auditive codée, d'une part, par le taux moyen d'émission des PA et le nombre de fibres actives pour ce qui est de l'intensité sonore et, d'autre part, par la distribution temporelle des PA et la localisation des fibres actives spécifiques pour ce qui concerne la fréquence sonore. Ces informations élémentaires seront ensuite traitées par les différentes structures successives du système auditif afin d'en extraire tous les éléments constituant la richesse de notre univers sonore.

Traitements dans les centres nerveux

Tous les différents relais nerveux du système auditif, depuis les noyaux cochléaires jusqu'au cortex, ont une organisation tonotopique plus ou moins marquée. Des groupes ou des bandes de neurones voisins répondent préférentiellement à la même gamme étroite de fréquences sonores. Chaque structure apparaît organisée en bandes adjacentes, dites « bandes d'isofréquence », plus ou moins régulières depuis les basses fréquences jusqu'aux fréquences élevées. En s'élevant dans les relais successifs des voies auditives, on rencontre aussi des neurones activés par des stimuli sonores de plus en plus spécifiques.

Les premières cellules binaurales, répondant à la stimulation des deux oreilles, se situent au niveau du complexe de l'olive supérieure. On distingue les cellules de type EE, excitées par l'une ou l'autre des oreilles et les cellules de type EI, excitées par une oreille mais inhibées par l'autre. Ces cellules étant sensibles aux différences d'intensité sonore ou aux décalages temporels entre les deux oreilles, elles interviennent dans la localisation spatiale des sources sonores.

Au niveau du colliculus inférieur, de nombreux neurones présentent une remarquable sélectivité à la fréquence (courbe d'accord très étroite). De type tonique, ils restent activés pendant toute la durée du stimulus. D'autres neurones de type phasique ne répondent qu'à l'installation du stimulus (à l'attaque du son). Certains neurones, sensibles au sens du déplacement de la source sonore, seraient impliqués dans les mouvements d'orientation de la tête vers la source. Le colliculus supérieur, structure mésencéphalique adjacente des voies visuelles, possède lui aussi quelques afférences auditives. Plusieurs de ses neurones répondent à des stimulations sonores, quelles que soient la fréquence et l'intensité, à condition que la source occupe une position bien définie dans l'espace. Ces mêmes neurones répondent à un stimulus visuel s'il est localisé au même endroit de l'espace. Ainsi, le colliculus supérieur est une structure douée d'une représentation audiovisuelle de l'espace.

Les neurones du corps genouillé médian (CGM) présentent une sélectivité moins fine à la fréquence. De plus, certains de ses neurones insensibles aux sons purs permanents sont activés par des stimulations sonores assez spécifiques : modulations d'amplitude, modulations de fréquence, sons complexes des vocalisations, sons nouveaux ou inattendus. Ces neurones sont considérés comme des détecteurs de formes auditives.

Le cortex auditif, enfoui en grande partie dans la scissure latérale de Sylvius, correspond aux aires 41 et 42 de Brodmann. La distinction aire primaire et aire secondaire est abandonnée au profit d'une subdivision en une dizaine d'aires auditives désignées A1,

A2, etc. Chacune semble spécialisée dans le traitement d'un type particulier d'information auditive. Les nombreuses données actuelles montrent la grande complexité des traitements et nous nous limiterons à quelques grandes idées. La tonotopie est toujours apparente dans les aires A1 et A2, qui se caractérisent donc par des alternances de bandes d'isofréquence. Ces bandes sont perpendiculairement croisées avec des colonnes de latéralité correspondant cette fois à une alternance entre des cellules de type EE et de type EI. Dans les aires suivantes, la tonotopie semble disparaître. Leurs cellules ne répondent généralement pas aux sons purs. Elles ne sont sensibles qu'à des stimuli très particuliers comme, par exemple, certains sons complexes, des variations de fréquence soit montantes soit descendantes (c'est-à-dire des mélodies), des variations temporelles spécifiques (attaque brutale ou progressive, rythmes, tempo), le mouvement d'une source sonore dans une certaine direction, des sons strictement verbaux ou, au contraire, uniquement non verbaux. Tous ces neurones apparaissent donc comme des détecteurs spécialisés de formes auditives de plus en plus particulières.

ANALYSE DES SCÈNES AUDITIVES

Notre environnement sonore est loin d'être aussi simple que la plupart des situations que nous avons évoquées jusqu'à présent. Dans les situations naturelles d'écoute les sources sont multiples et les émissions sonores ne cessent de varier en intensité, en fréquence et dans leur localisation. Toutes ces vibrations se combinent et arrivent simultanément aux oreilles sous la forme d'une onde composite. Pourtant, sauf cas très particuliers, nous ne percevons pas un brouhaha confus et inintelligible. Tout au contraire, nous distinguons assez facilement les vibrations sonores les unes des autres, nous identifions les différentes sources, nous percevons spontanément des formes auditives, ce qui nous permet d'élaborer une représentation cohérente du monde sonore. Nous n'avons aucune difficulté à suivre une conversation en présence de bruits domestiques, à isoler une voix familière au milieu d'une réunion animée, à différencier les bruits de certains moteurs, à identifier aisément une multitude de bruits significatifs. Cette perception résulterait d'un ensemble de processus actifs d'organisation des données sensorielles qui suscite depuis une quinzaine d'années de nombreuses recherches centrées sur une approche cognitive de l'audition. Notre but ici est d'exposer les processus essentiels sur lesquels repose cette analyse des scènes auditives. Nous commencerons par quelques propriétés simples de l'environnement sonore, puis nous aborderons les principes de l'organisation perceptive des sons. Nous terminerons par quelques notions sur la perception de la musique, sur la perception de la parole et quelques éléments de pathologie auditive.

PERCEPTION AUDITIVE DANS L'ENVIRONNEMENT SONORE

Effet de masque

L'effet de masque est un phénomène courant de la vie quotidienne. Les sons faibles ne sont plus perçus en présence de sons de niveaux élevés. Des bruits parfaitement audibles dans le silence de la nuit sont imperceptibles dans la journée (soufflerie, compresseur de réfrigérateurs, robinet qui fuit). Une conversation dans la rue devient inaudible lorsque passe un véhicule au moteur bruyant. Le son de plus forte intensité (dit « son masquant ») masque le son le plus faible (dit « son masqué »). Cela signifie que ce dernier est perçu avec une sonie inférieure à celle qu'il évoque lorsqu'il est seul. L'importance du masquage dépend beaucoup des fréquences respectives des sons en présence. Ce phénomène a été étudié avec précision en mesurant l'élévation des seuils auditifs des sons purs provoquée par la présence d'un bruit à bande étroite centrée sur une fréquence donnée et de niveau d'intensité variable. Les résultats obtenus avec un tel bruit centré sur 1 000 Hz sont présentés à la figure 29.

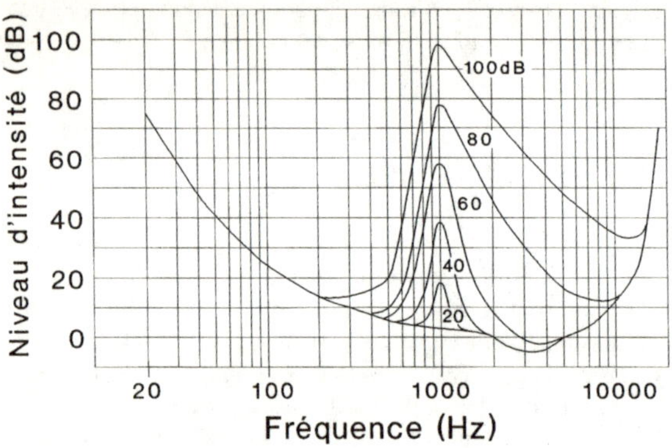

Figure 29

Effet de masque. Ces courbes montrent l'élévation des seuils absolus en présence d'un son masquant de 1 000 Hz et d'intensité variable indiquée sur les courbes. Par exemple, pour une intensité du son masquant de 80 dB, le seuil absolu s'élève à 50 dB pour 800 Hz, à 78 dB pour 1 000 Hz et à 30 dB pour 3 000 Hz.

On peut en tirer les conclusions suivantes :

– Les élévations de seuil sont d'autant plus importantes que le niveau d'intensité du son masquant est élevé. Le pic d'augmentation est d'environ 15 dB pour une intensité masquante de 20 dB, alors qu'il atteint 96 dB avec une intensité masquante de 100 dB.

– L'élévation du seuil est la plus importante pour une fréquence égale à la fréquence centrale de la bande de bruit. Elle décroît pour les fréquences qui s'en écartent. Aux faibles intensités du bruit (20 à 40 dB), les élévations de seuil sont symétriques. Pour les niveaux élevés (60 dB et plus), elles sont très importantes pour les fréquences hautes, alors que l'audition des fréquences basses n'est pas altérée. Par exemple, à 100 dB le bruit centré sur 1 000 Hz produit une élévation de seuil de 45 dB pour un son pur de 5 000 Hz, mais n'a aucun effet sur un son pur de 200 Hz.

Ces observations sont très générales. On dit couramment qu'un son masque plus facilement les sons plus aigus que les sons plus graves que lui. Les sirènes d'alarme des bâtiments d'entreprises à haut risque sont souvent des sons aigus, afin de ne pas masquer les éventuelles consignes verbales d'évacuation. L'inverse s'applique aux véhicules de police ou de pompiers qui doivent masquer tout autre bruit. Un bruit blanc masque uniformément tous les autre sons.

Cette propriété du phénomène de masquage trouve une explication au niveau même de la membrane basilaire. Nous avons vu qu'en réponse à une stimulation cette membrane était le siège d'une onde de déplacement transversal qui se propageait. Prenant naissance à la base de la membrane, l'amplitude de cette onde croît jusqu'à un maximum pour un lieu particulier dépendant de la fréquence de stimulation, puis s'atténue brutalement. Ainsi, un son intense mobilise la partie initiale de la membrane basilaire, celle qui code les fréquences plus élevées que la sienne, mais pas la partie finale de la membrane codant les fréquences plus basses. Pour cette raison, seules les fréquences plus élevées que celle d'un son masquant intense sont moins bien perçues. Pour les intensités masquantes faibles, l'amplitude de l'onde propagée n'est importante qu'au voisinage du lieu de son maximum ce qui limite la zone des fréquences masquées.

Fatigue auditive

Le phénomène de fatigue auditive se manifeste par une baisse de sensibilité réversible, consécutive à l'écoute d'un son. C'est un phénomène très courant. Les seuils auditifs varient constamment en fonction des stimulations sonores parvenant à l'auditeur. Si les effets sont mesurables expérimentalement, ils restent le plus souvent inaperçus, ce qui n'est pas sans danger. Ils ne sont manifestes qu'en cas d'écoute de sons intenses et prolongés. Ils se traduisent alors par cette sensation d'assourdissement que l'on ressent en sortant d'un lieu où le niveau sonore est très élevé (ateliers, machines à percussions, salle de spectacle). La baisse de sensibilité est passagère et, dès l'arrêt des sons fatigants, le sujet récupère progressivement une sensibilité normale. Ce caractère réversible est la propriété essentielle de la fatigue auditive.

L'importance de la baisse de sensibilité, les fréquences atteintes et le délai de récupération dépendent des caractéristiques du son fatigant et de la durée d'exposition. Avec un son pur, la baisse de sensibilité porte essentiellement sur la bande de fréquences allant de celle du son fatigant à l'octave supérieure. Avec un bruit, le déficit temporaire est le plus souvent localisé autour de 4 000 Hz. On ignore pour quelle raison exacte ces fréquences particulières sont affectées. La durée de récupération peut être très longue. Après l'écoute pendant deux minutes d'un son pur de 2 kHz à 130 dB, le déficit est de 50 dB une heure après et il est encore d'environ 20dB deux jours plus tard.

La fatigue auditive n'est pas un phénomène anodin, car des expositions répétées à des niveaux élevés, rencontrées dans certaines professions, peuvent provoquer une atteinte irréversible de la sensibilité, appelée « surdité professionnelle ». De passagère qu'elle était, la baisse de sensibilité est devenue définitive. Le danger réside surtout dans le caractère insidieux de la fatigue auditive qui ne s'accompagne pas nécessairement d'une gêne apparente. De nombreuses études ont eu pour objet de définir les normes de sécurité à respecter pour éviter tout risque de surdité. On estime qu'un niveau de 85 dB est le niveau limite au-delà duquel un réel danger existe. Quand les sources de bruit ne peuvent être évitées (machines percutantes, presses d'emboutissage, tirs d'explosifs, réacteurs d'avions…), les normes préconisent des systèmes de protection par casque, des périodes de repos sonore journalières, l'alternance des postes de travail et, bien sûr, des tests auditifs très réguliers.

Localisation auditive

On désigne sous les termes de « localisation auditive » notre aptitude à localiser une source sonore dans l'espace. Pour cela, il faut pouvoir déterminer sa position dans le plan horizontal (c'est l'azimut, variations entre droite et gauche), dans le plan vertical (c'est l'altitude, variant de bas en haut) et estimer son éloignement. Les indices essentiels utilisés pour cette localisation sont la différence d'intensité et le décalage des temps d'arrivée entre les stimulations parvenant aux deux oreilles. L'onde acoustique est plus intense et arrive plus tôt dans l'oreille la plus proche de la source. Ces études apparaissent donc comme un cas particulier de l'audition binaurale. D'autres indices interviennent dans la localisation, comme les réflexions dues à la forme du pavillon de l'oreille, les réflexions par le haut du corps de l'auditeur, la présence de sons réverbérés dans un espace clos. L'efficacité de tous ces indices dépend de la composition spectrale de l'onde émise.

Les études les plus complètes concernent la détermination de l'azimut. L'erreur de localisation est en moyenne de 10° pour des sources latérales. La précision est bien meilleure lorsque la source est devant le sujet, puisque l'on peut déceler des écarts de 1° à 2° par rapport au plan médian. Notons que dans ce cas on commet parfois des confusions entre droit devant et droit derrière. Pour localiser une source avec la plus grande précision, il convient donc de tourner la tête pour la situer en face de soi. Les performances de localisation dépendent de la fréquence sonore de la source. Elles sont bonnes aux fréquences basses, se dégradent entre 1 500 Hz et 3 000 Hz, mais s'améliorent de nouveau au-delà. Il semble que la localisation auditive s'appuie sur les décalages temporels entre les deux oreilles pour les fréquences basses et sur les décalages d'intensité pour les fréquences élevées. Dans la zone des fréquences intermédiaires, aucun des deux indices n'apporte une information suffisamment précise.

Le décalage temporel est dû à la plus grande distance que doit parcourir l'onde sonore pour atteindre l'oreille la plus éloignée. Il est nul lorsque la source est située dans le plan médian et il augmente régulièrement lorsque la source se déplace latéralement jusqu'à une valeur maximale de 0,6 ms. Cet écart se traduit par un déphasage de l'onde parvenant à chaque oreille, mais seulement pour les vibrations dont la période est supérieure à cette valeur maximale, c'est-à-dire pour les fréquences inférieures à 1 500 Hz. Pour des fréquences supérieures le déphasage n'est plus interprétable.

La différence d'intensité entre les deux oreilles est due essentiellement à la tête qui diffracte la vibration acoustique avant qu'elle atteigne l'oreille située du côté opposé à la source. On désigne ce phénomène sous le nom d'« ombre acoustique » produite par la tête, mais à la différence de la lumière, l'atténuation de l'intensité dépend de la fréquence du son. En effet, une vibration n'est perturbée dans sa propagation que si sa longueur d'onde est inférieure aux dimensions de l'obstacle. Rappelons que la longueur d'onde λ d'une vibration, sa fréquence f et la célérité c de propagation sont liées par la relation $c = \lambda.f$. Pour un diamètre de la tête estimé à 18 cm et une célérité du son de $340\ m.s^{-1}$, l'atténuation concernerait donc les fréquences supérieures à 1 889 Hz. Dans la pratique, on constate que l'atténuation est négligeable pour les fréquences inférieures à 2 000 Hz, mais peut atteindre 20 dB pour un son de 6 000 Hz. Cette différence d'intensité croît en fonction de l'angle que fait la source avec le plan médian et constitue donc, pour les fréquences élevées, un bon indice de la position latérale de la source.

Ces résultats sont confirmés par des expériences d'écoute stéréophonique par haut-parleurs ou par écouteurs. L'auditeur perçoit une source virtuelle unique qu'il localise de gauche à droite en fonction des différences d'intensité ou des déphasages introduits entre les deux sources d'émission sonore. On peut ainsi produire des effets spectaculaires de déplacements apparents de la source sonore (certains sont disponibles dans le commerce sur support cassette ou CD). Signalons que lors de l'écoute par écouteurs la notion d'extériorisation de l'espace sonore est abolie. L'auditeur a la sensation d'un son situé quelque part dans sa tête. Pour marquer cette perte de localisation spatiale, on réserve le terme de « latéralisation » aux études par écouteurs.

L'estimation de l'altitude d'une source sonore est délicate et dépend beaucoup de la composition spectrale de la vibration. La majorité des études ont utilisé des sources situées dans le plan sagittal médian pour lequel il n'y a pas de différences interaurales. Les sons complexes avec un spectre riche en fréquences élevées sont les mieux localisés (précision d'environ 10°). Le pavillon de l'oreille a un rôle essentiel par les réflexions qu'il impose à l'onde sonore. La localisation est fortement perturbée si l'on modifie la géométrie du pavillon avec divers moulages en résine. Les sons purs présentent la propriété curieuse d'être localisés en fonction de leur hauteur tonale. Un son grave semble provenir du bas de l'espace, alors qu'un son aigu semble localisé dans la partie supérieure. On ignore les raisons de cette localisation apparente.

L'évaluation de la distance d'une source sonore est très difficile, sauf dans des cas particuliers. Un indice important est le taux de réverbération dans un espace clos. Dans les reproductions sonores, la superposition d'un son à lui-même avec un léger décalage temporel (effet d'écho) modifie l'éloignement perçu. Par ailleurs, la hauteur d'un son varie lorsque sa source se déplace (effet Doppler). Le son est perçu plus aigu lorsqu'il se rapproche et plus grave quand il s'éloigne. Ces deux effets sont largement exploités dans les sonorisations stéréophoniques pour simuler l'éloignement et le déplacement des sources sonores.

ORGANISATION PERCEPTIVE DES SONS

L'analyse initiale de l'onde sonore composite provenant de plusieurs sources différentes est effectuée par le système auditif périphérique. Nous avons largement détaillé comment la cochlée décompose cette onde en une distribution d'influx nerveux qui codent en intensité et en fréquence les composantes spectrales du signal. Pour pouvoir analyser les différents événements sonores de l'environnement, le système auditif doit pouvoir réunir les composantes appartenant à une même source et suivre leur évolution au cours du temps. Le problème est alors de comprendre quelles sont les stratégies mises en œuvre par le système auditif afin de réaliser les groupements pertinents.

Régularités acoustiques

Une hypothèse séduisante est que le système auditif pourrait exploiter certaines régularités de l'environnement sonore. On désigne ainsi des relations systématiques entre les propriétés acoustiques des sons issus d'une même source. La relation entre la fondamentale et les harmoniques des sons complexes périodiques en est un exemple. Récemment, Bregman (1990) a proposé quatre régularités acoustiques qui correspondent à certains des principes de groupements de la théorie de la *Gestalt* (voir chap. 5, p. 176). La première régularité réside dans le synchronisme des composantes d'un son ou, ce qui revient au même, l'asynchronisme des sources indépendantes. La probabilité est infime que des sons n'ayant aucun rapport et provenant de sources différentes démarrent et s'arrêtent exactement au même moment. Tout décalage temporel sensible est alors interprété comme résultant de sources distinctes. Par exemple, si le spectre d'un son s'enrichit subitement de composantes supplémentaires, on perçoit pendant un court instant la continuation de l'ancien signal auquel se superpose un nouveau. La deuxième régularité résulte du caractère progressif des évolutions d'une source sonore. Les propriétés d'un son isolé se modifient de façon lente et continue. C'est également le cas pour une succession de sons dont les propriétés globales évoluent progressivement s'ils proviennent d'une même source. Toute transformation soudaine, qu'elle porte sur l'intensité ou la fréquence, est plutôt attribuée à un nouvel événement sonore. La troisième régularité correspond à l'harmonicité des nombreuses vibrations naturelles. Notre aptitude à regrouper les harmoniques nous permet de distinguer très facilement une note au milieu d'autres composants partiels. La dernière régularité concerne la cohérence des modifications d'une source. Les variations d'intensité, de fréquence, de durée et de localisation de toutes les composantes spectrales d'une même source sont corrélées.

L'analyse des scènes auditives résulterait, pour une grande part, des capacités du système auditif à réunir les composantes qui présentent ces régularités et, au contraire, à séparer celles qui s'en écartent.

Organisations perceptives

Pour percevoir un événement sonore particulier au sein de plusieurs émissions simultanées, il est nécessaire d'identifier à chaque instant les cohérences propres à cet événement, mais aussi de pouvoir les suivre au cours du temps. Les processus mis en jeu dans les deux cas ne sont pas les mêmes. Les premiers relèvent d'une organisation simultanée et les seconds d'une organisation séquentielle.

• *Organisation simultanée*. Le problème de l'organisation simultanée est double. Il s'agit, d'une part, de réunir les composants sonores provenant d'un même événement alors qu'ils sont codés par des fibres auditives différentes (c'est la propriété de « fusion perceptive ») et, d'autre part, de séparer les informations issues de sources différentes mais qui peuvent éventuellement être codées par les mêmes fibres (c'est la propriété de « ségrégation perceptive »). Ces deux propriétés reposeraient sur la détection de différents indices :

– Synchronie des attaques. Cet indice se rapporte à la première des régularités évoquées ci-dessus. Les composants qui présentent des décalages temporels d'attaque inférieurs à 30 ms sont fusionnés, alors qu'un décalage supérieur à 50 ms évoque une perception de sources distinctes. Par exemple, en arrêtant et en faisant repartir alternativement l'un des harmoniques d'un son complexe, on le perçoit séparément comme un son pur superposé au son complexe.

– Changements cohérents d'amplitude ou de fréquence. Pour les sons naturels, un déplacement de la fréquence fondamentale s'accompagne de celui des harmoniques, de sorte que l'ensemble reste fusionné. C'est le cas du vibrato musical qui correspond à un léger décalage périodique des fréquences de tous les composants. Au contraire, si l'on module en fréquence de façon cohérente (c'est-à-dire en conservant les rapports de fréquence) les harmoniques d'un son complexe sauf l'un d'entre eux qui est varié de manière incohérente, ce dernier est facilement isolé de l'ensemble. L'impression est celle de deux sources sonores différentes. Des modulations d'amplitudes conduisent aux mêmes résultats. Ces différents indices se rapportent aux troisième et quatrième régularités de Bregman.

– Localisation dans l'espace. Dans une situation réelle, il est relativement aisé de suivre une conversation en présence du bruit produit par d'autres conversations (effet *cocktail party*), car les indices de localisation du locuteur sont présents. La tâche est plus difficile à partir d'un enregistrement stéréophonique de cette situation et pratiquement impossible si celui-ci est monophonique en raison de la disparition des indices spatiaux.

• *Organisation séquentielle*. Le problème de l'organisation séquentielle est de lier au cours du temps les composants appartenant à une même source, et à les séparer de ceux qui proviennent de sources indépendantes. On peut alors percevoir un ensemble cohérent et continu, appelé « flux sonore », permettant de suivre le message au cours de son évolution. Une mélodie est l'exemple typique d'un flux sonore. La tendance générale est de relier les composants sonores qui sont les plus semblables ou les plus rapprochés dans le temps, pour obtenir la meilleure continuité possible. Les indices participant à la formation d'un flux sonore seraient les suivants :

– Continuité fréquentielle et temporelle. Considérons une mélodie quelconque, c'est-à-dire une suite de notes différentes constituant un flux sonore. Supposons que nous augmentions, en les multipliant par un même facteur, les fréquences fondamentales (et les harmoniques) d'une note sur deux. Pour des écarts faibles, la mélodie n'est évidemment plus la même mais elle reste une seule mélodie. Si l'accroissement est important, on perçoit alors deux flux différents, donc deux mélodies. Le premier flux est formé des notes non modifiées et le second, plus aigu, des notes élevées en fréquence. Les liens s'établissent entre les fréquences les plus voisines : c'est la continuité fréquentielle. Considérons maintenant une mélodie formée d'une succession de notes graves (G) et aiguës (A), par exemple la séquence notée AAGAGAGGAGAA GAGGAA… Tant que la succession des notes est lente, toutes les notes sont reliées à la suite pour constituer une mélodie unique. Si la succession s'accélère (ce qu'on appelle une augmentation du tempo) deux flux sonores se forment, l'un constitué des notes aiguës et l'autre des notes graves. En marquant par des tirets la présence de silences dans chacun des flux, on perçoit :

– premier flux : AA–A–A– –A–AA–A– –AA… ;

– second flux : – –G–G–GG–G– –G–GG– –…

Cet exemple montre que la continuité fréquentielle dépend des intervalles temporels entre les notes.

– Continuité du contenu spectral. Selon des principes de similarité comparables, on peut observer que lorsque la différence spectrale (timbre) entre deux groupes d'éléments d'une séquence est suffisamment grande, l'auditeur le scinde en deux flux, même si les fréquences fondamentales sont proches. C'est sur ce principe que l'on peut perceptivement isoler un instrument dans un orchestre.

– Continuité de l'intensité. Une alternance de sons forts et faibles dans une séquence peut aussi conduire à la perception de deux flux séparés l'un de niveau faible et l'autre de niveau fort. À l'inverse, en présentant un son interrompu par des silences, l'auditeur perçoit un son haché. Si les silences sont remplacés par du bruit le son est perçu en continu, comme s'il était présent sous le bruit.

Dans les situations d'écoute de sons naturels, les processus d'organisation simultanée et d'organisation temporelle agissent ensemble pour favoriser la compréhension de l'environnement sonore. Expérimentalement, on peut créer des situations de conflits permettant d'évaluer l'efficacité respective des différents processus.

L'attention que l'auditeur porte sur un indice est aussi un élément important de ses performances. Il apparaît que les effets attentionnels sont plus importants sur les processus de ségrégation que sur ceux de fusion qui semblent résulter de mécanismes plus automatiques.

PERCEPTION DE LA MUSIQUE

Les recherches sur la psychologie de la musique se sont considérablement développées depuis une trentaine d'années. Ce paragraphe ne prétend pas résumer les différentes théories, souvent fécondes, qui ont vu le jour. Nous voulons simplement évoquer quelques spécificités de la perception musicale et souligner ce qui confère à la musique son statut très privilégié parmi la diversité des événements sonores.

D'abord, les stimuli musicaux sont particulièrement bien adaptés aux recherches portant sur le traitement des informations sensorielles auditives. Malgré une grande complexité acoustique et temporelle, leur description est parfaitement connue. Tous les ingrédients des vibrations acoustiques y sont présents, généralement bien quantifiés en amplitude, en fréquence et en phase (fondamentale, harmoniques, partiels éventuellement, synchronisme ou non de leur apparition). Ces stimuli sont donc largement utilisés pour les études consacrées à la perception des attributs élémentaires de sonie, de hauteur, de timbre, de durée et de localisation spatiale.

Ensuite, la musique se caractérise par une organisation séquentielle remarquable. Ce sont les relations temporelles complexes entre les notes qui confèrent la véritable structure musicale. Elles ne se limitent pas à l'enchaînement de quelques notes. L'unité musicale d'une œuvre s'étend sur plusieurs minutes (avec, il est vrai, des sous-regroupements thématiques). Les principes d'organisation décrits plus haut s'appliquent évidemment à la musique, mais d'autres lui sont propres. La majorité des auditeurs possèdent de façon implicite des connaissances musicales abstraites qui résultent de processus d'acculturation. Ainsi, dans le cas de la musique occidentale qui repose sur l'utilisation de la gamme tempérée chromatique (voir encadré, p. 79), la dimension de hauteur présente une hiérarchie tonale très caractéristique, comme si toutes les notes n'avaient pas le même poids perceptif. Les 24 gammes dérivées de la gamme chromatique se caractérisent par leur tonalité. Dans chaque gamme, la première note qui donne son nom à la tonalité est aussi la plus importante. On l'appelle la tonique. Ensuite viennent la 5e note de la gamme, appelée « dominante », puis la 3e et enfin les autres. Par exemple, pour la tonalité *do* majeur, la hiérarchie tonale implicite établit l'ordre suivant, par importance décroissante : *do*, *sol*, *mi*, *ré*, *fa*, *la*. L'auditeur utilise cette pondération pour sectionner une mélodie en plusieurs séquences dont le début et la fin sont portés par les notes importantes. Cette hiérarchie tonale au sein de chaque tonalité est complétée par une hiérarchie entre les différentes tonalités. C'est ainsi que pour le mode majeur les 12 tonalités sont ordonnées dans l'ordre suivant : *do*, *sol*, *ré*, *la*, *mi*, *si*, *fa*$^{\#}$, *do*$^{\#}$, *sol*$^{\#}$, *ré*$^{\#}$, *la*$^{\#}$, *fa*. Les changements de tonalité sont facilement repérés, même par un non-musicien, mais ils le sont d'autant mieux que les tonalités sont écartées sur cette échelle. Ces différents indices participent à l'organisation séquentielle de la musique. On distingue une organisation mélodique qui repose sur les variations saillantes de hauteur permettant d'extraire le contour mélodique (c'est là qu'interviennent les hiérarchies tonales) et une organisation temporelle qui repose sur les variations de durées et l'analyse des particularités temporelles.

Enfin, et c'est peut-être l'essentiel, la musique a le pouvoir d'évoquer une immense variété de sentiments et d'émotions. On entre là dans le domaine des processus de symbolisation. Porteuse de sens et de significations, la musique acquiert cette dimension supplémentaire qui permet de la reconnaître comme un réel mode de communication. De la joie la plus vive à la mélancolie la plus obscure, de la violence la plus agressive à la tendresse la plus émouvante, de la vitalité la plus enjouée à l'asthénie la plus profonde, tous les registres émotionnels sont traduits dans les œuvres musicales. Des recherches reposant sur l'analyse de correspondance entre les qualificatifs sémantiques donnés par des auditeurs à diverses pièces musicales ont montré le rôle très important joué par la structure hiérarchique d'une œuvre. Les œuvres perçues comme fortement hiérarchisées apparaissent gaies, enjouées et vivantes, alors que celles qui le sont faiblement sont considérées comme déséquilibrées, violentes et agressives.

La musique est l'illustration permanente de la continuité entre les traitements de l'information sensorielle et ceux de l'information symbolique. En ce sens, elle est le prototype du traitement non verbal et occupe une place de choix dans les recherches consacrées aux aspects cognitifs de l'audition. La spécificité de ses traitements en fait un sujet complexe qui offre un vaste domaine d'études et de recherches. De nombreux ouvrages et publications spécialisés sont consacrés à la perception musicale.

PERCEPTION DE LA PAROLE

La parole constitue un autre exemple remarquable de la continuité entre les traitements sensoriels des stimuli sonores et l'interprétation de ces stimuli. Malgré la grande complexité des sons de parole, il semble très facile de comprendre quelqu'un qui parle, de donner un sens aux signaux entendus. Les premières études ont surtout consisté à définir les sons de la parole, à préciser les indices utilisés par l'auditeur, à caractériser les mécanismes de traitement spécifiques. Elles concernent donc très spécifiquement la perception de la parole et font référence à un premier niveau phonétique de représentation. Depuis une vingtaine d'années, ces études s'orientent vers le problème plus général de la compréhension du langage en relation avec des niveaux supérieurs de traitement, syntaxique et lexical. Nous décrirons les propriétés caractéristiques de la perception de la parole et nous évoquerons plus rapidement la compréhension du langage parlé.

Les stimuli de la parole

La phonétique est l'étude matérielle, acoustique des sons de la parole, indépendamment de la langue à laquelle ils appartiennent et de leur fonction dans cette langue. L'inventaire de ces différents sons est donné par l'alphabet phonétique international qui distingue une quarantaine de sons pour le français (mais quelque 500 sons pour décrire toutes les langues du monde). L'écriture d'un texte en transcription phonétique est toujours mise entre crochets. La phonétique doit être soigneusement distinguée de la phonologie qui étudie les sons d'une langue du point de vue de leur fonction dans cette langue. Les unités distinctives de la phonologie sont appelées « phonèmes ». Si deux sons différents remplissent le même rôle, qu'ils ne donnent pas lieu à deux messages de sens différents, ils constituent un même phonème. Ainsi, en français les trois prononciations de la lettre r, roulée, uvulaire ou grasseyée, auxquelles l'alphabet phonétique attribue trois symboles différents n'ont aucune valeur distinctive pour le message et correspondent donc à un seul phonème représenté par /r/ (les phonèmes sont toujours représentés entre barres obliques). Un phonème est défini comme le plus court segment de parole qui, s'il est modifié, change la signification d'un mot. Par exemple, le mot « par » est formé des trois phonèmes /p/, /a/ et /r/ car, en changeant l'un d'entre eux, on modifie le sens du mot. Ainsi « par » devient « bar » en changeant le /p/ en /b/, il devient

« pur » en changeant le /a/ en /u/ et il devient « passe » en changeant le /r/ en /s/. Le français a 36 phonèmes. On retiendra qu'il n'y a pas correspondance systématique entre les descriptions acoustiques de la phonétique et les unités distinctives du langage de la phonologie. Le système phonologique de la langue maternelle est très important, car il détermine pour une grande part la perception des sons. Un auditeur adulte perçoit les sons d'une langue étrangère à travers les phonèmes de sa propre langue.

Une nuance doit cependant être apportée dans la définition des phonèmes à partir de leur fonction distinctive obtenue par commutation. Les phonèmes n'ont pas toujours une valeur stable, celle-ci pouvant varier en fonction du contexte et même en fonction du locuteur (accents régionaux). Le son [k] ne se prononce pas de la même façon dans le mot « cou » et dans le mot « qui ». Certains phonèmes peuvent ne pas s'opposer dans certaines positions (comme /m/ et /n/). On préfère donc décrire les phonèmes par le faisceau des traits distinctifs qui caractérisent leurs propriétés acoustiques ou articulatoires. Ainsi, le /d/ est décrit comme étant occlusif (fermeture quasi totale du chenal expiratoire pour sa production), dental (obstruction au niveau des dents), sonore (mise en vibration des cordes vocales) ; le /b/ est décrit comme occlusif, bilabial (obstruction au niveau des lèvres) et sonore ; le /t/ comme occlusif, dental et sourd (opposé à sonore). Les voyelles sont produites avec le chenal expiratoire ouvert, la forme de la bouche déterminant le son de voyelle. L'air est expiré ce qui permet de produire une voyelle de façon maintenue. Les consonnes se caractérisent par une constriction du chenal, sa brusque ouverture permettant l'expulsion de l'air. L'emplacement de l'obstruction est caractéristique du phonème. Il peut être labial (/b/), labiodental (/f/), dental (/d/, /t/), palatal (/c/). La façon dont l'air est expulsé est une autre caractéristique (expulsion brutale, comme pour les occlusifs /b/, /d/, /t/, frottement de l'air dans un espace réduit, comme les fricatifs (/f/, /v/). La vibration des cordes vocales, appelée voisement, est une autre caractéristique. On peut sentir cette vibration en posant ses doigts de chaque côté du cou. Un phonème nécessitant une vibration est dit sonore ou voisé (/b/, /d/, /z/), sinon il est dit sourd ou non voisé (/t/, /s/, /f/). On le vérifie facilement en prononçant les mots « beau », « do », « zoo », « tôt », « sot », « faux ». Une dizaine de traits distinctifs permettent de décrire, par combinaison, les phonèmes de base de nombreuses langues et ainsi de comparer leur système phonologique.

Le signal acoustique de parole

La description ci-dessus est pertinente du point de vue linguistique, mais elle ne caractérise pas le signal acoustique lui-même et ne permet pas de définir les indices acoustiques permettant à l'auditeur d'identifier les différents phonèmes. Beaucoup plus complexes que les sons purs ou les sons musicaux, les sons de parole sont constitués de nombreuses fréquences qui changent en permanence au cours du temps. Pour les décrire, on utilise une représentation particulière appelée « spectrogramme » (on dit aussi « sonagramme » quand il s'agit spécifiquement des sons de parole ou « sonogramme » pour un son quelconque). Dans cette représentation, le temps est porté en abscisse, l'axe des ordonnées indique la fréquence, et l'intensité de chaque composant est marquée par le degré de noirceur du point représentatif. La figure 30 montre le spectrogramme correspondant à la phrase « le petit bateau neuf ». Chaque carreau représente 1 000 Hz verticalement. Le tracé inférieur est l'enregistrement du signal de parole (pression acoustique en fonction du temps, un carreau représentant 100 ms). La séquence temporelle des phonèmes est indiquée en haut du graphique. Sur cet exemple, on peut distinguer quelques propriétés importantes du signal de parole.

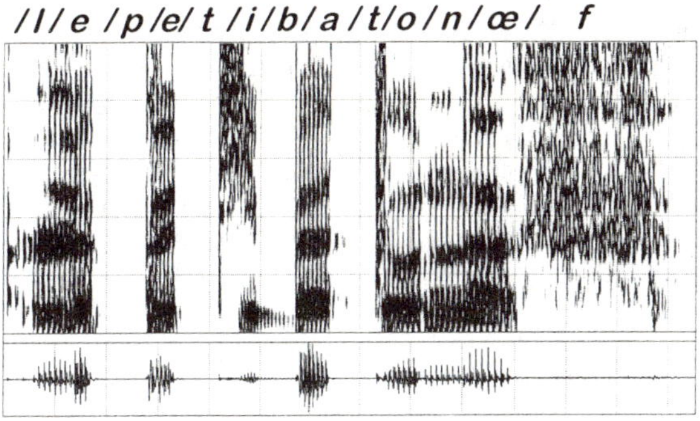

Figure 30

Spectrogramme correspondant à l'énoncé « le petit bateau neuf », dont la position approximative des phonèmes est indiquée au-dessus. En abscisse, le temps (100 ms par carreau), en ordonnée, la fréquence des composantes (1 000 Hz par carreau). L'amplitude des composantes est donnée par le degré de noirceur. Le cadre inférieur représente l'enregistrement du signal de parole (pression sonore en fonction du temps).

Certains phonèmes ont une répartition très étalée de l'énergie sur une large étendue de fréquences comme les fricatifs (le /f/ de neuf). Pour d'autres, au contraire, l'énergie est répartie sur des bandes de fréquences très marquées, appelées « formants », relativement stables pendant une centaine de millisecondes (/a/, /o/, /eu/). De plus, des changements rapides d'intensité, appelés « transitions », précèdent ou suivent ces parties stables. Les formants sont caractéristiques des sons vocaliques (voyelles) et les transitions correspondent aux sons consonantiques (consonnes). Le formant de fréquence la plus basse est le 1er formant, celui de fréquence juste supérieure est le 2e formant et ainsi de suite. On remarquera aussi sur le spectrogramme de la figure 30 que les occlusives (/b/, /d/, /p/, /t/) commencent par un silence qui correspond à l'obstruction du chenal expiratoire, suivi de l'expulsion brutale de l'air apparaissant comme une bande verticale noire sur toutes les fréquences (très visible sur le /b/). La vibration des cordes vocales, caractéristique des phonèmes voisés, se traduit par une composante énergétique de basses fréquences (le /b/ de bateau). Cette bande d'énergie est absente des phonèmes non voisés (/p/ et /t/). Les nasales (/n/) présentent plusieurs formants.

Spécificité de la parole

On pourrait penser que ces indices acoustiques (formants, transition ascendante ou descendante) sont caractéristiques de chaque phonème et restent constants chaque fois que le phonème est présent. Ce n'est pourtant pas le cas, et le signal acoustique associé à un phonème peut changer selon le contexte dans lequel apparaît ce phonème. Ainsi, les transitions consonantiques dépendent de la voyelle qui suit. Cette absence d'invariants acoustiques associés aux différents phonèmes est l'un des problèmes importants de l'étude de la perception de la parole. Un autre problème résulte du contraste apparent entre la continuité de l'onde sonore de la parole, très visible sur les spectrogrammes, et la perception de mots bien individualisés. Bien qu'il n'y ait pas de frontière physique marquée entre les mots, on les perçoit séparés les uns des autres. Ces questions ont conduit à proposer l'existence de mécanismes spécifiques pour l'analyse et le traitement du signal de parole. Cette hypothèse, actuellement controversée, repose sur certains phénomènes comme la perception catégorielle et la perception audiovisuelle de la parole.

• *Perception catégorielle*. Décrivons un exemple typique de catégorisation entre les consonnes occlusives voisée (/b/) et non voisée (/p/). La caractéristique auditive importante ici est le temps d'attaque vocal ou VOT (*Voice Onset Time*). Il s'agit du délai entre le début du son et la mise en vibration des cordes vocales. Sur un spectrogramme, le VOT du son /ba/ est bref alors qu'il est plus long pour le son /pa/. À l'aide d'un synthétiseur de sons, on peut faire varier continûment ce délai de 0 à 100 ms et présenter aléatoirement ces différents sons à un auditeur. Les résultats obtenus pour la langue anglaise montrent que le son /ba/ est perçu pour tous les essais où le VOT est inférieur à 25 ms. Au contraire, pour des VOT supérieurs à 35 ms, c'est le son /pa/ qui est perçu dans 100 % des cas. Au voisinage de 30 ms, le son est perçu tantôt /ba/ et tantôt /pa/. Il n'y a pas de modification progressive du son perçu. À 30 ms se situe une frontière phonétique qui partage les sons en deux catégories. Deux sons de VOT différents ne sont discriminés que s'ils se situent de part et d'autre de cette frontière, sinon ils paraissent identiques. En français les temps obtenus sont plus courts ; la frontière se situe entre 15 et 20 ms, mais des différences importantes existent selon les régions. Une telle perception catégorielle réduit le nombre de sons discriminables et facilite notre compréhension de la parole. Initialement, ce phénomène, qui n'avait été observé que pour les sons de parole, constituait un argument décisif en faveur de l'existence de détecteurs spécifiques des propriétés phonétiques. Depuis, la perception catégorielle a été observée pour d'autres sons, y compris certains sons musicaux, ce qui minimise la portée de cette hypothèse.

• *Perception audiovisuelle*. L'expérience consiste à présenter à des sujets l'image vidéo d'une personne qui prononce les syllabes /ga-ga/ alors que la bande son diffuse les syllabes /ba-ba/. Dans ces conditions, les sujets perçoivent les sons /da-da/. La syllabe /da/ est intermédiaire entre les deux syllabes /ga/ et /ba/. Ainsi, l'information visuelle sur l'articulation des sons et l'information auditive sont intégrées pour donner sens à la parole. Dans le cas d'un conflit entre les deux, on perçoit ce qui constituerait le meilleur compromis. Ces phénomènes s'accordent également avec l'hypothèse de l'existence d'un module de traitement spécifique des informations phonétiques. On notera au passage l'importance de l'appariement entre les mouvements articulatoire des lèvres et les sons de parole émis pour le doublage des films cinématographiques. Toute désynchronisation altère la perception de la parole au point de rendre le message non compréhensible.

Traitement du signal de parole

L'ensemble des processus mis en œuvre entre la réception du signal sonore par l'oreille et l'attribution d'une signification à ce message est communément décrit par une série d'étapes ou de niveaux de traitements. Cette conception ne doit pas être prise au sens strict. Elle n'est qu'une façon utile de distinguer différents aspects du traitement, mais elle n'impose pas une stricte séquence des étapes. Le premier niveau correspond à l'analyse du signal acoustique afin d'en extraire les indices acoustiques pertinents et de construire une représentation phonétique du message. C'est à ce niveau qu'interviendraient les détecteurs spécifiques de traits phonétiques. Le deuxième niveau, parfois appelé « niveau phonologique », prend en compte les contraintes relatives à la langue. Seules les variations phonétiques ayant une valeur distinctive sont conservées. C'est là que prendrait place la construction d'unités plus complexes, de nature syllabique, proposées par certains auteurs. Enfin, le dernier niveau serait celui de l'identification des mots et de l'accès au lexique avec l'intégration des contraintes sémantiques et syntaxiques. Ce dernier niveau a fait l'objet d'un nombre considérable d'études s'appuyant sur le langage écrit (lecture), mais les techniques récentes de digitalisation et de synthèse des signaux de parole ont ouvert le champ des recherches consacrées aux caractères spécifiques de la perception de la parole. On notera à ce propos le rôle très important du contexte et des représentations préalables de l'auditeur sans lesquelles la perception d'un énoncé, qui est bien plus qu'une simple succession de mots, devient très difficile.

ÉLÉMENTS DE PATHOLOGIE AUDITIVE

Avant d'aborder les surdités proprement dites, signalons que les vibrations sonores peuvent être transmises à la membrane basilaire soit par conduction aérienne (CA), soit par conduction osseuse (CO). La conduction aérienne est celle que nous avons envisagée jusqu'à présent : la vibration de l'air dans le conduit auditif met en mouvement le tympan, la chaîne des osselets et enfin les structures de l'oreille interne. La conduction osseuse est une activation directe de la membrane basilaire produite par les vibrations des os du crâne, sans passage par l'oreille externe ni par l'oreille moyenne. Toute onde sonore arrivant au voisinage de la tête peut faire vibrer très légèrement les os du crâne et donc avoir une action directe sur la membrane basilaire par CO. Ce mode d'activation a une efficacité très réduite par rapport à la CA. Il intervient très peu dans l'audition courante, sauf pour notre propre parole. En effet, la vibration des cordes vocales active directement la membrane basilaire par CO, avant l'audition par CA. Nous sommes tellement habitués à cette audition qu'il est difficile de reconnaître notre propre voix enregistrée, car seule la CA nous est restituée. Pour tester spécifiquement la CO, on applique directement sur l'os frontal ou sur la mastoïde un petit vibreur dont on peut ajuster la fréquence et l'intensité. Un examen auditif comporte toujours l'établissement d'un audiogramme en conduction aérienne (indiquant le fonctionnement des trois parties de l'oreille) et d'un audiogramme en conduction osseuse (indiquant le fonctionnement direct de la seule oreille interne), et ce pour chaque oreille. Leur comparaison permet de localiser la partie de l'oreille atteinte.

Toute augmentation permanente du seuil d'audition est une surdité, quelle qu'en soit l'origine. Le déficit peut porter sur toutes les fréquences ou être limité à certaines fréquences. Il est important de remarquer que cette définition fait référence au seuil d'audition, les sons nettement supraliminaires pouvant être perçus normalement. Il est fréquent que des personnes soient sourdes aux faibles intensités mais pas aux niveaux élevés. Un examen audiométrique complet ne se limite pas aux seules recherches des seuils (audiogramme). Il comporte des tests de l'audition de sons supraliminaires ainsi que des tests vocaux portant sur l'intelligibilité du langage. Selon la partie de l'oreille atteinte, on distingue les surdités de transmission et les surdités de perception.

Surdités de transmission

Elles ont pour origine une atteinte de l'oreille externe ou de l'oreille moyenne. L'audiogramme en CA montre un déficit auditif, alors que l'audiogramme en CO est normal.

La cause la plus banale est le simple bouchon de cérumen qui obstrue le conduit auditif externe. Les surdités de transmission les plus classiques sont les otites externes, touchant le conduit auditif externe, et les otites moyennes, siégeant au niveau de l'oreille moyenne. Les unes et les autres sont généralement traitables par un antibiotique approprié. L'otite moyenne est souvent liée à une infection des voies respiratoires qui communiquent avec l'oreille moyenne. En cas d'occlusion de la trompe d'Eustache, l'otite peut nécessiter, chez l'enfant, une paracentèse du tympan afin de permettre l'écoulement par le conduit auditif du liquide accumulé dans l'oreille moyenne.

Plus graves sont les atteintes de la chaîne des osselets comme l'otospongiose qui correspond à une immobilisation de l'étrier soudé à la fenêtre ovale. Le traitement chirurgical est souvent indispensable. Il peut consister à la suppression de l'étrier (stapédectomie) et à son remplacement par une prothèse en téflon. Le pronostic est excellent.

Surdités de perception

Dans les surdités de perception, l'atteinte se situe au niveau de l'oreille interne. Les audiogrammes en CA et en CO présentent des déficits identiques. Évoquons d'abord la presbyacousie qui, comme son nom l'indique, est un déficit auditif s'installant avec le vieillissement. La membrane basilaire perdant sa souplesse, l'audition s'altère progressivement, mais ce sont surtout les fréquences élevées qui sont atteintes. C'est une évolution normale et non une maladie proprement dite. L'augmentation des seuils commence dès l'âge de 30 ans et s'accentue lentement au-delà. La limite supérieure des sons audibles est finalement ramenée vers 12 000 Hz.

La plupart des surdités de perception sont dues à des atteintes des cellules ciliées. Les origines en sont très diverses. Citons les traumatismes auditifs, consécutifs à l'écoute d'un bruit violent (explosion) ou à l'écoute prolongée et répétée pendant des années d'un bruit intense, supérieur à 90 dB (surdités professionnelles, déjà évoquées à propos de la fatigue auditive). Certaines professions à haut risque sont particulièrement surveillées, mais les surdités acquises y restent quand même trop fréquentes. Une inquiétante étude montre un net accroissement des surdités chez les jeunes, consécutif à l'écoute abusive du *walkman*.

D'autres surdités de perception sont d'origine toxique. Certains antibiotiques peuvent, à haute dose, détruire de manière irréversible les cellules ciliées externes (amikacine, kanamycine, sreptomycine, néomycine). Quelques associations antibiotiques-diurétiques particulièrement ototoxiques sont suffisamment connues de nos jours pour être évitées. La banale aspirine n'est pas sans risque pour l'audition. Des pertes auditives de 40 dB ont été signalées après des traitements à très fortes doses. Même à doses plus faibles (4g/jour) l'aspirine peut provoquer des bourdonnements (la plupart du temps sans conséquence), mais surtout augmenter la vulnérabilité des sujets exposés à des bruits intenses.

Les acouphènes (bourdonnements et tintements dans les oreilles), particulièrement pénibles, seraient dus à une excitation spontanée et aléatoire des CCE. Il en résulte une activation des CCI, et donc un message auditif en l'absence de stimulation.

Les surdités de perception signalées jusqu'ici sont parfois appelées « surdités neurosensorielles » par opposition aux surdités centrales résultant de lésions ou de dysfonctionnements localisés spécifiquement dans certaines aires du cortex auditif. La surdité verbale, par exemple, est une atteinte où le sujet entend normalement les sons simples, mais il est incapable de reconnaître les mots.

Aucun traitement ne permet actuellement de guérir les surdités neurosensorielles de perception. Lorsque l'atteinte touche les seules CCE et que les CCI sont encore fonctionnelles, le port d'une prothèse auditive s'impose. L'appareillage consiste en un microphone captant les sons, un amplificateur renforçant sélectivement les fréquences mal ou non perçues, et un écouteur introduit dans le conduit auditif externe. La miniaturisation et les qualités techniques de ces appareils permettent actuellement une adaptation très satisfaisante.

La situation est beaucoup plus dramatique si un grand nombre de CCI sont complètement détruites, car aucune transduction n'est alors possible. Ces dernières années ont vu l'apparition d'implantation d'électrodes très miniaturisées dans la cochlée permettant de stimuler directement des groupes de fibres afférentes. Des contraintes techniques limitent le nombre d'électrodes à une dizaine. Leurs extrémités stimulantes sont réparties le long de la cochlée afin de respecter très grossièrement l'étalement des fréquences sonores. Ces dispositifs de haute technologie permettent de rétablir, chez les sourds profonds, quelques sensations sonores peu discriminatives, mais suffisantes pour restituer un contact sonore avec le monde environnant.

5 *Perception visuelle*

La vision et l'audition sont les deux modalités sensorielles les plus performantes et les plus utiles à l'homme pour appréhender son environnement. Beaucoup plus étudiée, la vision est la modalité la mieux connue. Le processus visuel commence lorsque la lumière frappe les récepteurs spécialisés situés au fond des globes oculaires. L'information lumineuse est transformée en signaux bioélectriques qui gagnent le cortex visuel et les nombreuses aires impliquées dans la vision. Les traitements du message nerveux, qui commencent dès la rétine, conduisent à l'élaboration d'une représentation perceptive et d'une interprétation de la stimulation.

Ce chapitre est organisé en quatre sections : la première concerne la description des stimuli visuels et de leur mesure ; la deuxième décrit la structure anatomique et la physiologie du système visuel ; la troisième traite du codage des informations lumineuses ; la dernière est consacrée à la perception visuelle proprement dite. Elle s'étend des traitements neurosensoriels élémentaires jusqu'aux éléments d'organisation perceptive se rapportant à la couleur, aux formes et à la perception de la profondeur. Quelques questions relatives au mouvement sont abordées, mais le vaste domaine de la perception du mouvement n'est pas traité ici.

STIMULI VISUELS

LA LUMIÈRE

Définition

On désigne sous le nom de « lumière » le domaine très restreint des ondes électromagnétiques auxquelles le système visuel humain est sensible. Une onde électromagnétique est une double vibration, de nature à la fois électrique et magnétique, qui se propage. Il n'y a pas propagation de matière, mais uniquement d'énergie. La propagation peut se faire dans le vide, la célérité est alors la plus grande, environ 300 000 km.s^{-1}, ou dans des milieux matériels (gaz, liquide, verre...). Il existe bien d'autres radiations électromagnétiques que la lumière. Elles sont toutes caractérisées par leur longueur d'onde (notée λ, *lambda*), définie comme la distance entre deux maxima successifs de la vibration. La longueur d'onde s'exprime en mètre ou multiples et sous-multiples du mètre. Pour les ondes lumineuses, on utilise le nanomètre (abréviation : nm, 1 nm = 10^{-9} m). L'ensemble de toutes les radiations électromagnétiques et des longueurs d'onde correspondantes est représenté à la figure 31a. La lumière n'en constitue que la bande très étroite, appelée « spectre visible », dont les longueurs d'onde sont comprises approximativement entre 400 nm et 700 nm. Au-delà, l'efficacité des radiations sur le système visuel humain est complètement négligeable. À l'intérieur de ces limites notre sensibilité n'est pas constante. Faible aux extrémités du spectre, elle passe par un maximum pour une longueur d'onde située au milieu de cet intervalle et dont la position exacte dépend, comme nous le verrons, des conditions d'éclairage.

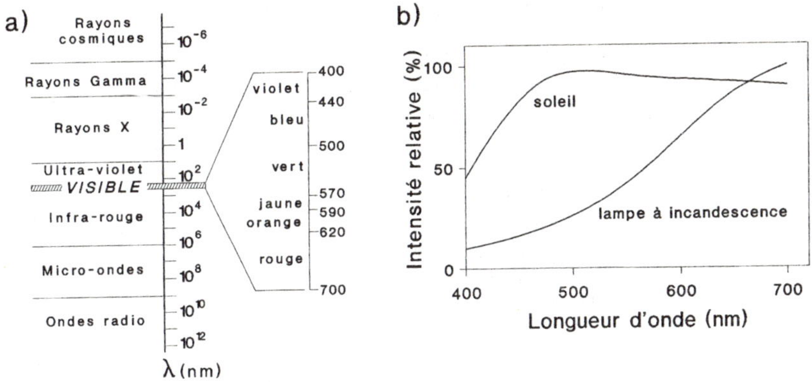

Figure 31

Composition spectrale de la lumière. (a) : Spectre des ondes électromagnétiques et leurs longueurs d'onde correspondantes. La partie du spectre visible est agrandie. (b) : Composition spectrale de deux sources lumineuses.

On attribue également à la lumière une nature corpusculaire, en considérant que l'énergie se propage sous forme de quanta, qu'on peut imaginer comme des « grains d'énergie » sans matérialité, se déplaçant à la vitesse de la lumière. À chaque quantum, appelé « photon », correspond une très petite quantité d'énergie élémentaire inversement proportionnelle à la longueur d'onde : les photons associés aux faibles longueurs d'ondes sont donc plus énergétiques que ceux des grandes longueurs d'ondes. Cela ne signifie pas qu'une radiation de courte longueur d'onde est toujours plus puissante qu'une autre de grande longueur d'onde, car l'intensité du rayonnement dépend surtout du nombre de photons par seconde (débit), quelle que soit l'énergie individuelle de chacun (à titre d'exemple, une ampoule d'éclairage courante émet environ 10^{19} photons par seconde). En conséquence, que l'on considère la nature ondulatoire ou corpusculaire de la lumière, il convient de la caractériser par sa longueur d'onde ou son type de photon, d'une part, et par son intensité, d'autre part.

Longueur d'onde

Comme on peut le remarquer sur l'étalement du spectre visible de la figure 31a, à chaque longueur d'onde est attribuée une couleur allant du violet au rouge. Cette association est équivoque, car elle suggère que la couleur serait un attribut de l'onde lumineuse elle-même. Il n'en est rien. La couleur est une sensation et n'appartient pas en propre à la radiation. L'attribut physique propre à la radiation est sa longueur d'onde. C'est en étant stimulé par une radiation d'une certaine longueur d'onde que l'observateur construit une certaine couleur, mais cette relation entre longueur d'onde et couleur n'est ni simple ni univoque.

Un rayonnement lumineux constitué d'une seule radiation, donc caractérisé par une seule longueur d'onde, est qualifié de « monochromatique ». On dit aussi « lumière monochromatique » ou « lumière spectrale ». C'est en fait un cas théorique, difficile à réaliser en pratique. Le meilleur dispositif actuel pour disposer d'un rayonnement monochromatique est le laser à colorant. Plus simplement, on peut décomposer la lumière émise par une lampe et isoler l'une des raies émises (monochromateur). Pour une solution approchée, on utilise des filtres qui, selon leur qualité et leur prix, ne laisseront passer qu'une bande plus ou moins étroite de longueurs d'onde.

Dans les situations courantes (éclairage naturel du soleil, éclairage artificiel), le rayonnement est toujours complexe, constitué des radiations de toutes les longueurs d'onde mais dans des proportions diverses. On peut déterminer la composition spectrale d'une stimulation lumineuse et la représenter graphiquement en portant les longueurs d'onde en abscisse et les intensités relatives en ordonnées (fig. 31b). Le système visuel est absolument incapable de discriminer les différentes radiations composant un stimulus lumineux complexe. Lorsque toutes les longueurs d'onde ont une intensité comparable, la couleur perçue est blanche. Lorsqu'une gamme de longueurs d'onde l'emporte nettement en intensité, on perçoit la couleur dominante qui correspond à cette gamme. Les précisions seront apportées lors de l'étude de la perception colorée.

On distingue les sources lumineuses primaires qui produisent réellement un rayonnement (soleil, lampes, moniteur TV, écran vidéo) et les sources lumineuses secondaires qui ne font que renvoyer une lumière incidente, comme le fait un écran de projection. Ce dernier cas est aussi celui de tous les objets de notre environnement qui ne sont pas des sources primaires. Pour qu'un objet soit vu, il doit être éclairé par une lumière incidente et nous renvoyer les radiations de cette lumière incidente. Si nous percevons cet objet avec une couleur précise, c'est parce qu'il nous renvoie majoritairement les radiations de longueurs d'onde correspondant à cette couleur.

Le spectre visible est classiquement divisé en trois domaines :

- celui des courtes longueurs d'onde (< à 470 nm environ) ;
- celui des moyennes longueurs d'onde (de 470 à 550 nm environ) ;
- celui des grandes longueurs d'onde (> à 550 nm environ).

Propagation de la lumière

Le rayonnement lumineux se propage normalement en ligne droite, mais certains phénomènes peuvent modifier cette propagation. Sans entrer dans les détails d'un traité d'optique géométrique, rappelons les propriétés les plus remarquables.

• *L'absorption* correspond à une diminution de l'énergie du rayonnement qui est absorbée par les molécules du milieu. Négligeable dans l'air, elle est importante dans l'eau, puisque l'énergie solaire à 100 m de profondeur n'est que de 1 % de sa valeur en surface.

• *La diffusion* est une dispersion des rayons lumineux dans toutes les directions de l'espace par des particules microscopiques et même par les molécules de l'air. Dans ce cas, la diffusion est d'autant plus importante que la longueur d'onde est courte. C'est ainsi que s'explique la couleur bleue du ciel, par diffusion des radiations solaires de courte longueur d'onde, alors que celles de moyenne et grande longueur d'onde, transmises directement, donne la couleur jaune du soleil. Au lever et coucher du soleil, la lumière doit traverser une plus grande épaisseur d'atmosphère en raison de la position rasante du soleil. Cela favorise la diffusion supplémentaire des longueurs d'onde moyennes, donnant au ciel des couleurs plus jaunâtres ou orangées et au soleil sa couleur rouge orangée. Seules les grandes longueurs d'onde du soleil nous parviennent alors directement, d'où sa couleur rouge. En présence de molécules plus grosses (ciel couvert, brume, brouillard), toutes les longueurs d'onde sont diffusées également et nous percevons une teinte blanche.

• La *réfraction* correspond à l'inclinaison de la direction des rayons lumineux lors d'un changement de milieu de propagation (entre l'air et l'eau, par exemple). Ce phénomène est responsable de la formation des images par les dioptres et les lentilles optiques. Grâce à la réfraction des rayons lumineux par la cornée et le cristallin, des images optiques de l'environnement peuvent se former sur la rétine.

• La *réflexion* correspond à la propriété de la surface des objets de renvoyer les rayons lumineux. Lorsque la surface est parfaitement polie, le rayon réfléchi est symétrique au rayon incident. Une telle réflexion directionnelle est dite « spéculaire », car c'est celle des miroirs. Elle concerne aussi tous les objets qui paraissent brillants. Dans les autres cas, soit la majorité des objets, la réflexion a lieu dans toutes les directions de l'espace, en raison de la légère granulation de la surface. Il s'agit d'une réflexion diffuse. De plus, quel que soit le type de réflexion, certaines longueurs d'onde de la lumière incidente sont absorbées par l'objet, les autres étant réfléchies dans des proportions qui dépendent de l'objet en question et de la peinture qui le recouvre. C'est la composition spectrale des radiations réfléchies qui détermine en grande partie la couleur que nous attribuons aux objets (on comprend que cette couleur puisse parfois varier si la composition de la lumière incidente est grandement modifiée). Le cas extrême est celui des surfaces fortement absorbantes qui ne réfléchissent qu'une infime quantité de lumière, et paraissent donc noires. Si la réflexion résiduelle est spéculaire, l'objet paraît noir et brillant, sinon il paraît noir et mat.

Intensité lumineuse

La mesure des rayonnements (radiométrie) est un problème de métrologie redoutable pour les non-spécialistes. Il existe plusieurs grandeurs purement énergétiques caractérisant les rayonnements, sans tenir compte de la nature du récepteur. Ces grandeurs ne sont pas idéales pour la lumière, car des sources de même énergie peuvent être visibles ou invisibles selon leur longueur d'onde. La photométrie a donc défini des grandeurs adaptées à la mesure de la lumière, en pondérant les grandeurs énergétiques en fonction de la sensibilité du système visuel. Le coefficient de pondération, noté V_λ, est appelé « coefficient d'efficacité relative » (ou « coefficient de visibilité spectrale »). Il dépend évidemment de la longueur d'onde et nous verrons plus tard comment le déterminer.

La grandeur utilisée habituellement pour évaluer la quantité de lumière d'une stimulation visuelle est la luminance, dont l'unité est la candela par mètre carré (cd/m^2 ou mieux $cd.m^{-2}$).

Apportons quelques remarques et précisions :

– 1. La luminance correspond précisément à la puissance lumineuse émise dans une direction donnée par une source étendue. Pour une radiation de longueur d'onde λ nm et de puissance énergétique B_λ, la luminance L_λ est donnée par la relation $L_\lambda = k. V_\lambda. B_\lambda$, où k est un facteur qui dépend des unités employées. Si le rayonnement a plusieurs radiations, on fait la somme de ces composantes ($L = k.\sum V_\lambda. B_\lambda$), et si le spectre est continu, la somme est remplacée par une intégrale sur tout le spectre ($L = k.\int V_\lambda. B_\lambda. d_\lambda$).

Pour se familiariser avec les niveaux de luminance dont nous avons peu l'habitude, voici quelques ordres de grandeur exprimés en $cd.m^{-2}$:

- soleil direct : $1{,}5.10^9$;
- lampe de 100 W : 10^6 ;
- neige au soleil : 10^5 ;
- papier blanc au soleil : 2.10^4 ;
- ciel couvert : 3.10^3 ;
- lecture aisée : 10^2 ;
- papier blanc sous la lune : 10^{-2} ;
- ciel couvert de nuit sans lune : 10^{-5} ;
- seuil absolu : 10^{-6}.

– 2. Il existe une grande variété de grandeurs lumineuses (et d'unités). L'une d'elles est l'intensité lumineuse (mesurée en candela) qui s'applique aux sources ponctuelles. On se méfiera des confusions en employant le terme d'intensité dans son sens commun pour désigner une quantité de lumière émise ou perçue. L'éclairement lumineux (exprimé en lux), grandeur indiquant la quantité de lumière reçue par une surface, est une autre grandeur utilisée couramment en éclairage et en photographie.

– 3. En raison du coefficient de pondération qui prend en compte la façon dont le système visuel humain réagit aux différentes longueurs d'onde, la luminance semble posséder les propriétés d'une grandeur subjective exprimant le niveau lumineux perçu. Cependant, cette pondération n'est valable que dans les conditions de stimulation très spécifiques avec lesquelles les valeurs de V_λ ont été déterminées. Pour ces seules conditions, et pour autant que le sujet ne s'écarte pas trop de cet observateur de référence fictif, la luminance est une indication fidèle de la quantité de lumière perçue. Pour toute autre condition, la valeur de la luminance ne mesure pas le niveau lumineux perçu par le sujet. Il est donc préférable de considérer la luminance comme une grandeur physique munie d'une pondération conventionnelle.

– 4. Pour quantifier physiquement une stimulation lumineuse colorée, il est nécessaire de connaître la valeur de trois variables (principe de la trivariance visuelle). Le plus souvent, ces grandeurs sont la luminance, exprimée en $cd.m^{-2}$, la longueur d'onde dominante, exprimée en nm (il s'agit de la longueur d'onde de la radiation monochromatique qui produit la sensation colorée la plus voisine de celle du stimulus), et le facteur de pureté colorimétrique, exprimé en pourcentage (c'est le rapport de la luminance ayant la longueur d'onde dominante sur la luminance totale du stimulus). La luminance caractérise la quantité de lumière, et les deux autres grandeurs se rapportent à sa couleur. À ces trois paramètres physiques correspondent approximativement trois qualités perceptives qui sont respectivement : la luminosité (ou la clarté), la tonalité et la saturation. La luminosité est l'impression subjective du niveau lumineux perçu. Elle varie du sombre au clair mais n'a pas d'unité spécifique. Les deux autres concernent la sensation colorée. La tonalité est la teinte dominante. La saturation est la qualité qui nous fait dire qu'une teinte est pure ou adoucie par mélange de blanc. Nous reviendrons sur ces qualités subjectives lorsque nous étudierons la perception colorée.

LA STIMULATION

Grandeurs caractéristiques

Indépendamment de sa luminance et de sa composition spectrale, une stimulation lumineuse est aussi définie par sa taille et sa durée. Si la durée ne pose pas de problème spécifique, il faut préciser une façon tout à fait commode d'estimer l'étendue spatiale d'une stimulation au moyen de l'angle visuel. Lorsque nous regardons un stimulus, celui-ci possède une certaine taille, mesurable en mètres par exemple. Mais nous pouvons aussi considérer l'image optique de cet objet sur la rétine, puisqu'elle constitue le véritable stimulus du système visuel, et spécifier la taille en millimètres de cette image rétinienne. Pour distinguer ces deux notions, on utilise parfois le terme de stimulus distal pour l'objet et de stimulus proximal pour son image optique sur la rétine. Bien évidemment, la taille de l'image rétinienne dépend, pour un objet donné, de la distance d'observation. Plus l'objet est éloigné, plus l'image optique sur la rétine est petite. On préfère alors estimer la taille du stimulus en terme d'angle visuel qui, par définition, est l'angle sous-tendu par l'objet et dont le sommet est au centre optique de l'œil (fig. 32). Ce centre optique est situé 7 mm derrière la cornée et à 17 mm de la rétine (16,7 mm très précisément). Par définition, les rayons lumineux passant par le centre optique ne sont pas déviés. On calculera facilement, en prenant la tangente trigonométrique de l'angle, qu'un objet de 50 cm situé à 3 m de distance a une taille angulaire de 9,5° (et une image rétinienne de 2,8 mm). Pour se familiariser avec cette notion, on pourra retenir qu'un angle visuel de 1° est sous-tendu par un homme de 1,75 m à une distance de 100 m ou, plus approximativement, par la largeur de son auriculaire tendu à bout de bras (1 cm à une distance de 57 cm). L'image rétinienne correspondante mesure alors 0,3 mm. Une pièce de 5 francs à 80 cm sous-tend un angle visuel de 2° et la lune, un angle visuel de 0,5° (cet angle est constant en dépit de la variation de taille apparente de la lune selon sa hauteur dans le ciel).

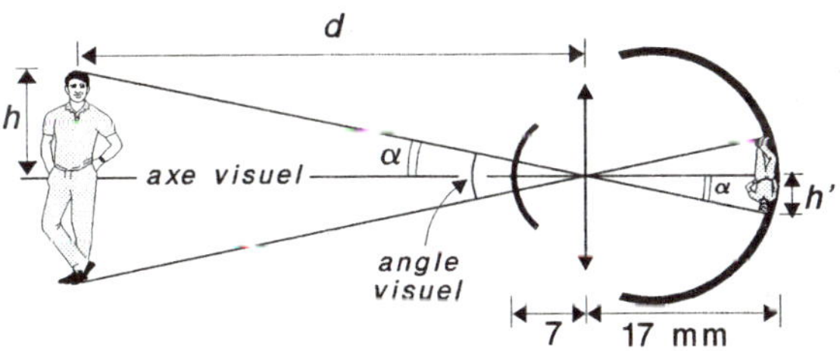

$$\tan \alpha = \frac{h}{d} = \frac{h'}{17}$$

angle visuel $= 2\alpha$

Figure 32

Formation des images dans le globe oculaire.

Deux autres paramètres, l'excentricité rétinienne et le contraste de luminance, complètent la description de la stimulation. L'excentricité est l'emplacement de l'image optique sur la rétine. Elle s'exprime aussi en degré d'angle par rapport à l'axe visuel (direction du point de fixation du regard, voir fig. 32). On comprendra l'importance de ce paramètre quand nous aurons vu que les photorécepteurs ne sont pas répartis de façon uniforme sur la surface de la rétine. Le contraste est l'écart de luminance entre les régions adjacentes du stimulus lorsque celui-ci n'est pas une plage homogène. Une lettre noire sur une page blanche, deux carrés adjacents de gris différents, un damier, un disque lumineux sur un fond sombre ou l'inverse sont des exemples simples de contraste de luminance. Dans la pratique, il s'exprime généralement en pourcentage, l'écart entre les luminances étant rapporté à la luminance moyenne.

Stimuli géométriques simples

Beaucoup d'expériences sur la perception visuelle utilisent des stimuli ayant des formes géométriques simples. Les plus courants sont le spot (tache lumineuse généralement circulaire), la ligne (définie par sa longueur et son orientation), la barre (rectangle allongé) et des assemblages de ces différents éléments simples comme le damier (alternance régulière de carreaux de luminance différente). Ces stimuli sont tout à fait adaptés aux études des sensibilités élémentaires du système visuel (à la luminance, à la longueur d'onde, à l'orientation) et aux investigations électrophysiologiques.

Réseau et fréquence spatiale

Un stimulus particulièrement intéressant est le réseau (*grating* en anglais), formé d'une succession de bandes de même orientation dont les luminances alternées produisent l'aspect d'une grille. La figure 33 présente deux réseaux d'orientation verticale. À gauche, le réseau est carré car la modulation de luminance passe brusquement des valeurs faibles (bandes sombres) aux valeurs élevées (bandes claires). À droite, la variation de luminance passe progressivement des valeurs minimales aux valeurs

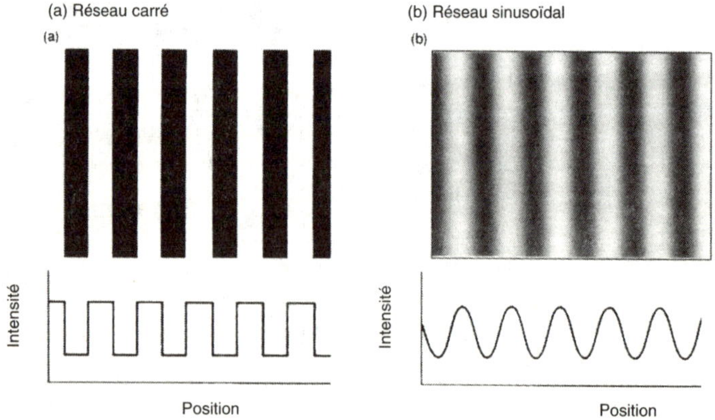

Figure 33

Réseaux de luminance. Sous chaque réseau est représentée la modulation de luminance correspondante. À gauche, réseau carré perçu avec des contours nets ; à droite, réseau sinusoïdal perçu de façon plus floue.

(*Source :* d'après *Sensation and Perception*, éd. cit., p. 161.)

maximales selon une modulation sinusoïdale. Un tel réseau sinusoïdal est fréquemment utilisé, car il constitue un stimulus très élémentaire pour le système visuel, analogue à ce qu'est un son pur pour le système auditif.

La propriété essentielle de tout réseau est de présenter une variation périodique de luminance, puisque le cycle de luminance formé par un couple « bande sombre-bande claire » se répète successivement. On caractérise alors un réseau par sa fréquence spatiale, qui désigne le nombre de cycles de luminance contenus dans 1 degré d'angle visuel (nombre qui n'est pas forcément un entier). On l'exprime en cycle par degré (cpd). On remarquera l'analogie avec la fréquence temporelle qui désigne le nombre de cycles par seconde. Cette mesure est plus pertinente que d'exprimer la largeur du pas du réseau en millimètres, mais les deux grandeurs sont liées. Lorsque la modulation est étalée, les bandes sont larges et la fréquence spatiale est basse. À l'inverse, lorsque la modulation est serrée, les bandes sont plus fines et la fréquence spatiale est élevée.

L'utilisation de réseaux sinusoïdaux s'est avérée très féconde, car elle permet une nouvelle description des stimulations lumineuses. En effet, toute image plane peut d'abord être considérée comme une certaine distribution spatiale de luminance (si l'on ne tient pas compte de la couleur, comme dans une photographie noir et blanc). Elle est alors entièrement décrite par les valeurs de la luminance en chaque point donné par ses coordonnées, ce qu'on peut écrire L(x, y). Mais une autre description est possible. En appliquant une généralisation du théorème de Fourier (voir p. 67), on démontre que toute image est équivalente à une superposition judicieuse d'un ensemble de réseaux sinusoïdaux s'étendant dans les diverses directions de l'espace. La décomposition de Fourier généralisée permet de déterminer les réseaux composants, dans chaque direction de l'espace. On constate alors qu'une image est constituée de composantes de fréquences spatiales basses, associées à ses parties larges et peu détaillées, de composantes de fréquences spatiales élevées, associées aux fins détails de l'image, et de composantes de fréquences spatiales intermédiaires. En d'autres termes, et comme pour les stimuli sonores, une stimulation visuelle peut se décrire de deux façons : soit par la fonction L(x, y) représentant la valeur de la luminance des différents points de l'image, soit par sa composition en réseaux sinusoïdaux (donc en fréquences spatiales) dans les différentes directions de l'espace.

STRUCTURE ET PHYSIOLOGIE DU SYSTÈME VISUEL

La structure anatomique et la physiologie du système visuel déterminent pour une grande part notre perception visuelle. Pour l'essentiel, il s'agit là de mécanismes de base de la vision qui font peu appel aux traitements perceptifs. Il nous a paru pourtant important de présenter ces phénomènes de façon détaillée, car ils conditionnent l'ensemble de la perception visuelle.

LE GLOBE OCULAIRE

La forme du globe oculaire est approximativement celle d'une sphère de 24 mm de diamètre chez l'adulte. La figure 34a représente une coupe horizontale schématique de l'œil droit, vue de dessus.

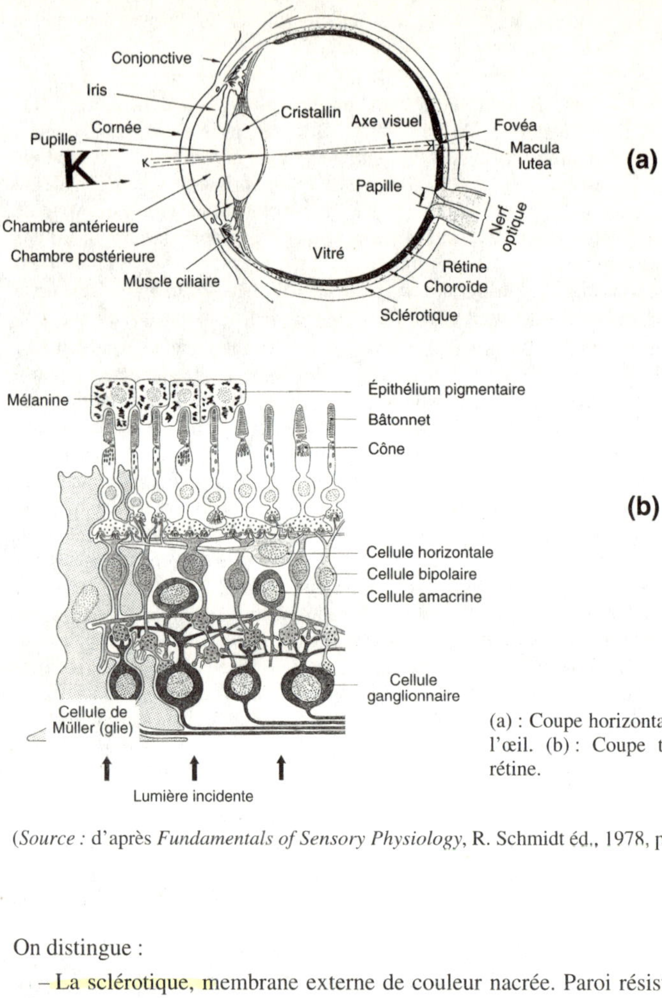

Figure 34

(a) : Coupe horizontale schématique de l'œil. (b) : Coupe transversale de la rétine.

(*Source :* d'après *Fundamentals of Sensory Physiology*, R. Schmidt éd., 1978, p. 129 et p. 136.)

On distingue :

– La sclérotique, membrane externe de couleur nacrée. Paroi résistante et opaque, elle assure un rôle de protection. C'est sur elle que s'insèrent les muscles oculaires qui commandent la mobilité de l'œil. Seule sa partie antérieure, recouverte par la conjonctive, est apparente (le blanc de l'œil).

– La cornée, calotte sphérique transparente bombée en avant de l'œil et enchâssée dans la sclérotique comme un verre de montre. Véritable dioptre sphérique, elle assure l'essentiel de la convergence des rayons lumineux permettant la formation des images optiques sur la rétine.

– L'iris, disque vertical qui détermine la couleur des yeux. Il possède une ouverture centrale circulaire, appelée la pupille. En se dilatant ou en se contractant comme un diaphragme, il modifie le diamètre de la pupille (qui peut varier entre 1,5 et 8 mm) et donc la quantité de lumière qui pénètre vers la rétine.

– Le cristallin, lentille transparente biconvexe (comme deux calottes sphériques accolées), relativement souple et élastique. Situé derrière l'iris, il est maintenu sur son pourtour par des ligaments qui le rattachent aux corps ciliaires. Son rôle est de parfaire et d'ajuster la focalisation des images sur la rétine. En effet, la contraction des fibres musculaires des corps ciliaires permet de modifier la courbure de ses faces, et donc sa puissance de convergence des rayons lumineux (phénomène d'accommodation).

– L'humeur aqueuse, liquide parfaitement transparent qui remplit l'espace compris entre la cornée et le cristallin. Renouvelée en permanence, elle assure la tension interne du globe oculaire (un excès d'humeur aqueuse augmente la pression intraoculaire et est à l'origine du glaucome).

– Le vitré ou corps vitré, substance transparente remplissant le globe oculaire derrière le cristallin. Le terme d'humeur vitrée est impropre, car il a la consistance d'un gel. Il représente 60 % du volume oculaire.

– La rétine, tissu complexe qui tapisse le fond du globe oculaire. Elle comporte plusieurs couches de cellules (dont les photorécepteurs) que nous détaillerons plus loin.

– La choroïde, sorte de membrane située entre la sclérotique et la rétine. Très vascularisée, elle assure un rôle nourricier essentiel pour les cellules de la rétine.

– Le nerf optique, situé en position nasale. Il regroupe tous les axones qui quittent la rétine en direction des centres supérieurs.

Du point de vue macroscopique, la rétine comporte deux particularités : la fovéa, et la papille. La fovéa est une petite dépression circulaire d'environ 1,5 mm de diamètre (5° d'angle visuel), limitée par un léger bourrelet et centrée juste sur l'axe visuel. La partie la plus profonde de la dépression, d'un diamètre de 0,3 à 0,6 mm (1° à 2° d'angle visuel), est particulièrement adaptée à une vision précise et détaillée. C'est pourquoi nous déplaçons sans cesse la direction du regard afin que l'image des objets se projette au centre de la fovéa. Au-delà de la fovéa commence la surface de la rétine dite périphérique.

La papille optique (ou tache aveugle) est le point de regroupement et d'émergence des axones constituant le nerf optique. C'est là aussi que pénètrent les vaisseaux sanguins qui irriguent la rétine. Cette région est dépourvue de cellules, et l'image qui s'y projette n'est pas perçue. Ce phénomène passe inaperçu dans la vie courante mais peut facilement se révéler par l'expérience de Mariotte (XVIIe siècle). Il suffit de tracer sur une feuille une petite croix et, 10 cm à droite, un cercle plein de diamètre 1 cm. En se plaçant à 30 cm environ de la feuille et en fixant la croix de l'œil droit (le gauche étant fermé), le cercle disparaît du champ visuel, car son image optique se projette précisément sur la papille. Il réapparaît en approchant ou en éloignant la feuille.

LA FORMATION DES IMAGES

La fonction du globe oculaire est de focaliser l'image rétinienne, c'est-à-dire de former sur la rétine une image nette des objets que l'on regarde. Optiquement, l'image des objets sur la rétine est renversée, c'est-à-dire que ce qui est en haut et à gauche de notre champ visuel se projette en bas et à droite sur la rétine. Ce renversement, qui a embarrassé les théories visuelles dans le passé, est un faux problème puisque nous ne voyons évidemment pas nos images rétiniennes. Elles ne sont que l'étape initiale de la formation des messages nerveux traités par le système visuel.

Accommodation

Un œil normal (on dit « emmétrope ») au repos, fournit une image nette sur la rétine pour tout objet situé à plus de 5 m. Pour des objets plus proches une mise au point supplémentaire est nécessaire. Elle est réalisée par le cristallin dont on a vu que les faces pouvaient se bomber grâce à la contraction des fibres musculaires. On appelle « accommodation » ce mécanisme réflexe qui ajuste la courbure du cristallin en fonction de la distance des objets regardés. Lorsqu'un objet se rapproche de l'œil, la puissance optique du cristallin augmente progressivement, garantissant une image nette jusqu'à une distance limite, appelée *punctum proximum,* pour laquelle l'effort accommodatif est maximum. Pour une accommodation donnée, la distance d'observation peut légèrement varier sans que la netteté s'en ressente. Cette tolérance dans la mise au point, appelée « profondeur de champ », augmente lorsque le diamètre de la pupille diminue (tous les photographes savent qu'il faut fermer le diaphragme pour augmenter la profondeur de champ). Lorsque les distances d'observation sont critiques, on a donc intérêt à accroître la quantité de lumière pour que la pupille se ferme et que la tolérance de netteté augmente. Au cours de la vie, le cristallin perd de sa souplesse et les facultés d'accommodation diminuent. Ce phénomène débute dès la dixième année, âge auquel le *punctum proximum* est vers 6 cm, mais les conséquences ne deviennent gênantes qu'à partir de 45 à 50 ans, lorsque le *punctum proximum* s'éloigne au-delà de 25 cm ; c'est la presbytie (du grec *presbus*, âgé).

Amétropies

Tous les sujets ne sont pas emmétropes. De simples variations physiologiques produisent fréquemment des anomalies de la formation des images appelées « amétropies ». Nous indiquons les plus courantes.

L'astigmatisme est une déformation de la courbure de la cornée. Dans l'astigmatisme régulier, la cornée n'est plus sphérique, mais elle a la forme d'un dos de cuillère. Il en résulte une vision floue dans certaines directions de l'espace, qu'on corrige si nécessaire par des verres correcteurs (lunettes ou lentilles de contact). L'astigmatisme irrégulier, dû à un défaut de courbure très localisé, est souvent plus difficile à corriger.

Les défauts de convergence apparaissent lorsque la taille du globe oculaire n'est pas rigoureusement adaptée à la puissance optique de l'ensemble cornée-cristallin. Malgré l'accommodation, la focalisation n'est pas toujours réalisée et l'image rétinienne est floue pour certaines distances d'observation. La myopie résulte d'un globe oculaire trop grand (ou d'un système optique trop convergent). Les objets proches ont une image nette sur la rétine, mais la vision lointaine est floue. L'hypermétropie a une cause inverse, le globe oculaire étant trop petit (ou le système optique n'étant pas assez convergent). La vision lointaine est préservée, car le sujet accommode pour observer les objets éloignés, mais l'image des objets rapprochés est floue. Ces deux anomalies sont facilement corrigées par le port de verres correcteurs. La myopie peut également être traitée chirurgicalement, en réduisant la courbure de la cornée.

La cataracte résulte d'une opacification des couches superficielles du cristallin. Les traitements ne peuvent qu'enrayer l'évolution du processus. En cas de gêne trop importante, la parade est chirurgicale et consiste à enlever en partie, voire en totalité, le cristallin. On peut alors implanter une lentille artificielle. La perte d'accommodation nécessite des verres correcteurs.

Images binoculaires et vision stéréoscopique

Dans les conditions normales, la vision est binoculaire, ce qui signifie qu'une image se forme sur la rétine de chaque œil. L'écartement moyen de 6 cm entre les yeux produit un léger décalage entre ces deux images. Pourtant nous ne percevons pas des images doubles (diplopie). Des mécanismes corticaux mal connus permettent, d'une part, de fusionner les deux images de l'objet situé au point de fixation en une image unique restituant le volume de l'objet (vision stéréoscopique) et, d'autre part, de ne conserver qu'une seule image du reste de la scène en neutralisant l'image de l'autre œil. L'œil dont on conserve l'image est appelé « œil directeur ».

Normalement, il n'y a donc pas diplopie. On peut cependant faire apparaître facilement les images doubles. Tenez un crayon verticalement bras tendu devant un mur contenant des éléments verticaux. En fixant le crayon du regard, les deux yeux ouverts, on distingue en quelques secondes deux images décalées du fond de la scène. Cette diplopie est dite « homonyme », car l'image de droite est vue par l'œil droit et celle de gauche par l'œil gauche (fermer alternativement chaque œil pour s'en convaincre). Si maintenant on fixe un élément du fond, on verra deux images du crayon et la diplopie est dite « croisée », car l'œil droit voit l'image la plus à gauche et réciproquement. Une autre expérience permet de visualiser en même temps ces deux formes de diplopie des objets situés en avant ou en arrière du point de fixation. Placez-vous dans l'alignement d'une baguette de bois horizontale d'une longueur de 1,5 à 2 m afin de la voir par une extrémité et disposez en son milieu un petit objet que vous fixez des deux yeux. En quelques secondes, on voit deux baguettes formant un X et se croisant au niveau de l'objet. Pour viser, c'est-à-dire pour réaliser un alignement en profondeur d'au moins trois points, il est donc préférable (et naturel) de n'utiliser qu'un seul œil. Bien que l'alignement puisse être correct quel que soit l'œil utilisé, on utilise spontanément son œil directeur. Pour déterminer quel est son œil directeur, il suffit de viser (un seul œil) un point de l'espace avec son index tendu. En ouvrant les deux yeux, on constate un décalage de l'alignement. L'œil conduisant au moindre décalage est l'œil directeur. On estime que 50 % des personnes ont l'œil droit directeur, 25 % l'œil gauche et 25 % ont les deux yeux équilibrés.

Hormis les effets de l'alcool, la diplopie n'est jamais observée. En cas de strabisme (non-convergence des deux yeux sur l'objet à fixer), il n'y a pas de diplopie, car l'image d'un des yeux est neutralisée et la vision est monoculaire. C'est d'ailleurs l'enjeu du strabisme de rétablir une vision binoculaire en forçant la vision de l'œil négligé et la convergence des yeux, avant que s'installe l'amblyopie de cet œil (diminution de l'acuité et de la vision des formes sans cause organique apparente).

La vision stéréoscopique n'est pas assimilable à la perception du relief. Elle y contribue, mais beaucoup d'autres indices purement monoculaires permettent d'inférer la dimension de profondeur. Nous y reviendrons.

LA RÉTINE

Structure de la rétine

La rétine est constituée de plusieurs couches de cellules que l'on décrit en allant de l'extérieur (le côté de la choroïde) vers l'intérieur du globe oculaire (fig. 34b, p. 122) :

– L'épithélium pigmentaire, forme un pavement unicellulaire en contact avec la choroïde. Ces cellules coiffent les photorécepteurs. Chez l'homme, elles contiennent de la mélanine, pigment noir qui absorbe la lumière non utilisée par les photorécepteurs (d'où l'apparente couleur noire de la pupille qui n'est que la couleur du fond du globe oculaire vu à travers l'orifice pupillaire). Chez certaines espèces, la présence de cristaux au niveau de l'épithélium provoque une importante réflexion lorsque les yeux sont éclairés (yeux lumineux des chats à la lumière des phares).

– La couche des photorécepteurs, cellules spécialisées contenant les pigments visuels photosensibles dont la dégradation par la lumière est à l'origine du message nerveux. On distingue deux populations de photorécepteurs, les cônes et les bâtonnets, fonctionnellement très différents.

– La couche des cellules bipolaires, cellules intermédiaires au niveau desquelles commence le traitement du message nerveux.

– La couche des cellules ganglionnaires, sites générateurs des potentiels d'action, dont les axones se regroupent au niveau de la papille pour constituer le nerf optique.

– Des cellules de liaison qui établissent des contacts synaptiques transversaux entre les couches cellulaires précédentes. Les cellules horizontales sont situées entre les photorécepteurs et les bipolaires et les cellules amacrines sont situées entre les bipolaires et les ganglionnaires.

– Enfin les cellules de Müller, grosses cellules gliales intercalées entre toutes les autres et pouvant s'étendre des photorécepteurs jusqu'aux ganglionnaires.

La figure 34b rend compte de la complexité des relations synaptiques entre ces cellules. Remarquons que la lumière doit traverser les différentes couches cellulaires pour atteindre l'extrémité des photorécepteurs où se situent les pigments photosensibles. Ce n'est pas vraiment un problème, car celles-ci sont transparentes et la diffusion est infime. Au niveau de la fovéa, les photorécepteurs du centre sont plus directement accessibles car les cellules bipolaires et ganglionnaires sont rejetées sur le côté (ce qui explique la dépression fovéale et le léger bourrelet qui la limite).

Câblage rétinien

Le câblage rétinien désigne la façon dont sont reliées les différentes cellules. Les connexions entre les photorécepteurs, les cellules bipolaires et les cellules ganglionnaires assurent des liaisons d'orientation radiale. Elles sont complétées par des liaisons transversales, dues aux cellules horizontales et amacrines. La caractéristique générale du circuit nerveux de la rétine est d'être convergent. L'information lumineuse répartie sur plus de 125 millions de photorécepteurs est transmise par seulement 1 million d'axones de ganglionnaires (par rétine). Cette convergence n'est pas uniforme sur toute la rétine.

Au centre de la fovéa, où les seuls photorécepteurs sont des cônes (voir p. 128), le câblage est direct. Chaque cône est relié à une propre cellule bipolaire, elle-même reliée à une propre cellule ganglionnaire. Cela constitue autant d'unités visuelles individuelles permettant à chaque cône fovéal de faire parvenir son propre message aux centres supérieurs. L'image projetée sur la fovéa est ainsi décomposée point par point, assurant une remarquable finesse de discrimination. Ces lignes de transmission ne sont cependant pas totalement indépendantes en raison des connexions transversales. Une cellule ganglionnaire connectée à un cône fovéal, peut moduler son activité en fonction de l'activité des cônes voisins (notion de champ récepteur).

En dehors de la fovéa, on observe un câblage convergent. Un groupe de photorécepteurs est connecté à une même bipolaire, plusieurs bipolaires faisant synapse sur une même ganglionnaire. La convergence est d'autant plus importante qu'on s'éloigne de la fovéa. En périphérie, plusieurs centaines de photorécepteurs, à la fois des cônes et des bâtonnets, sont reliés à une même ganglionnaire. Les conséquences sont un gain en sensibilité (dû à une sommation spatiale des activités d'un grand nombre de photorécepteurs) et une perte de la discrimination spatiale. En effet, dans le message émis par une ganglionnaire périphérique, rien n'indique lesquels des photorécepteurs du groupe ont été activés.

En conséquence, la vision fovéale est très détaillée mais nécessite des luminances élevées, car chaque cône doit activer individuellement sa propre ganglionnaire. La vision périphérique est moins précise mais beaucoup plus sensible aux faibles luminances, puisque plusieurs photorécepteurs additionnent leurs contributions pour activer la même ganglionnaire.

LES PHOTORÉCEPTEURS : CÔNES ET BÂTONNETS

Vision photopique et vision scotopique

En plus de leur différence morphologique (forme cylindrique pour les uns et extrémité conique pour les autres), les deux populations de photorécepteurs se distinguent surtout par leur nombre et leur répartition sur la rétine, par la nature et les propriétés des pigments photosensibles qu'ils renferment, et par leurs connexions avec les autres cellules de la rétine. Il en résulte une division fonctionnelle très importante entre un système photopique (du grec *phôtos*, lumière) et un système scotopique (du grec *skotos*, obscurité). Le système photopique, qui n'implique que les cônes, fonctionne à la lumière du jour (ou en présence d'un éclairage artificiel normal). La perception est alors colorée. Il commence à fonctionner pour des luminances aussi faibles que 10^{-3} cd.m^{-2} (seuil photopique). Le système scotopique, qui n'implique que les bâtonnets, fonctionne en faible lumière et ne permet pas d'avoir une perception colorée (« la nuit tous les chats sont gris »). Il entre en jeu dès que les luminances deviennent inférieures à 10 cd.m^{-2}. On est donc amené à distinguer trois domaines de fonctionnement du système visuel, selon les niveaux de luminance : le domaine de la *vision photopique*, ou vision diurne (ou éclairage artificiel), lorsque la luminance est supérieure à 10 cd.m^{-2} et que le système photopique est seul actif ; le domaine de la *vision scotopique*, ou vision nocturne (ou très faible éclairage indirect), lorsque la luminance est inférieure à 10^{-3} cd.m^{-2} et que le système scotopique est seul actif ; le domaine de la *vision mésopique*, ou vision des luminances crépusculaires, lorsque les luminances sont comprises entre ces deux valeurs et que les deux systèmes fonctionnent en même temps. Les performances visuelles restent cependant médiocres, car la luminance est insuffisante pour un fonctionnement convenable des cônes et trop élevée pour un fonctionnement convenable des bâtonnets. On retiendra que le fait de pouvoir discriminer des couleurs est le critère par excellence pour savoir si les cônes sont activés.

Répartition des cônes et des bâtonnets

La rétine de chaque œil comporte environ 6 millions de cônes et 120 millions de bâtonnets. Leur répartition n'est pas homogène. Les cônes sont présents sur toute la rétine, mais beaucoup plus concentrés au niveau de la fovéa. La partie centrale de la fovéa (1° à 2° d'angle visuel) est totalement dépourvue de bâtonnets. Elle ne comporte que des cônes, environ 35 000, ce qui correspond à une densité de 150 000 par mm^2. La densité des cônes décroît très vite en s'écartant de la fovéa et se stabilise à une moyenne de 5 000 cônes par mm^2 pour le reste de la rétine. Ils sont alors espacés les uns des autres et entourés de nombreux bâtonnets. Les bâtonnets sont absents du centre de la fovéa. Leur densité est maximale vers 20° d'excentricité rétinienne (160 000 par mm^2), puis décroît lentement jusqu'à la limite périphérique de la rétine. La figure 35 montre les variations de densité des deux populations de photorécepteurs en fonction du degré d'excentricité rétinienne par rapport à la fovéa.

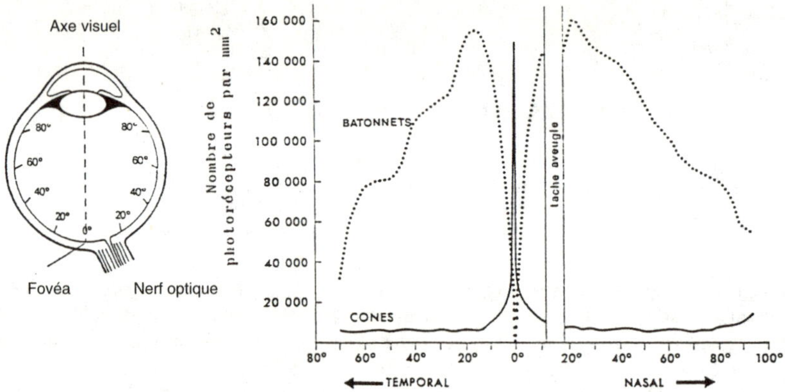

Figure 35

Répartition des cônes et des bâtonnets sur la rétine. L'axe horizontal représente le degré d'excentricité rétinienne par rapport à la fovéa.

Les conséquences fonctionnelles de ces distributions sur notre vision sont importantes. Dans les conditions photopiques, c'est évidemment pour des images sur la fovéa que l'acuité visuelle est maximale. C'est là aussi que les discriminations de couleurs sont les meilleures. Pour les images se formant sur la rétine périphérique, là où les cônes sont espacés, la vision est moins détaillée et les discriminations chromatiques sont peu précises. Dans les conditions scotopiques, le centre de la fovéa est inutile puisque dépourvu de bâtonnets. La vision n'est plus aussi précise, et c'est entre 10° et 20° d'excentricité rétinienne qu'elle est alors la meilleure. On voit donc plus précisément les objets lorsqu'ils sont un peu décalés de l'axe du regard. Ce phénomène est connu depuis longtemps des astronomes qui savent que les étoiles de faible intensité ne peuvent être vues en vision directe. Il faut les regarder légèrement de côté, d'un œil « fourbe » comme disent certains traités d'astronomie.

Structure des cônes et des bâtonnets

Les cônes fovéaux sont fins et allongés (diamètre 1 µm pour 75 µm de long). Ils deviennent de plus en plus trapus et courts vers la périphérie (diamètre 9 µm pour

40 µm de long). Les bâtonnets ont une forme relativement constante sur toute la rétine (diamètre 1 µm pour 60 µm de long). Dans tous les photorécepteurs, on distingue :

– un segment externe, de forme cylindrique ou conique selon le type de récepteurs, dirigé vers l'épithélium pigmentaire. Il contient les pigments photosensibles qui réagissent à la lumière. Le segment externe des bâtonnets est constitué d'un empilement de plusieurs centaines de petits disques contenant chacun quelque 100 000 molécules de pigments visuels. Ces disques se renouvellent sans cesse. Les nouveaux se forment à la base du segment externe, puis sont poussés vers l'extrémité où ils sont isolés et phagocytés par l'épithélium pigmentaire. Le segment externe des cônes ne montre pas de tels disques mais de nombreux replis de la membrane qui renferment les pigments.

– un segment interne qui prolonge le segment externe dont il est séparé par un léger étranglement. Il contient de nombreuses mitochondries, signe d'une activité importante dont la synthèse de certains éléments des pigments visuels.

– un noyau cellulaire, plus ou moins distinct du segment interne.

– un prolongement de type axonal se terminant par un élargissement en forme de pied pour les cônes et de sphérule pour les bâtonnets. C'est là que s'établissent les contacts synaptiques avec les cellules bipolaires et horizontales.

Les pigments visuels

Alors que le terme de « pigment » désigne très généralement toute substance colorée, on réserve les termes de « pigments visuels » (ou « pigments rétiniens ») aux substances photosensibles présentes dans les photorécepteurs et responsables de la transformation de l'énergie lumineuse en message nerveux. Le principe de cette transformation est simple. L'énergie lumineuse apportée sert à décomposer des molécules de pigments visuels. Elle est donc en grande partie absorbée. La décomposition perturbe l'équilibre ionique du photorécepteur, ce qui entraîne l'apparition du potentiel récepteur. Les molécules de pigment décomposées sont recombinées et se trouvent disponibles pour un nouveau cycle de réactions.

Toutes les radiations lumineuses n'ont pas la même efficacité pour décomposer un pigment donné. Cette efficacité s'évalue en mesurant la quantité d'énergie absorbée par le pigment en fonction de la longueur d'onde, c'est-à-dire le spectre d'absorption du pigment. Par d'ingénieuses techniques, on a pu le déterminer assez précisément pour les différents pigments visuels. Ces spectres sont habituellement donnés en valeurs relatives d'absorption par rapport au maximum (fig. 36). Nous verrons qu'ils déterminent en grande partie la variation de notre sensibilité aux différentes longueurs d'onde.

• *Pigment des bâtonnets.* Le pigment visuel des bâtonnets est la rhodopsine. Elle est présente, avec quelques variantes, dans la plupart des rétines du règne animal. Son spectre d'absorption s'étend de 400 à 600 nm avec un maximum vers 500 nm (fig. 36a). Cette longueur d'onde est la mieux absorbée par la rhodopsine, donc la plus efficace.

Depuis les importants travaux de Wald (prix Nobel en 1967), la structure et le cycle de décomposition et de recomposition de la rhodopsine sont bien connus. La rhodopsine est composée d'une grosse protéine, l'opsine, à laquelle est associé un dérivé de la vitamine A, le rétinal. La molécule de rétinal existe sous deux configurations (isomères) : le rétinal-cis, coudé et le rétinal-trans, allongé. C'est sous sa forme coudée

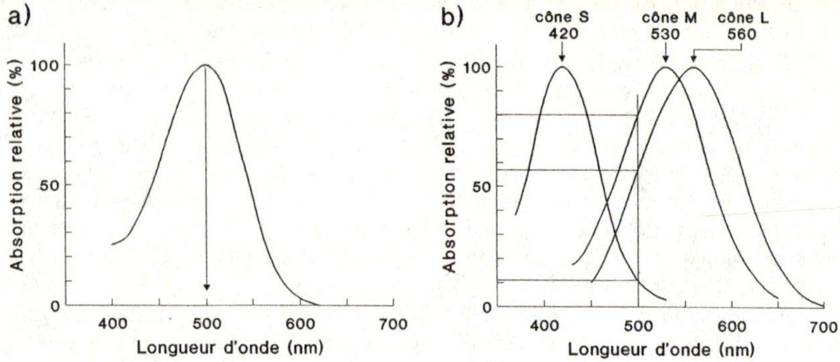

Figure 36

Spectre d'absorption des pigments visuels. Pour chaque courbe, l'absorption du maximum est fixé à 100 %. (a) : spectre de la rhodopsine. (b) : Spectre des trois pigments des cônes, cyanolabe (cône S), chlorolabe (cône M) et érythrolabe (cône L).

qu'il est associé à l'opsine pour former la rhodopsine. L'effet de la lumière est simplement de transformer le rétinal-cis en rétinal-trans. Sous cette forme allongée, les liaisons avec l'opsine sont rompues et le rétinal-trans se détache. La rhodopsine est ainsi décomposée en opsine, d'une part, et rétinal-trans, d'autre part. C'est le début d'une cascade de réactions aboutissant à un potentiel récepteur au sein du bâtonnet. Ce potentiel est graduable et son amplitude est d'autant plus grande que le nombre de molécules de rhodopsine décomposées est élevé. Ensuite, les molécules de rhodopsine se recomposent selon des modalités que nous exposerons à propos de l'adaptation à l'obscurité (voir p. 150).

• *Pigments des cônes*. Nos connaissances sur les pigments des cônes sont beaucoup moins précises. Il existe trois pigments différents : le cyanolabe, le chlorolabe et l'érythrolabe. Ces noms, proposés alors que leur existence était hypothétique, signifient respectivement décomposable par le bleu (*kuanos*, en grec), le vert (*khlôros*) et le rouge (*eruthros*). Chaque cône ne contenant qu'une seule sorte de pigment, on distingue également trois types de cônes, appelés couramment « cônes bleus », « cônes verts » et « cônes rouges ». Cette terminologie est maladroite puisque, rappelons-le, la couleur est une sensation et non un attribut du stimulus. Les spectres d'absorption de ces trois pigments présentent des maximums respectifs vers 420, 530 et 560 nm (fig. 36b), longueurs d'onde qui correspondent respectivement au violet, au vert et au jaune. Selon les méthodes de mesure, les maximums se situent à 435, 535 et 570 nm, ou 419, 531 et 559 nm. Ces courbes montrent que chaque pigment réagit à un intervalle limité de longueurs d'onde qui lui est propre. Il est donc préférable d'utiliser la terminologie anglaise qui distingue les cônes et les pigments par la gamme des longueurs d'onde auxquelles ils sont sensibles, soit les cônes S (*short*), les cônes M (*middle*) et les cônes L (*long wavelength*). On remarquera que les spectres indiquent des valeurs d'absorption relatives à celle du maximum fixé à 100 % pour chaque courbe. Cela masque le fait que les capacités d'absorption du cyanolabe sont en réalité très inférieures à celles des deux autres pigments (en valeur absolue, son spectre serait dix fois moins ample).

La composition exacte de ces trois pigments n'est pas connue. Ils seraient constitués de rétinal associé à des protéines différentes selon le pigment. Ce que l'on sait de l'érythrolabe et du chlorolabe montre qu'ils sont très semblables. De sérieux arguments phylogénétiques suggèrent qu'ils dérivent d'un gène ancestral commun.

L'existence des différents cônes permet de comprendre pourquoi le système photopique peut discriminer les longueurs d'onde et donc assurer une perception colorée. En raison du principe d'univariance (voir p. 61), l'information issue d'un seul photorécepteur est ambiguë. Un changement d'intensité lumineuse, aussi bien qu'un changement de longueur d'onde peuvent conduire à une même activité de ce photorécepteur. Avec plusieurs types de cônes, chacun étant sensible à une région spectrale spécifique, il suffit de disposer d'un système qui compare l'activité des cônes de différents types pour que l'information sur la longueur d'onde soit disponible, quelle que soit l'intensité. Les bâtonnets n'ayant qu'un seul type de pigment, la discrimination des longueurs d'onde est impossible et la vision scotopique ne peut pas être colorée. Soulignons à ce propos que l'on entend dire parfois que les bâtonnets sont insensibles à la couleur ou insensibles à la longueur d'onde. La première formulation est maladroite. Les bâtonnets, comme les cônes, ne peuvent être dits sensibles à la couleur puisque celle-ci est une construction de notre cerveau mettant en jeu tout le système visuel. Les bâtonnets ne permettent pas une telle construction. La seconde formulation est fausse. Les bâtonnets sont sensibles à la longueur d'onde, au même titre que les cônes. Leur activité dépend de la longueur d'onde selon la courbe d'absorption de la rhodopsine. Elle dépend aussi de l'intensité du stimulus. Comme les bâtonnets ne sont pas couplés à un système permettant de différencier, dans cette activité, ce qui est dû à la longueur d'onde de ce qui est dû à l'intensité, l'information de longueur d'onde est perdue. On dira donc que les bâtonnets sont sensibles à la longueur d'onde, mais que celle-ci n'étant pas codée, les variations de longueur d'onde sont perçues comme des variations d'intensité.

LES VOIES VISUELLES

Deux grandes voies anatomiques

Les fibres des nerfs optiques, nous l'avons dit, sont les axones des cellules ganglionnaires. Elles se séparent en deux contingents très inégaux :

– La voie rétino-géniculo-striée. Les axones de la majorité des cellules ganglionnaires (90 %) font relais dans le corps genouillé latéral (CGL, noyau du thalamus). Les axones des neurones du CGL se terminent dans le cortex occipital dans l'aire 17 de Brodmann (appelée aussi « aire striée », ou « visuelle primaire », ou « V1 »), dont les neurones se projettent à leur tour vers les aires 18 et 19 entourant l'aire striée. Cette distinction anatomique traditionnelle correspond mal avec les descriptions fonctionnelles. Suite à de nombreux travaux (il est vrai, chez le singe), les aires 18 et 19 apparaissent composées de plusieurs zones, appelées depuis S. Zeki « les aires V2, V3, V3A, V4 et V5 (ou "MT" pour médio-temporale) », et dont les neurones assurent des traitements très spécifiques (l'aire 17 est dès lors nommée « aire V1 »). Les traitements visuels se poursuivent aussi dans de nombreuses autres aires spécialisées (actuellement près d'une quarantaine) réparties sur tout le cortex occipital, le cortex inféro-temporal, le cortex pariétal et sur les régions frontales. On retiendra que la voie rétino-géniculo-striée est la voie de l'analyse et du traitement des informations visuelles.

– La voie rétino-colliculaire (ou rétino-tectale). Les axones des autres cellules ganglionnaires se terminent dans le colliculus supérieur. Cette voie fait ensuite relais dans le pulvinar et aboutit aux aires 18 et 19. Elle est impliquée dans le repérage des stimuli en mouvement et dans les réflexes d'orientation des yeux et de la tête vers une cible.

Champ visuel

Le champ visuel est l'étendue de l'espace environnant accessible au regard, les deux yeux étant immobiles. Chez l'homme il est largement binoculaire. Seules les parties très latérales de l'espace ne sont vues que par un seul œil, en raison de l'obstacle du nez. Par rapport au plan sagittal médian, la moitié gauche du champ visuel se projette dans l'hémisphère cérébral droit, et réciproquement. Cela résulte de l'inversion optique des images sur la rétine et du croisement de certaines fibres (fig. 37). Les nerfs optiques des deux yeux se rejoignent au niveau du chiasma optique, puis se séparent de nouveau en prenant le nom de « bandelettes » optiques. Un croisement partiel des fibres a lieu au niveau du chiasma. Seules les fibres ayant pour origine les ganglionnaires de l'hémirétine nasale (moitié de rétine la plus proche du nez) croisent la ligne médiane et gagnent le CGL controlatéral. Celles qui proviennent de l'hémirétine temporale (moitié de rétine la plus externe) rejoignent le chiasma mais restent du même côté et

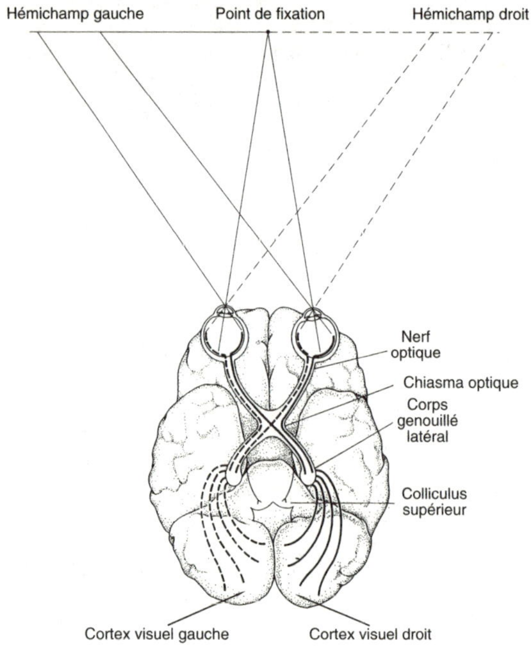

Figure 37
Champ visuel et ses projections sur le cortex.

(*Source :* d'après *Sensation and Perception*, éd. cit., p. 74.)

gagnent le CGL ipsilatéral. Les projections du CGL sur le cortex restent ipsilatérales. Prenons alors l'exemple d'un objet situé dans l'hémichamp visuel gauche. Une image se forme sur l'hémirétine nasale de l'œil gauche et une autre sur l'hémirétine temporale de l'œil droit (inversion optique). Ces deux images sont traitées par le cortex droit. La première, parce que les fibres nasales de l'œil gauche croisent et se projettent sur le CGL droit, et la seconde, parce que les fibres temporales de l'œil droit restent du même côté et se projettent aussi sur le CGL droit. L'intuition populaire, suggérant que chaque hémisphère recevrait les informations de l'œil opposé, est donc complètement erronée. Il faut ajouter que les informations peuvent, au cours de leur traitement, transiter d'un hémisphère à l'autre par le corps calleux qui relie les deux aires 18 (mais pas les deux aires 17). Enfin, indiquons que les fibres véhiculant les informations du centre de la fovéa se répartissent équitablement sur les deux CGL. La partie centrale d'une image fovéale (1° à 2°) se projette donc directement sur les deux hémisphères.

Ces croisements particuliers des voies visuelles expliquent le lien étroit entre la localisation de certaines lésions neurologiques et les déficits visuels associés. Une atteinte du cortex visuel d'un seul côté provoque une perte de la vision de l'hémichamp visuel opposé (hémianopsie homonyme). Une lésion au niveau du chiasma comprimant les fibres croisées provoque une perte de l'hémichamp gauche pour l'œil gauche et de l'hémichamp droit pour l'œil droit (hémianopsie bitemporale).

EN RÉSUMÉ

Grâce aux propriétés optiques du globe oculaire, les images des objets et des scènes de notre environnement se forment sans cesse sur le tissu nerveux tapissant le fond de l'œil, la rétine. Elle est constituée des cellules réceptrices de la vision, appelées photorécepteurs, et de différentes catégories de neurones, en particulier les cellules ganglionnaires dont les axones constituent le nerf optique. L'image rétinienne est assimilable à une distribution spatiale d'énergie lumineuse répartie sur la mosaïque des photorécepteurs. Des défauts optiques du globe oculaire entraînent des images floues nécessitant le port de verres correcteurs.

Une stimulation lumineuse se mesure par la quantité de lumière (luminance moyenne en $cd.m^{-2}$), sa composition en longueurs d'onde (λ, en nm), sa taille (en degré d'angle visuel) et son contraste de luminance (en %) si elle n'est pas homogène. Pour une stimulation colorée, on considère aussi la longueur d'onde dominante et son facteur de pureté colorimétrique.

Les photorécepteurs sont de deux types, les cônes et les bâtonnets, chacun étant à l'origine d'un système visuel spécifique. Le système scotopique met en jeu les bâtonnets et assure la vision nocturne, celle des faibles luminances (inférieures à 10^{-3} $cd.m^{-2}$). Le système photopique met en jeu les cônes et assure la vision diurne, celle des luminances élevées (supérieures à 10 $cd.m^{-2}$). Pour les luminances comprises entre ces deux valeurs, les deux systèmes fonctionnent en même temps. Anatomiquement, ces deux systèmes sont imbriqués, mais ils diffèrent par leurs caractéristiques fonctionnelles. Seul le système photopique nous permet de construire des sensations colorées. Il est présent sur toute la rétine, mais son efficacité est maximale à la fovéa (partie centrale de la rétine dans l'axe du regard), là où la vision est la plus détaillée en raison d'un câblage direct des cônes fovéaux vers le cortex. Le câblage périphérique est au contraire très convergent. Les bâtonnets sont absents au centre de la fovéa. La vision scotopique est moins précise et n'est pas colorée.

Les photorécepteurs réagissent à la lumière, car ils contiennent des molécules de pigments visuels qui, en absorbant l'énergie lumineuse, sont décomposées par celle-ci. C'est le départ d'une réaction biochimique conduisant au potentiel de récepteur. Plus la quantité de pigments décomposés est grande, plus le potentiel récepteur est important. Les molécules peuvent se reconstituer et être de nouveau disponibles.

Chaque photorécepteur contient une seule sorte de pigment visuel. Le pigment des bâtonnets s'appelle la rhodopsine, décomposable par les longueurs d'onde comprises entre 400 nm et 600 nm. En raison du principe de l'univariance des neurones, ce système ne permet pas la discrimination des longueurs d'onde. Il existe trois pigments différents pour les cônes : l'érythrolabe, le chlorolabe et le cyanolabe, sensibles respectivement aux grandes, moyennes et courtes longueurs d'onde. Chaque cône ne contenant que l'un de ces pigments, il existe aussi trois sortes de cônes appelés maladroitement « cônes rouges », « cônes verts » et « cônes bleus » ou mieux « cônes L » (*long*), « cônes M » (*middle*) et « cônes S » (*short wavelength*). La discrimination des longueurs d'onde est alors possible, car un système supplémentaire permet de comparer l'activité des trois sortes de cônes.

Les potentiels récepteurs se transmettent jusqu'aux ganglionnaires qui sont les sites générateurs. Leurs axones regroupés (nerf optique) font relais dans le CGL sur d'autres neurones qui se projettent sur le cortex visuel. En raison d'un croisement partiel des fibres au niveau du chiasma optique, l'hémichamp visuel droit se projette sur le cortex gauche et réciproquement. La fovéa seule se projette sur les deux hémisphères. Le cortex visuel est constitué de plusieurs aires (V1, V2, V3, V4 et V5), mais de nombreuses aires temporales, pariétales et aussi frontales sont aussi impliquées dans la perception visuelle.

Les traitements des informations visuelles commencent dès le niveau de la rétine et se poursuivent dans le CGL et dans les aires corticales. À tous ces niveaux, des neurones codent des aspects de plus en plus spécifiques du stimulus, comme nous allons le voir maintenant.

LE CODAGE DE LA STIMULATION VISUELLE

La question centrale du codage de l'information est de déterminer la nature de l'information transportée par les différents neurones du système visuel. Une démarche fructueuse consiste à analyser leurs réponses à des stimulations dont on modifie les caractéristiques. Les résultats expérimentaux sont innombrables, et il est hors de propos d'en faire une fastidieuse description, d'autant qu'ils sont obtenus chez l'animal et qu'il faut être très prudent dans les extrapolations à l'homme. Nous nous limitons dans cette partie aux principes de base du codage visuel. Lors de l'étude des phénomènes perceptifs, nous reviendrons sur ceux qui apportent des arguments d'interprétation convaincants. Nous commencerons par quelques précisions concernant le champ récepteur, notion fondamentale sur laquelle s'appuient beaucoup de nos connaissances dans ce domaine. Les principaux codages sont ensuite décrits, niveau par niveau, et les notions à retenir sont résumées à la fin.

CHAMP RÉCEPTEUR DES CELLULES VISUELLES

La notion de champ récepteur a été détaillée au chapitre 3 (voir p. 53 et 56). Rappelons le principe de la mesure (fig. 38a). Une microélectrode introduite dans un neurone visuel (cellule ganglionnaire ou son axone, neurone du CGL, neurone cortical) permet d'enregistrer les potentiels d'action émis par ce neurone. On peut alors suivre la réponse de cette cellule à différentes stimulations lumineuses apparaissant sur un écran placé devant l'œil de l'animal. Comme on ignore la localisation rétinienne du champ récepteur du neurone enregistré, il faut avant tout rechercher en tâtonnant la position du stimulus qui provoque une réponse. On peut ensuite délimiter le champ récepteur de ce neurone et déterminer les stimulations auxquelles il est le plus sensible. Théoriquement, le champ récepteur est la région de la rétine où doit apparaître le stimulus pour modifier l'activité de la cellule. Dans la pratique, c'est sur l'écran de stimulation que l'on détermine la région de l'espace visuel qui correspond optiquement au champ récepteur. On veillera à ne pas confondre le terme « champ récepteur » d'une cellule avec le terme « champ visuel » qui est la totalité de l'espace vu par les deux yeux.

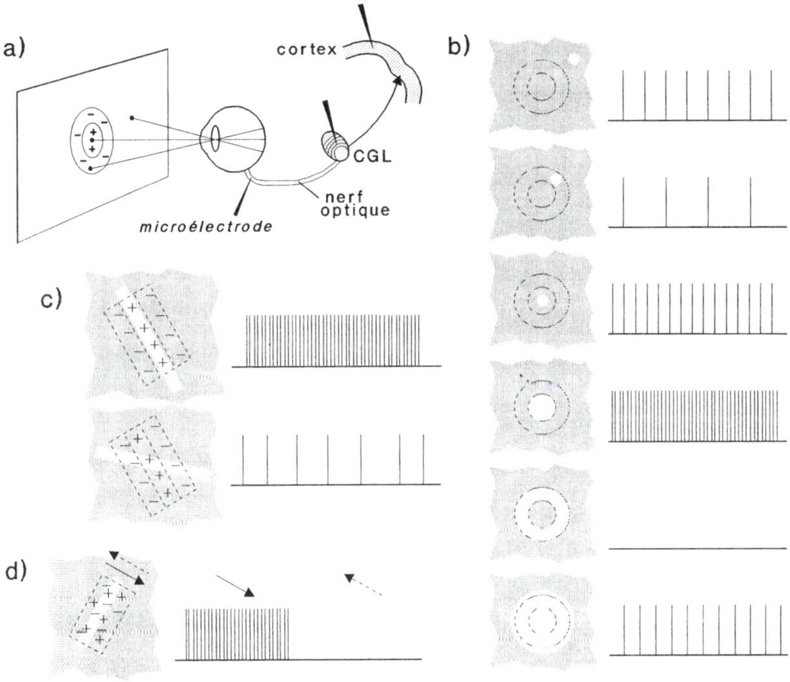

Figure 38

Champ récepteur des cellules visuelles. (a) : Principe de l'expérience. On notera que la microélectrode peut être introduite dans différentes structures du système visuel. (b) : Réponse d'une cellule ganglionnaire à centre *ON* pour différentes stimulations de son champ récepteur. (c) : Réponse d'une cellule simple du cortex visuel. (d) : Réponse d'une cellule complexe du cortex visuel. Pour ces trois derniers schémas, la partie gauche, grisée montre la région rétinienne sur laquelle le contour du champ récepteur est représenté en pointillé. Le stimulus lumineux (point ou barre) est représenté en blanc. La réponse de la cellule est indiquée à droite par la répartition temporelle des PA.

Tous les photorécepteurs constituant le champ récepteur d'un neurone sont connectés à ce neurone par des circuits qui peuvent être longs et complexes, car composés de nombreuses cellules et transmissions synaptiques. Il en résulte les propriétés suivantes, qu'on s'assurera de bien comprendre :

– Le champ récepteur d'un neurone visuel n'est pas nécessairement uniforme. Le plus souvent, il est constitué de plusieurs régions de photorécepteurs adjacentes, dont les effets sur le neurone s'opposent. La stimulation d'une région active le neurone, alors que celle d'une autre région l'inhibe.

– Les champs récepteurs de différents neurones ne sont pas forcément disjoints. Ils peuvent se chevaucher plus ou moins largement. En effet, un même photorécepteur étant connecté à de nombreuses cellules, il appartient évidemment au champ récepteur de chacune d'elles. Ces champs ont donc, au moins, ce photorécepteur en commun.

– Un même photorécepteur peut avoir un effet activateur sur un neurone visuel et un effet inhibiteur sur un neurone voisin (selon la nature des synapses assurant les connexions). Il appartient alors à la région activatrice du champ récepteur du premier et à la région inhibitrice du champ récepteur du second.

NIVEAU RÉTINIEN

Transduction des photorécepteurs

À l'obscurité, tous les photorécepteurs de vertébrés ont un potentiel de repos faible, de –20 à –30 mV, bien inférieur à la valeur classique des autres cellules. Il est dû à un courant entrant d'ions Na^+ dans le segment externe. Les photorécepteurs sont donc dépolarisés au repos. En réponse à un stimulus lumineux, le potentiel de récepteur qui se développe est toujours une hyperpolarisation qui résulte d'un blocage du courant entrant par fermeture des canaux Na^+. Elle est graduable, son amplitude dépendant de l'intensité du stimulus.

Cette situation est curieuse, puisque c'est à l'obscurité que les photorécepteurs sécrètent en permanence leur neurotransmetteur (qu'on pense être l'aspartate). Sous l'effet d'une stimulation lumineuse, la sécrétion est bloquée et la transmission synaptique s'arrête. C'est l'inverse du fonctionnement qu'on imagine habituellement.

Cellules bipolaires

Fonctionnellement, on distingue deux sortes de bipolaires selon leur réponse à la lumière :

– Les bipolaires *ON*, activées par la lumière. Pour ces cellules, la synapse photorécepteur-bipolaire est de nature inhibitrice, c'est-à-dire qu'à l'obscurité le neurotransmetteur hyperpolarise la bipolaire. La stimulation du photorécepteur provoque une activation de la bipolaire par arrêt de l'inhibition.

– Les bipolaires *OFF*, inhibées par la lumière. Pour ces cellules, la synapse photorécepteur-bipolaire est de nature activatrice, c'est-à-dire qu'elle dépolarise la bipolaire à l'obscurité. La stimulation du photorécepteur provoque une inhibition de la bipolaire par arrêt de l'activation.

Chaque photorécepteur est systématiquement connecté aux deux types de bipolaires. C'est une première étape très importante du traitement de l'information lumineuse, puisque la présence et l'absence de lumière sont codées dans deux systèmes séparés, le système clair (*brightness system*) et le système sombre (*darkness system*). La classification précise des bipolaires est délicate. Certaines sont reliées à la fois à de nombreux bâtonnets et à des cônes, d'autres ne sont reliées qu'à plusieurs cônes, et d'autres, à la fovéa, sont connectées à un seul cône.

Cellules ganglionnaires

Les ganglionnaires sont les cellules qui génèrent le message nerveux sous forme de potentiels d'action (PA). Comme elles émettent en permanence des PA même à l'obscurité (activité spontanée), l'information transmise se traduit par des modifications de cette activité, donc une augmentation ou une diminution de la cadence des PA. Les différents traitements réalisés au niveau des ganglionnaires concernent le codage des contrastes spatiaux et temporels de luminance et le codage de la longueur d'onde. Ces conclusions résultent de nombreuses études des champs récepteurs des cellules ganglionnaires réalisées sur l'animal, en particulier le chat et diverses espèces de singes.

Toutes les cellules ganglionnaires ont des champs récepteurs circulaires qui présentent généralement deux régions concentriques aux comportements antagonistes : l'une est activatrice pour la cellule et l'autre est inhibitrice.

• *Codage du contraste de luminance*. La moitié des ganglionnaires ont un champ récepteur à centre activateur (cellules à centre *ON*) et l'autre moitié à centre inhibiteur (centre *OFF*). La figure 38b schématise les variations d'activité d'une cellule à centre *ON* pour différents stimuli. Un spot situé en dehors du champ récepteur est sans effet (activité spontanée). Projeté sur le pourtour, il inhibe la cellule, alors qu'au centre il l'active. Si le diamètre du spot augmente et couvre exactement la totalité du centre, l'activité est maximale. À l'inverse, elle est minimale pour un anneau de lumière couvrant exactement tout le pourtour du champ. Un stimulus diffus sur tout le champ est sans effet (en réalité l'activité du centre domine légèrement, d'où une faible réponse d'activation pour une cellule à centre *ON* et d'inhibition pour une cellule à centre *OFF*). Lorsque la luminance est faible, l'opposition centre-pourtour devient négligeable et c'est toujours l'effet de la seule partie centrale qui se manifeste (conditions scotopiques).

Les cellules ganglionnaires se présentent donc comme de véritables détecteurs de contraste et non comme des indicateurs du niveau moyen de luminance. L'activité maximale d'une ganglionnaire à centre *ON* est obtenue avec une tache lumineuse couvrant exactement le centre de son champ récepteur, le pourtour étant à l'obscurité ; celle d'une ganglionnaire à centre *OFF* est obtenue avec une tache noire couvrant exactement le centre de son champ récepteur et de la lumière sur son pourtour. On a exprimé parfois cette dualité en parlant de « récepteurs de lumière » et de « récepteurs d'obscurité », ce qui correspond à la distinction entre système clair et système sombre.

Un point essentiel à retenir est que chaque ganglionnaire est spécifique d'une taille particulière de stimulus, celle du centre de son champ récepteur. En variant progressivement la largeur d'un stimulus (qu'il soit ou non circulaire, une barre d'orientation quelconque convenant tout aussi bien), la réponse de la cellule passe par un maximum lorsque la largeur du stimulus coïncide avec le centre du champ. On dit que la cellule est « accordée sur une taille spécifique » ou, mieux, « sur une fréquence spatiale spécifique ». Selon les ganglionnaires la taille du centre du champ récepteur varie d'une fraction de degré à quelques degrés.

• *Codage temporel.* Selon la façon dont les cellules ganglionnaires répondent aux aspects temporels de la stimulation, on distingue des cellules de type X, au comportement tonique, et des cellules de types Y, au comportement phasique. Les premières maintiennent leur réponse tant que dure la stimulation, alors que les secondes ne répondent qu'aux variations du stimulus (voir p. 60). Elles se distinguent aussi par d'autres propriétés. Les cellules de type X ont un champ récepteur petit, une vitesse de conduction lente, et elles sont plus concentrées dans la région centrale de la rétine. Elles semblent adaptées à l'analyse des fins détails d'une image stationnaire en position centrale. Au contraire, le centre du champ récepteur des cellules de type Y est large et le pourtour antagoniste est peu marqué. Elles sont présentes sur toute la rétine et leur vitesse de conduction est élevée. Elles semblent adaptées à la détection des cibles apparaissant ou se déplaçant dans notre champ visuel.

• *Codage de la longueur d'onde.* En plus du codage du contraste de luminance, de nombreuses ganglionnaires présentent un codage du contraste chromatique. Il résulte d'un mécanisme d'opposition centre-pourtour de leur champ récepteur vis-à-vis de la longueur d'onde. Par exemple, une cellule est activée par les grandes longueurs d'onde («rouge») stimulant le centre de son champ récepteur, et elle est inhibée par les moyennes longueurs d'onde («vert») stimulant son pourtour. Cela résulte de connexions spécifiques avec certains types de cônes de son champ récepteur. Différentes combinaisons de longueurs d'onde ont été observées. Environ 70 % des ganglionnaires sont de telles cellules à opposition chromatique. De petite taille, elles sont appelées ganglionnaires P (parvo). Leur champ récepteur est petit (de 0,1 ° à 0,5°) et elles ont un fonctionnement de type X.

Les 30 % restants sont des cellules à large bande spectrale, où l'antagonisme centre-pourtour ne dépend pas de la longueur d'onde. Elles sont dites aussi achromatiques. Ce sont de grosses cellules, appelées «ganglionnaires M» (magno), au champ récepteur large (de 0,5° à 3°) et au fonctionnement soit de type X, soit de type Y.

Toutes les distinctions que nous venons de voir se superposant, la classification des ganglionnaires est fort complexe. Si l'on privilégie l'aspect morphologique, la distinction s'établit entre des petites cellules P et des grosses cellules M. Si l'on s'intéresse à l'aspect fonctionnel, on est amené à considérer trois distinctions : système clair (centre *ON*)/système sombre (centre *OFF*), système tonique (type X)/système phasique (type Y), système chromatique/système achromatique.

En conclusion, le message nerveux qui emprunte le nerf optique n'est pas une simple réplique, sous forme de potentiels d'action, de la distribution de la luminance constituant l'image rétinienne. Les divers traitements assurés par les cellules ganglionnaires l'ont transformé en un message codant les contrastes de luminance (autour du niveau moyen de luminance), les longueurs d'onde et les aspects temporels de la stimulation.

CORPS GENOUILLÉ LATÉRAL

Anatomiquement, le CGL, de la taille d'une petite cacahouète, est formé de six couches de cellules très visibles sur une coupe transversale. Les deux plus ventrales (1 et 2) sont dites «couches magnocellulaires», car formées de grosses cellules. Elles reçoivent les afférences des ganglionnaires M. Les quatre couches dorsales (3 à 6) constituées de petites cellules sont dites « parvocellulaires ». Elles reçoivent les afférences des ganglionnaires P. Nous avons vu que chaque CGL est concerné par la partie centrale du champ visuel et par l'hémichamp controlatéral, et qu'il reçoit des afférences des deux yeux. Les couches 1, 4 et 6 sont reliées à l'œil controlatéral et les couches 2, 3 et 5 à l'œil ipsilatéral. Chaque couche est une projection ordonnée, comme une carte topographique, de l'hémirétine à laquelle elle est connectée. Ainsi, le champ visuel est représenté par six cartes topographiques disposées en registre dans les six couches du CGL. Une telle projection des afférences rétiniennes est dite « rétinotopique », propriété qui se maintient dans les premières aires corticales.

La structure fonctionnelle du CGL est déterminée à partir des propriétés de ses neurones. Comme pour les cellules ganglionnaires, tous les neurones du CGL ont des champs récepteurs circulaires avec, pour la plupart, deux régions concentriques à effets antagonistes.

Les couches parvocellulaires sont composées à 90 % de cellules à opposition chromatique (avec quelques variantes par rapport aux ganglionnaires), à champ récepteur petit. Leur réponse est de type tonique. Insensibles aux faibles contrastes de luminance, leur activité augmente progressivement avec le contraste jusqu'à des niveaux de contrastes très élevés. Les autres 10 % sont des cellules achromatiques, sensibles aux seules variations de luminance sans discrimination des longueurs d'onde.

Les couches magnocellulaires ne sont composées que de cellules achromatiques. Leur champ récepteur est grand et augmente avec l'excentricité rétinienne. Leur réponse est de type phasique. Sensible aux très faibles contrastes de luminance, leur activité sature pour des contrastes d'environ 10 à 15 %.

Il faut donc distinguer deux systèmes séparés de traitement du message visuel : les informations véhiculées par le système parvocellulaire concernent la discrimination des longueurs d'onde et des détails, mais pour des contrastes élevés et des stimuli stationnaires ; celles du système magnocellulaire concernent la détection beaucoup moins détaillée des faibles contrastes et des variations temporelles du stimulus, sans discrimination des longueurs d'onde (le système magnocellulaire est dit « aveugle à la couleur »). Ces deux systèmes ont des projections séparées sur le cortex.

CORTEX VISUEL

Notre connaissance du cortex visuel a considérablement progressé grâce aux travaux de D. Hubel et T. Wiesel (prix Nobel en 1981) et aux nombreuses études qu'ils ont suscitées. Nous décrirons les différents types de cellules présentes avant d'aborder la structure fonctionnelle du cortex visuel.

Les différentes cellules

Au niveau du cortex, beaucoup de cellules possèdent un champ récepteur circulaire avec des régions antagonistes plus ou moins marquées. Par exemple, on a observé des cellules avec un champ récepteur de grand diamètre (4°), mais qui ne répondent qu'à de petits stimuli (0,5°) arrivant n'importe où dans ce champ récepteur. La majorité des cellules corticales à champ circulaire codent les longueurs d'onde, certaines présentant des antagonismes chromatiques encore plus spécifiques que ceux des cellules du CGL.

La nouveauté au niveau cortical est la présence de nombreuses cellules dont les champs récepteurs ont des contours rectilignes, plus ou moins allongés. Ces cellules répondent donc préférentiellement à des stimuli dont l'orientation coïncide avec celle de leur champ récepteur. On en distingue actuellement deux grands types :

– Les cellules simples. Leur champ récepteur orienté est composé d'une région centrale limitée de chaque côté par une région antagoniste (fig. 38c, p. 132). La réponse maximale est obtenue pour un stimulus couvrant la seule région centrale, donc une barre de largeur donnée et d'orientation adéquate. Pour toute autre orientation ou toute autre largeur, la réponse diminue et même s'annule lorsque la barre est perpendiculaire à l'orientation préférentielle. Ces cellules sont donc des détecteurs d'orientation accordés sur une largeur donnée (alors que les cellules à champ circulaire ne sont accordées qu'à la largeur de stimulus et ne sont évidemment pas sélectives à l'orientation). On a également observé des cellules simples qui ne sont sensibles qu'à certaines longueurs d'onde du stimulus, leur champ récepteur orienté présentant une opposition chromatique. Elles se comportent donc comme des détecteurs d'orientations colorées.

– Les cellules complexes. Leur champ récepteur est orienté mais il ne présente pas de régions antagonistes séparées (fig. 38d). Les effets inhibiteurs et activateurs sont répartis en se chevauchant sur tout le champ récepteur. Ces cellules ne répondent pas à un stimulus stationnaire, mais aux barres orientées qui traversent leur champ récepteur. La réponse maximale est obtenue pour une barre de bonne orientation traversant le champ récepteur perpendiculairement à l'orientation de la barre et dans un sens donné. L'activité s'annule pour un déplacement en sens inverse. Ce sont donc des détecteurs de mouvement, sensibles à la direction et au sens du mouvement.

Initialement, Hubel et Wiesel avaient décrit une troisième catégorie de cellules qu'ils appelèrent « hypercomplexes ». Ils s'agissait de détecteurs de mouvements sensibles en plus à la longueur du stimulus, leur activité s'annulant quand la barre est trop longue et dépasse du champ récepteur. Ce comportement est dû au fait que la région rétinienne entourant le champ récepteur exerce une action inhibitrice complémentaire, alors qu'en soi elle n'influence pas la cellule. En réalité, cette propriété d'hypercomplexité concerne aussi bien les cellules simples que les cellules complexes. Aujourd'hui les cellules possédant cette propriété sont appelées des « détecteurs de terminaisons » (*end-stopped cells*, en anglais) ou encore « cellules hypercomplexes de type I », s'il s'agit de cellules simples, et « cellules complexes à terminaison ou cellules hypercomplexes de type II », s'il s'agit de cellules complexes.

Les cellules simples et complexes peuvent être strictement monoculaires (connectées à un seuil œil), préférentiellement monoculaires (répondant mieux à la stimulation de l'un des deux yeux) ou binoculaires. Ces dernières ne répondent qu'à une stimulation simultanée des deux yeux, avec une activité maximale pour des positions très précises sur la rétine de chaque œil. Elles seraient impliquées dans la vision stéréoscopique.

Structure et organisation du cortex visuel

• *Propriétés générales*. Certaines aires visuelles présentent une organisation rétinotopique remarquable. Les informations sont distribuées en respectant la position relative de leur origine rétinienne. Deux groupes adjacents de neurones corticaux traitent deux points adjacents de la rétine. Cette représentation point par point est particulièrement précise et détaillée dans l'aire 17, avec une sur-représentation de la fovéa qui occupe à elle seule toute l'extrémité du cortex occipital. La rétinotopie est aussi très marquée au niveau de l'aire V2. Elle s'atténue progressivement dans les aires ultérieures où chaque neurone traite une région rétinienne de plus en plus vaste, mais pour un traitement de plus en plus spécifique. Alors que les neurones de V1 et de V2 ont de petits champs récepteurs permettant un fin découpage du champ visuel, on observe une augmentation importante de la taille des champs récepteurs des neurones des autres aires. Par exemple, on peut trouver en V1 un neurone qui réponde à tout mouvement traversant dans le bon sens son petit champ récepteur de 0,2°, et en V5 un neurone qui réponde spécifiquement à un mouvement de rotation dans le sens des aiguilles d'une montre apparaissant n'importe où dans son champ récepteur d'une étendue d'un quart de quadrant rétinien. Cette propriété est assez générale : plus le stimulus auquel un neurone est sensible est spécifique, moins sa localisation est critique.

Anatomiquement, le cortex est formé de plusieurs couches de cellules (parallèles à la surface), numérotées de 1 à 6 à partir de la surface. La couche 4 se subdivise en plusieurs sous-couches. Une couche peut être constituée de neurones possédant une même spécialité fonctionnelle, mais ce n'est pas le cas général. Le plus souvent, les neurones qui partagent une même propriété de traitement sont plutôt ordonnés les uns sous les autres, en colonnes ou en bandes perpendiculaires à la surface.

• *Ségrégation des traitements*. Fonctionnellement, le cortex est organisé en unités de traitement spécialisées pour différents attributs du stimulus visuel (fig. 39a). Ainsi, l'aire V5 est spécialisée dans la perception du mouvement, l'aire V4 dans la perception de la couleur et l'aire V3 dans la perception des formes. Cette ségrégation des traitements ou spécialisation fonctionnelle du cortex visuel a été proposée par S. Zeki qui montra, dans les années 70, que les neurones de ces aires ne sont activés que par des stimuli très spécifiques. Les neurones de V5 répondent aux stimuli en mouvement, mais sont insensibles à leur longueur d'onde. Les neurones de V4 répondent à des stimuli de longueurs d'onde bien particulières, orientés ou non selon les cas. Les neurones de V3 répondent à des barres orientées, fixes ou en mouvement selon les cas. Depuis, ces spécialisations ont été confirmées chez l'homme grâce aux nouvelles techniques sophistiquées d'imagerie médicale.

Une telle ségrégation des traitements est apparente dès les aires V1 et V2, mais elle concerne alors certaines couches, ou certaines bandes ou colonnes de neurones.

Dans l'aire V1, la couche 4B est composée d'une majorité de cellules complexes, et aussi de cellules simples souvent binoculaires. Elle semble donc spécialisée dans les traitements du mouvement et de la vision stéréoscopique. Les cellules de la couche 4C reçoivent les afférences du CGL et ont des champs circulaires. Les couches 2 et 3 sont parsemées de nombreux amas de cellules à champ récepteur circulaire chromatique. Ces amas forment des colonnes renflées et sont aussi appelés « taches » (ou *blobs*), car c'est ainsi qu'ils apparaissent sur des coupes colorées parallèles à la surface du cortex. Des cellules simples remplissent les espaces entre les amas. Les couches 5 et 6 présentent la même organisation, mais beaucoup moins marquée. Compte tenu des propriétés de leurs neurones respectifs, les amas sont spécialisés dans le traitement de la couleur, et les espaces interamas dans celui des orientations et des formes.

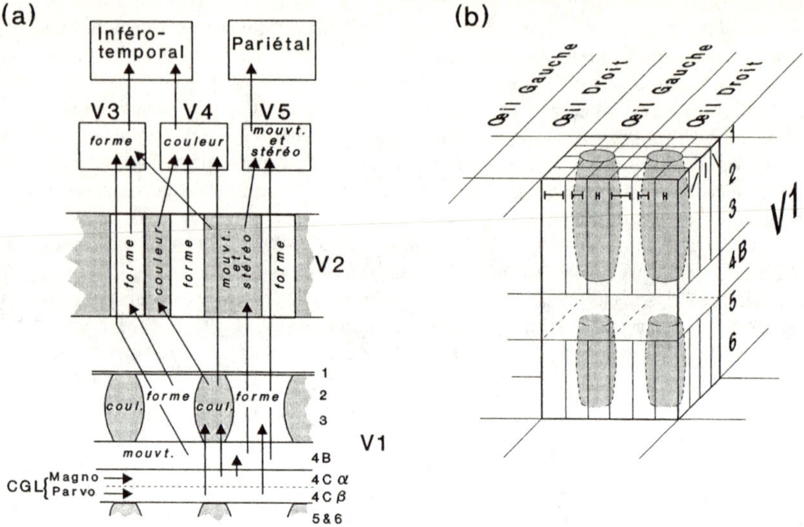

Figure 39

Organisation fonctionnelle du cortex visuel. (a) : Ségrégation des traitements dans les aires impliquées dans la vision. (b) : Schéma d'une hypercolonne selon le modèle de Hubel et Wiesel.

L'aire V2 est constituée d'une alternance de bandes, mises en évidence par des techniques de coloration. Orientées perpendiculairement à la surface du cortex, elles se présentent comme une succession de bandes larges et de bandes minces, séparées par des bandes pâles non colorées. Les bandes larges sont spécialisées dans les traitements du mouvement et de la vision stéréoscopique, les bandes minces dans le traitement de la couleur, et les interbandes pâles dans le traitement des formes.

Les deux systèmes, magno et parvocellulaire, observés au niveau du CGL se projettent respectivement dans les couches 4Cα et 4Cß. Les neurones de ces couches répartissent les informations dans des régions spécifiques des aires V1 et V2 qui analysent séparément les divers attributs de la stimulation. La ségrégation des traitements s'affirme dans les aires spécialisées V3, V4 et V5. Cela amène à considérer plusieurs systèmes de traitement des caractéristiques de l'image, fonctionnant en parallèle (fig. 39a) : le système du mouvement et de la vision stéréoscopique, le système de la couleur, et le système des formes. Les informations traitées par le système du mouvement empruntent les voies magnocellulaires, la couche 4B, puis l'aire V5 directement ou via les bandes larges de V2. Les informations traitées par le système de la couleur empruntent les voies parvocellulaires, les amas de V1, puis l'aire V4 directement ou via les bandes minces de V2. L'aire V4 reçoit aussi des informations des interbandes de V2. Le système des formes est plus discuté. Il reçoit ses signaux des voies parvocellulaires relayant dans les interamas de V1 et les interbandes de V2, mais aussi des voies magnocellulaires après relais en 4B et éventuellement dans les bandes larges de V2. Il traiterait donc aussi les formes en mouvement. Les formes colorées seraient traitées en V4.

LE MODÈLE DES HYPERCOLONNES

Une organisation détaillée de l'aire V1 a été proposée par Hubel et Wiesel. Chaque point de la rétine serait analysé par un module de traitement (fig. 39b). D'une section d'environ 1 × 1 mm, le module est formé par la juxtaposition de deux blocs de colonnes élémentaires sur l'épaisseur du cortex. Une colonne est constituée des cellules spécifiques d'une même orientation de largeur donnée (dite « colonne d'orientation »). Entre deux colonnes contiguës, c'est soit l'orientation préférentielle qui change (déplacement en profondeur sur la figure), soit la largeur préférentielle qui change (déplacement latéral sur la figure). Ainsi, avec un nombre limité de colonnes, toutes les orientations et toutes les largeurs sont détectables (la figure ne représente que 12 colonnes d'orientation par bloc). Au centre se situe un amas discriminant les longueurs d'onde et, en 4B, les cellules détectant le mouvement. Un tel bloc réalise donc tous les traitements possibles pour un point de la rétine d'un œil. Il est adjacent à un bloc semblable effectuant le même traitement pour le point correspondant de la rétine de l'autre œil. Hubel et Wiesel ont appelé une « hypercolonne » l'association des deux blocs et ont proposé que l'aire V1 soit constituée de centaines d'hypercolonnes analysant tout le champ visuel. Des hypercolonnes adjacentes traitent des points adjacents des rétines (ou de l'espace visuel correspondant). C'est un modèle superbe, d'une grande valeur heuristique, mais qui, comme tout modèle, est à considérer avec une certaine souplesse. Les données expérimentales incontestables concernent l'existence des colonnes d'orientation, de l'alternance entre les yeux qui déterminent des bandes de dominance oculaire (ou colonnes de dominance oculaire) et la rétinotopie. La réalité de l'assemblage n'a cependant pas la rigidité suggérée.

Cette ségrégation des traitements permet d'expliquer certaines agnosies visuelles, jusque-là bien mystérieuses. L'achromatopsie est une perte de la vision des couleurs, la perception des autres attributs de l'image étant intacte. Elle est due à une lésion de l'aire V4. Si la lésion est unilatérale, le déficit des couleurs ne concerne que le demi-champ visuel controlatéral (hémiachromatopsie). L'akinétopsie est une incapacité à détecter le mouvement, à percevoir les objets qui se déplacent. Le patient voit les objets sauter brutalement de place en place, disparaître d'un endroit pour réapparaître à un autre. Elle est attribuée à une atteinte bilatérale des aires V5.

Au-delà des aires spécialisées, les traitements se poursuivent dans deux régions corticales distinctes. D'abord dans des aires du cortex inféro-temporal pour tout ce qui concerne l'analyse des scènes visuelles, la reconnaissance des objets et leur identification. Ces aires sont en relation avec les circuits de la mémoire et les centres du langage. En raison de son rôle analyseur, ce système occipito-temporal est couramment appelé le « système quoi ». Ensuite, dans les aires pariétales pour ce qui est de la localisation dans l'espace et des relations spatiales entre les objets. Ce système localisateur occipito-pariétal est couramment appelé le « système où ».

• *Perception unifiée*. En réalité les connexions sont beaucoup plus nombreuses que celles qui apparaissent à la figure 38a. Non seulement elles sont toutes réciproques, mais encore toutes les aires spécialisées sont interconnectées. C'est à la présence et à la complexité de ce réseau que nous devons une perception unifiée de l'environnement. Tous les différents traitements perceptifs, l'identification, la localisation et l'interprétation, ont lieu simultanément et en parallèle. Il faut bien que les systèmes soient reliés pour que ce rouge, ces lignes horizontales allongées, ces verticales, ces deux cercles et ce mouvement soient une Ferrari Testa Rossa passant devant nous! Il faut se rappeler que seules les aires V1 et V2 ont une topographie précise de l'espace visuel et, qu'en conséquence, les formes, mouvements et couleurs traités séparément ne peuvent être associés convenablement au même objet que si cette information topographique est disponible en permanence. La synchronisation entre les activités de tous les neurones traitant les différents attributs d'un même objet (dans V1, V2 et les autres) pourrait être la clef de l'unification de la perception. Ce qui est sûr, c'est qu'il n'y a pas de structure intégrative de niveau supérieur rassemblant successivement toutes les informations, comme cela a pu être supposé dans le passé.

CE QU'IL FAUT RETENIR

Le traitement des images rétiniennes est effectué par les différentes cellules du système visuel. Chaque cellule réagit plus spécifiquement à certaines propriétés ou à certains attributs élémentaires du stimulus : sa position, sa taille, sa longueur d'onde, sa luminance, son contraste, son orientation, le sens de son déplacement, sa vitesse... Une cellule est alors considérée comme un détecteur de cet attribut. Elle est d'autant plus active que le stimulus présenté possède cet attribut ou cette propriété. Pour trouver le stimulus le plus efficace, on détermine précisément la localisation rétinienne, la taille et la structure du champ récepteur de la cellule (la petite surface de la rétine à laquelle cette cellule est reliée). Dans la majorité des cas, les champs récepteurs sont formés de zones antagonistes qui, respectivement, activent et inhibent la cellule. Le meilleur stimulus doit donc être structuré spatialement pour être en coïncidence avec ces différentes zones.

De ce point de vue fonctionnel, on distingue :

– 1. Les cellules à champ récepteur circulaire. Le champ récepteur présente généralement un antagonisme centre-pourtour. Ces cellules sont sensibles à la taille du stimulus, mais sont insensibles à son orientation. Selon les cas, elles sont sensibles au contraste de luminance seul (cellules achromatiques) ou au contraste de luminance et à la longueur d'onde (cellules à opposition chromatique). Les premières sont de type phasique ou tonique, les secondes de type tonique uniquement. Toutes les cellules ganglionnaires, toutes les cellules du CGL et certaines cellules corticales ont un champ récepteur circulaire.

– 2. Les cellules à champ récepteur rectiligne (ou orienté). Elles sont sensibles à l'orientation du stimulus, soit pour un stimulus stationnaire de largeur donnée (cellules simples), soit pour un stimulus se déplaçant dans un sens donné (cellules complexes). Certaines ont de plus la propriété d'être sensibles à la longueur du stimulus (détecteurs de terminaison). Les cellules à champ orienté n'existent que dans le cortex.

De la rétine aux projections corticales, les informations sont séparées en deux systèmes : le système parvocellulaire pour les informations détaillées, colorées, de forts contrastes et sans variation temporelle, et le système magnocellulaire, pour des informations de luminance non colorées, peu détaillées, de faibles contrastes et variant dans le temps. Au niveau du cortex, les traitements des différentes caractéristiques du stimulus s'effectuent dans des régions et dans des aires séparées ne possédant que des cellules de type adapté. On distingue ainsi des systèmes de traitement différents pour le mouvement et la vision stéréoscopique, pour les formes et pour la couleur. De même, la reconnaissance et l'identification des stimuli sont traitées par un système distinct de celui qui traite leur localisation et leurs relations spatiales. C'est le principe de la ségrégation des traitements (ou de la spécialisation fonctionnelle). La perception est cependant unifiée (sauf en cas d'agnosie visuelle) grâce aux multiples connexions réciproques entre toutes ces aires.

ÉLÉMENTS DE PERCEPTION VISUELLE

La perception visuelle ne se réduit pas à un simple traitement passif et automatique des informations lumineuses distribuées sur la rétine de chaque œil, à une simple analyse des images rétiniennes. Elle résulte d'une extraordinaire construction réalisée par notre cerveau, exactement comme l'a dit le peintre S. Dali en 1926 : « Regarder, c'est inventer ». Certes, des mécanismes que l'on peut qualifier de « purement sensoriels » fournissent les informations initiales, mais d'autres étapes complexes sont nécessaires pour donner une signification à ces traitements sensoriels, pour véritablement construire les représentation visuelles de notre environnement.

Intuitivement, au contraire, il nous semble que la vision donne automatiquement, immédiatement et très facilement une image fidèle du monde qui nous entoure. Il est vrai que nous n'avons pas conscience des données sensorielles brutes ni des étapes intermédiaires. Seuls sont conscients les résultats définitifs de tous les traitements qui leur sont appliqués. Pour les décrire, il est utile de distinguer, comme le fait C. Bonnet, trois niveaux différents de traitement.

– 1. Un « niveau sensoriel » qui concerne les traitements initiaux réalisés sur les images. Ces traitements sont en relation directe avec les caractéristiques physiques du stimulus. Ce niveau d'analyse s'appuie sur les relations entre les stimuli, les mécanismes physiologiques et les traitements nerveux. C'est pourquoi on l'appelle aussi le « niveau des traitements neurosensoriels ».

– 2. Un « niveau perceptif » ou « niveau configurationnel » qui correspond à la structuration des traitements sensoriels précédents et qui aboutit à des organisations perceptives et à l'élaboration des configurations. Des figures sont distinguées du fond de la scène, on perçoit des formes stationnaires ou en mouvement, des objets en trois dimensions. Leur position et leurs relations spatiales sont déterminées du point de vue de l'observateur (la référence est l'observateur lui-même).

– 3. Un « niveau cognitif » ou « niveau conceptuel », qui correspond aux représentations perceptives, à la signification donnée aux différentes organisations perceptives. Les objets sont reconnus en tant que tels, identifiés même s'ils sont partiellement masqués ou vus sous un angle inhabituel. Ils sont représentés dans une construction perceptive de l'espace avec leurs positions relatives les uns aux autres, indépendamment du point de vue de l'observateur (la référence est sur l'objet lui-même). Ce niveau interagit avec nos représentations en mémoire et nos connaissances antérieures.

Cette description suggère une certaine organisation hiérarchique dans la mesure où un niveau utilise les traitements réalisés par les niveaux précédents. Elle n'implique cependant pas un fonctionnement strictement séquentiel dans lequel un niveau ne fonctionnerait qu'une fois que le précédent aurait fini ses traitements. Les différents traitements ont lieu simultanément, en parallèle, avec de nombreuses interactions réciproques. Nous verrons que nos connaissances antérieures peuvent imposer une organisation perceptive plutôt qu'une autre. C'est donc plus pour une visée didactique facilitant la description de mécanismes et de processus différents, que nous utiliserons ce découpage en trois niveaux.

Quelques exemples permettent d'illustrer cette conception. À la figure 40a, on lit les nombres 12, 13, 14 à la première ligne et les lettres A, B, C à la seconde. Pourtant les caractères du milieu sont les mêmes dans les deux cas. Pour un même traitement sensoriel la perception n'est pas la même en fonction du contexte. À la figure 40b, les éléments noirs du haut ne peuvent être interprétés ; ils le sont plus facilement en dessous, où le mot VISION est lisible, bien que masqué. C'est présisément la présence de ce masque qui permet de concevoir les éléments noirs comme des morceaux de lettres et de les organiser pour reconstituer le mot caché. Le dessin de la figure 40c est interprété différemment selon que l'on sait ou non qu'il représente la tour Eiffel vue de dessus. Pour la figure 40d, le niveau sensoriel traite sans problème les contrastes, les orientations, les contours. Le niveau perceptif les structure en des formes et impose une représentation en trois dimensions. L'incohérence du trident représenté et son irréalité sont décelées au niveau cognitif, lorsqu'une signification est donnée à cet objet. Les tableaux aux perspectives impossibles du dessinateur Escher constituent autant d'exemples aux qualités graphiques remarquables. Le triangle de Kanizsa (simplifié) de la figure 40e est une figure dite « à contours virtuels ». Non seulement on perçoit un triangle blanc posé sur les disques noirs, mais celui-ci semble plus lumineux que le fond. Les mécanismes mis en jeu sont controversés. Certains invoquent une intervention de processus cognitifs imposant la solution matériellement la plus probable. D'autres l'interprètent au niveau neurosensoriel par interaction entre des détecteurs de terminaisons sensibles à une seule échancrure du disque et des détecteurs d'orientation à champ récepteur plus grand, activés par deux bords d'échancrures alignés comme ils le seraient par une ligne complète. En masquant un ou deux disques, le phénomène s'évanouit.

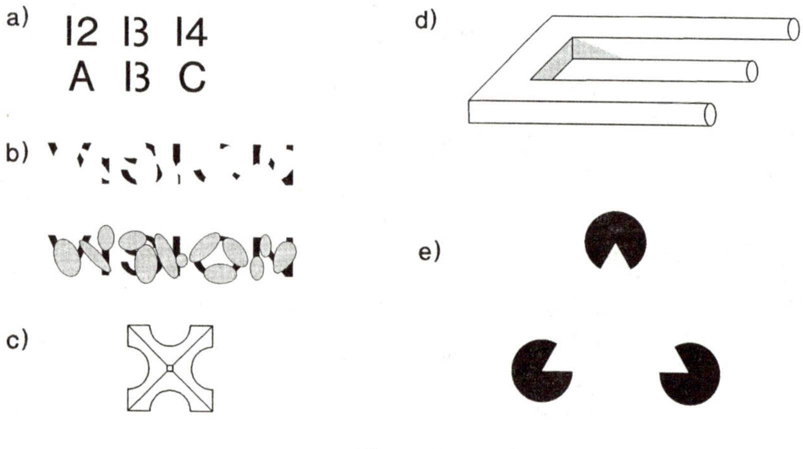

Figure 40

Exemples illustrant l'influence des traitements cognitifs dans la perception visuelle.

Les deux premières questions que nous allons étudier sont relatives à des sensibilités élémentaires. Elles seront interprétées en faisant appel aux mécanismes neurosensoriels de traitement et de codage que nous avons largement détaillés. Les autres phénomènes perceptifs abordés ensuite (formes, couleur, profondeur) concernent des traitements perceptifs et cognitifs pour lesquels les interprétations en terme de codage n'apporteront que des éléments partiels de réponse.

SENSIBILITÉ À LA QUANTITÉ DE LUMIÈRE

La sensibilité à la lumière définit la capacité du système visuel à détecter les niveaux lumineux les plus faibles. Elle s'exprime par l'inverse de la valeur du seuil de détection. Plus le seuil est bas, plus la sensibilité est grande et réciproquement. On est donc ramené à une mesure de seuils absolus, problème de psychophysique des plus classiques. Ici, la difficulté provient de l'existence des deux catégories de photorécepteurs, cônes et bâtonnets, et de leur distribution hétérogène sur la rétine. Ces mesures de seuil nécessitent donc de contrôler de nombreux facteurs comme le niveau moyen ambiant (scotopique ou photopique), la taille du stimulus, son excentricité rétinienne, sa durée et sa composition spectrale (longueurs d'onde).

Sensibilité à la longueur d'onde

Les mesures de seuil que nous allons décrire permettent de montrer les différences fonctionnelles entre cônes et bâtonnets et d'établir les propriétés des deux systèmes, photopique et scotopique. Nous retrouverons donc ici des notions déjà décrites, mais en les déduisant cette fois de faits expérimentaux. Les redites seront l'occasion pour le lecteur de vérifier que ces notions sont correctement assimilées.

Le principe de la mesure consiste à placer le sujet devant un écran sur lequel est projeté un stimulus homogène d'une longueur d'onde donnée. On varie l'énergie lumineuse du stimulus selon un protocole habituel de mesure des seuils afin de déterminer l'énergie seuil juste perceptible. On réitère la mesure avec d'autres longueurs d'onde pour balayer tout le spectre visible. Pour ces mesures, l'énergie est mesurée en unités physiques non pondérées (watt) et non en luminance (cd.m^{-2}), cette dernière étant précisément pondérée pour rectifier les variations de sensibilité dues à la longueur d'onde que l'on cherche, ici, à déterminer. Les résultats, présentés à la figure 41a, sont obtenus chez des sujets adaptés à l'obscurité (voir p. 149).

• *Sensibilité du système photopique (cônes).* Pour n'activer que les cônes, le stimulus est limité à 1° d'angle visuel autour du point de fixation (stimulation strictement au centre de la fovéa). Le seuil varie avec la longueur d'onde selon une courbe en creux avec un minimum vers 555 nm. C'est la longueur d'onde la plus efficace pour activer les cônes. Le seuil est mesurable pour toute longueur d'onde comprise entre 400 à 700 nm (et même 750 nm), mais aux extrémités du spectre il faut 1 000 fois plus d'énergie pour que le stimulus soit perceptible (l'énergie est exprimée en valeur relative, le niveau 1 correspondant au seuil minimal). Pour chaque longueur d'onde le sujet peut indiquer la teinte du stimulus (sans nuance, le stimulus étant juste perceptible).

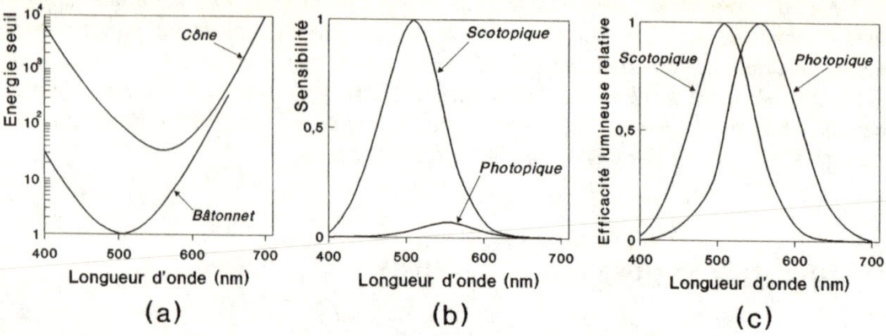

Figure 41

Sensibilité à la longueur d'onde. (a) : Courbe de variations des seuils. (b) : Courbe de sensibilité. (c) : Courbe de sensibilité relative , telle qu'elle est représentée classiquement.

• *Sensibilité du système scotopique (bâtonnets).* Pour mieux activer les bâtonnets, le même stimulus est présenté à 10° d'excentricité de la fovéa. Les seuils sont de 100 à 1 000 fois inférieurs aux précédents, traduisant une meilleure sensibilité du système scotopique. Le minimum est observé vers 505 nm. Les seuils sont mesurables entre 400 nm et 650 nm, mais le sujet est incapable d'attribuer une teinte au stimulus (au-delà de 650 nm, la mesure donne les mêmes valeurs que pour les cônes et le stimulus est perçu rougeâtre, indiquant une stimulation du système photopique et non des bâtonnets).

Pour exprimer la sensibilité de manière logique, on calcule l'inverse des valeurs seuils, ce qui conduit à deux courbes en cloche, celle des cônes étant très inférieure à celle des bâtonnets (fig. 41b). En représentant ces sensibilités en valeurs relatives par rapport au maximum, fixé à 1 pour chacune des courbes, on obtient les courbes d'efficacité lumineuse relative (fig. 41c). Elles indiquent l'efficacité de chaque longueur d'onde par rapport à celle qui est la plus efficace. La courbe photopique donne directement les valeurs du coefficient V_λ utilisé comme pondération pour définir la luminance. En toute rigueur, la validité de cette unité se limite donc aux conditions photopiques. En scotopique, il a été suggéré d'utiliser un coefficient V'_λ, en utilisant les valeurs de l'autre courbe, mais sans grand succès pratique. Le glissement de la courbe, avec un maximum qui passe de 555 nm en photopique à 505 nm en scotopique, est connu sous le nom d'« effet Purkinje » (1825).

• *Conclusions et interprétation.* Ces mesures de seuil permettent de dégager les propriétés que nous avions énoncées par ailleurs. Les cônes sont à l'origine du système photopique qui se caractérise par une faible sensibilité (seuils élevés) et une vision colorée. Il est sensible aux longueurs d'onde comprises entre 400 et 700 nm, avec une efficacité maximale vers 555 nm. Les bâtonnets sont à l'origine du système scotopique qui se caractérise par une grande sensibilité (seuils bas) et une vision non colorée. Il est sensible aux longueurs d'onde comprises entre 400 et 650 nm, avec une efficacité maximale vers 505 nm.

Les courbes d'efficacité relative peuvent être rapprochées des spectres d'absorption des pigments visuels qui indiquent l'absorption relative des différentes longueurs d'onde par rapport à la mieux absorbée. La courbe d'efficacité scotopique se superpose quasiment à la courbe d'absorption de la rhodopsine (fig. 36a, p. 130). On en conclut que notre sensibilité à la longueur d'onde en vision scotopique est entièrement déterminée par les capacités d'absorption de la lumière par la rhodopsine. Pour les cônes, il y a trois pigments. Si l'on additionne les trois spectres de la figure 36b (en vraies valeurs, donc avec une faible contribution du cyanolabe), on obtient une courbe globale avec un maximum à 555 nm, superposable à la courbe d'efficacité photopique. Notre sensibilité en vision photopique est donc entièrement déterminée par les capacités d'absorption additionnées des trois pigments des cônes.

Adaptation à l'obscurité

En passant d'un éclairage intense à une pièce obscure ou en éteignant l'éclairage artificiel, nous voyons très mal les premières minutes, mais, progressivement, nous récupérons une meilleure sensibilité. Ce phénomène est appelé l'« adaptation à l'obscurité ». On peut suivre son évolution en mesurant le seuil à des intervalles de temps réguliers au cours de l'adaptation.

• *Données expérimentales.* Au préalable, le sujet est soumis à un éclairage important (10^4 $cd.m^{-2}$ sur tout son champ visuel, par exemple) pendant plusieurs minutes, afin d'assurer des conditions initiales stables. Dès la mise à l'obscurité, on commence les mesures de seuils. Les résultats sont représentés à la figure 42a, où les valeurs de seuil sont portées en fonction du temps de maintien à l'obscurité. Dans une première expérience, le seuil est mesuré avec un stimulus de 10° présenté à 10° d'excentricité. On observe une diminution progressive du seuil, la courbe (trait plein) présentant deux parties distinctes marquées par un point anguleux qui se produit vers 8 minutes. Dans la seconde expérience, le stimulus de mesure est limité à 1 ° en vision fovéale, afin de ne tester que le seuil des cônes. La courbe (en pointillés) se superpose à la partie initiale de la précédente, puis se stabilise sans présenter de seconde décroissance. On en conclut que la partie initiale correspond à l'*adaptation des cônes* ; elle est rapide mais peu importante. La seconde partie correspond à l'adaptation des bâtonnets ; elle est plus lente mais conduit à un seuil très bas en attendant suffisamment longtemps (jusqu'à 45 min). Chez un sujet normal, aucun stimulus ne permet de tester exclusivement les bâtonnets. Des mesures effectuées chez de rares sujets dont la rétine est dépourvue de cônes (monochromate) montrent une diminution lente et régulière du seuil au cours de l'adaptation à l'obscurité. Les résultats, portés sur la même figure (courbe en tirets), confirment que la seconde partie de la courbe correspond à l'adaptation des bâtonnets.

• *Interprétation.* Ces évolutions temporelles sont dues au temps nécessaire à la régénération des pigments visuels. L'intense éclairage préalable a produit une décomposition importante des pigments. À l'obscurité ceux-ci se régénèrent. Au fur et à mesure de cette régénération, ils deviennent disponibles et le seuil diminue. La régénération des pigments des cônes est rapide (quelques minutes) et permet la première phase de l'adaptation. La régénération de la rhodopsine est beaucoup lente, et il faut environ 8 min pour que la quantité disponible soit suffisante pour que les bâtonnets deviennent plus efficaces que les cônes. Dès lors, ce sont eux qui assurent la détection du stimulus-test et la courbe traduit donc leur adaptation. Il faut jusqu'à 45 min pour que tout le stock de rhodopsine soit régénéré.

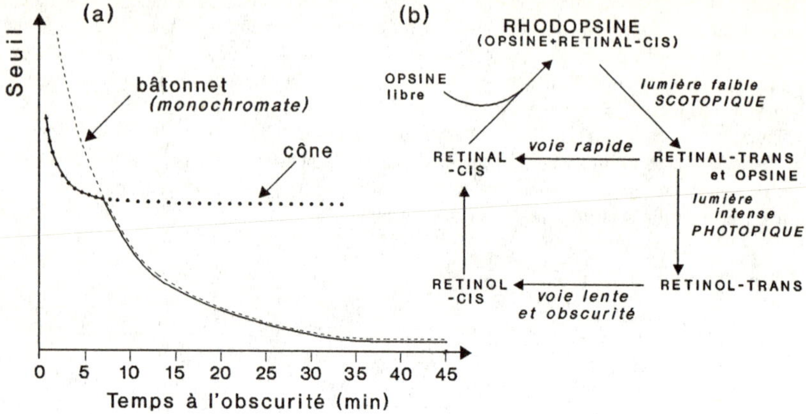

Figure 42

Adaptation à l'obscurité. (a) : Décroissance du seuil en fonction du temps de maintien à l'obscurité pour deux conditions expérimentales différentes. (b) : Cycle de décomposition et recomposition de la rhodopsine (cycle de Wald).

• *Cycle de la rhodopsine.* La lenteur de ce phénomène s'explique par le cycle de décomposition et de recomposition de la rhodopsine (cycle de Wald). Rappelons qu'elle est constituée d'une molécule d'opsine combinée au rétinal-cis de forme coudée. La lumière la décompose en opsine, d'une part, et rétinal-trans allongé, d'autre part (voir p. 129). La suite des réactions dépend des niveaux de luminance mis en jeu (fig. 42b).

Si la luminance n'est pas trop élevée, des enzymes peuvent immédiatement couder le rétinal-trans sous la forme rétinal-cis. Il se combine alors avec de l'opsine libre pour reformer une molécule de rhodopsine de nouveau fonctionnelle pour le stimulus suivant. Ce cycle se déroule en permanence en condition scotopique qui est le mode normal de fonctionnement des bâtonnets.

Lorsque la luminance est plus intense (condition photopique), la réaction de dégradation se poursuit. Le rétin*al*-trans se transforme en rétin*ol*-trans et migre dans l'épithélium pigmentaire où il reste tant qu'un niveau élevé de luminance est maintenu. C'est la situation dans laquelle nous sommes à la lumière du jour. Toutes les molécules de rhodopsine sont décomposées jusqu'à ce stade et les bâtonnets ne sont pas fonctionnels. On dit de façon imagée qu'ils sont éblouis. Pour que la rhodopsine se régénère il faut, d'une part, que la luminance intense cesse, donc retourner dans des conditions scotopiques et, d'autre part, attendre suffisamment longtemps. En effet, la transformation inverse du rétinol-trans en rétinal-cis et son retour dans le segment externe du bâtonnet dure plusieurs minutes. On comprend pourquoi l'adaptation à l'obscurité est si lente lorsque l'on vient d'une ambiance très lumineuse. Il faut attendre la régénération progressive des molécules de rhodopsine pour recouvrer le fonctionnement des bâtonnets. En entrant en retard dans une salle de cinéma, on voit très bien le film par les cônes, mais pas la salle, car la pénombre nécessite le fonctionnement des bâtonnets. Il faut attendre une dizaine de minutes pour voir les rangées de spectateurs.

Le rétinol est en fait la vitamine A. Comme toute vitamine, elle n'est pas synthétisée par l'organisme et doit être apportée par une alimentation équilibrée. Les premières manifestations d'une carence en vitamine A sont des troubles de la vision scotopique (héméralopie passagère). En revanche, une surcharge en vitamine A n'a jamais amélioré la vision nocturne.

Le seuil absolu minimal

On désigne ainsi la plus faible valeur de luminance perceptible obtenue en optimisant les facteurs susceptibles d'influencer la valeur du seuil. Concernant la surface, le seuil (L_s) diminue en augmentant la surface (S) du stimulus jusqu'à une surface optimale, selon la relation $L_s.S = cste$ (loi de Ricco). Cela est dû à une sommation spatiale sur la zone activatrice du champ récepteur des cellules ganglionnaires. La surface optimale est de l'ordre de 0,2° en vision centrale et de 2° en vision périphérique. Au-delà de cette valeur, le seuil reste constant et indépendant de la surface du stimulus. Concernant la durée, le seuil (L_s) diminue en augmentant la durée (T) du stimulus jusqu'à une durée optimale, selon la relation $L_s.T = cste$ (loi de Bloch). Cet effet de sommation temporelle se produit pour des durées brèves inférieures à 100 ms. Au-delà le seuil est constant et indépendant de la durée.

Avec des conditions optimales pour stimuler les bâtonnets (sujet complètement adapté à l'obscurité, stimulus de 505 nm, d'une durée de 10 s et d'une surface de 20°, projeté à 20° d'excentricité), on obtient une valeur de seuil absolu minimal d'environ 10^{-6} cd.m^{-2}. En tenant compte des diverses absorptions dans les milieux oculaires, on estime que cette valeur correspond à une dizaine de photons (qui ne sont pas absorbés par un seul bâtonnet ni au même instant).

En vision photopique, en optimisant la stimulation des cônes (stimulus de 555 nm, de 0,5° centré sur la fovéa), le seuil absolu minimal est d'environ 10^{-3} cd.m^{-2}. L'écart entre les deux valeurs est dû surtout à un effet de sommation plus important pour les bâtonnets (convergence du câblage rétinien). Individuellement, un bâtonnet n'est que dix fois plus sensible qu'un cône. Signalons enfin que l'efficacité d'un rayon lumineux sur les cônes dépend de leur inclinaison, un rayon oblique étant moins efficace qu'un rayon arrivant précisément selon l'axe des cônes (effet Stiles-Crawford).

SENSIBILITÉ AU CONTRASTE DE LUMINANCE

Bien que le système visuel soit sensible au niveau de luminance, la perception visuelle élémentaire ne concerne pas la simple présence d'une lumière diffuse et uniforme, mais la présence de plusieurs régions aux luminances différentes, c'est-à-dire de contrastes de luminance. Le système visuel, nous y reviendrons, semble insensible à une stimulation uniforme ou, du moins, il s'adapte au niveau de luminance moyen. La stimulation pertinente est un écart de luminance par rapport à ce niveau, c'est-à-dire un contraste de luminance.

Le renforcement des contrastes

Le système visuel possède une aptitude remarquable à détecter des contrastes de luminance, c'est-à-dire les écarts de luminance entre deux plages adjacentes. Ils sont, en effet, perçus de façon accentuée, avec un contraste subjectif plus important que le contraste physique réel. On dit qu'il y a « renforcement des contrastes ». À la figure 43a, le carré gris central paraît plus clair lorsqu'il est entouré d'une surface foncée que lorsqu'il est entouré d'une surface claire, bien que sa luminance soit la même dans les deux cas. Les contrastes entre le carré et le fond sont exagérés. La figure 43b montre une succession de bandes verticales allant du plus sombre au plus clair. À chaque saut de luminance, on perçoit près de la frontière une frange marginale plus foncée du côté foncé et une autre plus claire du côté clair. Ce sont les « bandes de Mach », qui résultent d'une perception exagérée du saut de luminance. À la figure 43c, dite « grille de Hermann-Hering », on perçoit une tache grise à chaque intersection des bandes blanches verticales et horizontales (sauf à l'intersection fixée par le regard).

Rôle de l'inhibition latérale dans le renforcement des contrastes

L'interprétation des exemples ci-dessus repose sur le principe de l'inhibition latérale (voir p. 56). Reportons-nous à la figure 16a (p. 57) pour montrer comment ce simple modèle peut rendre compte de la perception des bandes de Mach. On suppose que les cellules de 1, 2 et 3 sont des photorécepteurs recevant la luminance faible et les cellules 4 et 5 des photorécepteurs recevant la luminance plus élevée, disons du double. Les cellules de A à E sont des ganglionnaires qui codent ce contraste. Pour les besoins du calcul, fixons à une valeur arbitraire de 50 l'activité des récepteurs 1, 2 et 3, et à 100 (le double) celle des récepteurs 4 et 5. L'effet des synapses est modélisé en affectant, arbitrairement, un facteur 1,2 aux synapses activatrices et un facteur 0,2 aux inhibitrices. Il est alors facile de calculer l'activité de chaque ganglionnaire en soustrayant les effets inhibiteurs de l'effet activateur. La ganglionnaire B, par exemple, reçoit une influence de $50 \times 1{,}2$ de la part du photorécepteur 2, et des influences de $50 \times 1{,}2 \times 0{,}2$ de la part des photorécepteurs 1 et 3. Son activité se calcule donc ainsi :

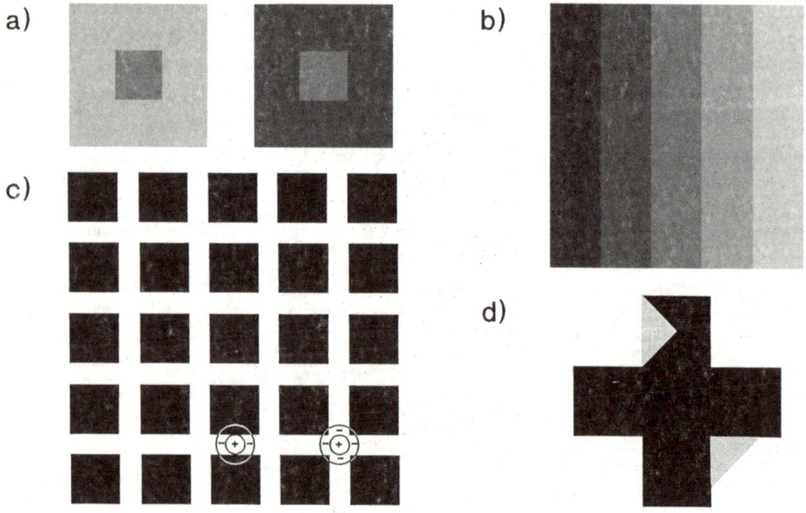

Figure 43

Renforcement des contrastes. Seuls les trois exemples a, b et c peuvent s'interpréter par l'inhibition latérale.

$50 \times 1{,}2 - 50 \times 1{,}2 \times 0{,}2 - 50 \times 1{,}2 \times 0{,}2 = 36$.

En procédant de même pour les autres cellules (on complète le calcul par une inhibition non dessinée à la droite de E), on obtient :

- ganglionnaire B : $50 \times 1{,}2 - 50 \times 1{,}2 \times 0{,}2 - 50 \times 1{,}2 \times 0{,}2 = 36$;
- ganglionnaire C : $50 \times 1{,}2 - 50 \times 1{,}2 \times 0{,}2 - 100 \times 1{,}2 \times 0{,}2 = 24$;
- ganglionnaire D : $100 \times 1{,}2 - 50 \times 1{,}2 \times 0{,}2 - 100 \times 1{,}2 \times 0{,}2 = 84$;
- ganglionnaire E : $100 \times 1{,}2 - 100 \times 1{,}2 \times 0{,}2 - 100 \times 1{,}2 \times 0{,}2 = 72$.

L'activité de la ganglionnaire E est le double de celle de B, traduisant bien le doublement de la luminance de part et d'autre du saut. Du côté sombre de la frontière, l'activité de la ganglionnaire C est inférieure à celle de B, traduisant que la luminance y serait plus faible (d'où une perception encore plus sombre). Du côté clair de la frontière, l'activité de la ganglionnaire D est supérieure à celle de E, traduisant que la luminance y serait plus élevée (d'où une perception encore plus claire). Ainsi, les ganglionnaires ont codé le message en créant une accentuation du contraste réel, et c'est bien la perception que nous avons d'un tel saut de luminance.

Il ne s'agit que d'un modèle, mais la réalité des champs récepteurs des cellules ganglionnaires, avec une région centrale et une inhibition de pourtour, incite à penser que le renforcement des contrastes est codé ainsi dès le niveau rétinien.

Sur la grille de la figure 43c, on a représenté les champs récepteurs de deux ganglionnaires, l'une détectant une bande et l'autre une intersection. Cette dernière est plus fortement inhibée car le pourtour de son champ récepteur est plus éclairé que celui de l'autre ganglionnaire. Son activité plus faible conduirait à la perception de la tache sombre. L'absence d'effet à l'intersection fixée par le regard est due au fait que les ganglionnaires de la zone centrale de la fovéa sont connectées directement ou, du moins, que leurs champs récepteurs sont beaucoup plus petits.

Tous les effets de perception des contrastes ne peuvent s'expliquer par l'inhibition latérale. C'est le cas de la figure 43d où le triangle inférieur à droite est perçu plus sombre que celui du haut à gauche, bien qu'ils aient exactement les mêmes surfaces adjacentes. Il faut faire appel à des phénomènes de plus haut niveau, comme ceux que nous évoquerons à propos de la perception de la profondeur (p. 179). Ici, le triangle gris de gauche est perçu sur la croix (puisqu'il la masque) et semble donc recevoir plus de lumière que le triangle gris de droite.

Fonction de sensibilité au contraste

Notre perception des contrastes dépend de la taille des éléments contrastés. La lettre « A » est détectée plus facilement que la lettre « A », alors que le contraste de l'encre noire sur le papier blanc est le même. C'est sur ce principe que les ophtalmologistes mesurent l'acuité visuelle, en recherchant la plus petite taille de caractères perçue. Une étude plus rigoureuse et systématique consiste à déterminer les variations de la sensibilité au contraste en fonction de la taille des plages contrastées.

Les stimuli utilisés pour étudier précisément cette sensibilité sont des réseaux (voir p. 120). Pour un réseau donné, on varie le contraste en recherchant la valeur seuil pour laquelle le réseau est juste perceptible. La figure 44a montre des réseaux de contrastes différents. À gauche, l'écart entre les luminances des bandes sombres et claires est élevé ; à droite, il est plus faible. Si l'on réduit encore cet écart, les bandes finissent par se confondre, la structure en réseau disparaît et le stimulus devient une plage homogène : c'est la valeur du contraste seuil. Remarquons que les variations de contrastes ont lieu autour d'une valeur moyenne constante (celle du fond de l'écran).

Le contraste d'un réseau se définit par $C = \frac{L_{Max} - L_{min}}{L_{Max} + L_{min}}$ (contraste de Michelson).

C'est un nombre sans unité, toujours compris entre 0 et 1 et souvent donné en pourcentage. La taille de la structure du réseau est donnée par sa fréquence spatiale exprimée en cpd (nombre de cycles par degré d'angle visuel, voir p. 121).

Les réseaux utilisés sont sinusoïdaux (et non à variation de luminance carrée comme à la fig. 44a). Pour l'instant ils sont stationnaires, mais nous verrons ensuite l'effet d'un mouvement de défilement. Les résultats sont présentés à la figure 44b (courbe St, en trait continu). En abscisse, est portée la fréquence spatiale des réseaux et en ordonnée, la sensibilité au contraste (l'inverse du contraste seuil). La courbe obtenue est appelée la « fonction de sensibilité au contraste ». On constate que la sensibilité est maximale pour une fréquence spatiale comprise entre 3 et 5 cpd. Dans l'exemple de la figure, elle vaut environ 500 ce qui correspond à un contraste seuil de 0,2 %. La sensibilité chute pour les fréquences spatiales basses et élevées. En extrapolant la courbe du côté des fréquences spatiales élevées jusqu'à une sensibilité de 1 (contraste seuil de 100 %), on trouve une fréquence spatiale comprise entre 50 et 60 cpd qui correspond au maximum d'acuité de l'observateur, à sa limite de résolution spatiale (voir encadré p. 155).

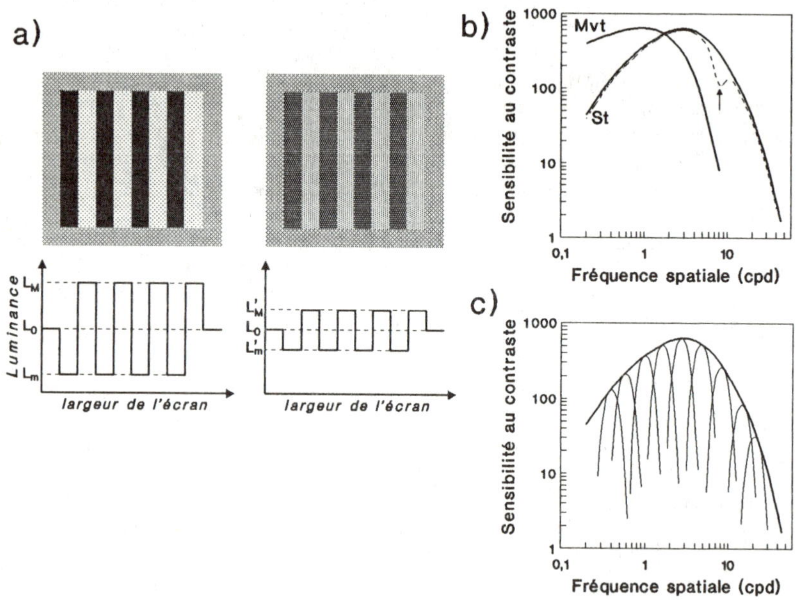

Figure 44

Sensibilité au contraste. (a) : Réseaux carrés de luminance pour une valeur de contraste élevée à gauche et plus faible à droite. (b) : Variation de la sensibilité au contraste en fonction de la fréquence spatiale de réseaux stationnaires (St) ou en mouvement (Mvt). La courbe en pointillés est obtenue après une adaptation à un réseau de 8 cpd. (c) : Courbe de réponse de plusieurs canaux de fréquence spatiale (ou courbe d'accord de cellules corticales) dont l'ensemble reproduit la courbe de sensibilité au contraste.

LIMITE D'ACUITÉ VISUELLE

Rappelons que les angles se mesurent traditionnellement en degré, minute et seconde (1° = 60'; 1' = 60"), alors que les calculatrices travaillent usuellement en fractions décimales de degré. La valeur de la fréquence spatiale correspondant à la limite de résolution équivaut à des bandes d'une largeur d'environ 30"d'angle visuel (bandes de 1 mm de large, vues à 7 m de distance). C'est effectivement la limite d'acuité pour ce type de stimulus. Notre capacité de discrimination est meilleure (environ 5" d'angle), pour aligner deux lignes dans le prolongement l'une de l'autre (« acuité vernier »). En pratique ophtalmologique, l'acuité est mesurée en utilisant des planches de lettres (anneaux échancrés ou silhouettes chez l'enfant) par taille décroissante, méthode proposée par Snellen dès 1862. Par convention, l'acuité est considérée comme normale, de 10/10, lorsqu'on distingue les lettres d'une hauteur de 5', à une distance de 5 m. La taille limite des lettres discriminées par un sujet, par rapport à cette valeur standard, donne la valeur de son acuité. Par exemple, une taille de 25' correspond à une acuité de 2/10 (5/25 = 0,2 = 2/10). Des valeurs d'acuité de 12/10 ou 15/10 ne sont pas rares chez le sujet jeune. Les pays anglo-saxons utilisent une convention de calcul différente, reposant sur une distance d'observation de référence de 20 pieds (soit 6 m), d'où des valeurs d'acuité de 20/25, 20/50, 6/14, 6/18...(20/25 signifie que le sujet testé voit à 20 pieds ce qu'un sujet normal voit à 25 pieds). Il suffit de les convertir en dixièmes pour revenir à l'échelle française.

Canaux de fréquence spatiale

La courbe de sensibilité au contraste obtenue résulte de l'activité globale de nombreux détecteurs, sensibles individuellement à une gamme limitée de fréquences spatiales. Deux arguments expérimentaux, l'un psychophysique et l'autre neurophysiologique, conduisent à cette interprétation. Le premier est issu d'une expérience utilisant une procédure appelée « adaptation sélective ». Le sujet doit observer un réseau d'une fréquence spatiale donnée, disons 8 cpd, pendant 2 minutes. Immédiatement après, on détermine de nouveau la fonction de sensibilité au contraste chez ce sujet. La courbe obtenue (en pointillés à la fig. 44b) présente une encoche, centrée précisément sur 8 cpd, la fréquence spatiale du réseau d'adaptation. Cette encoche traduit une chute de sensibilité restreinte à cette gamme de fréquences spatiales. Pour les autres réseaux, la sensibilité est inchangée. Les détecteurs sensibles à une gamme limitée de fréquences spatiales autour de 8 cpd sont fortement sollicités durant la phase d'adaptation. Lors de la mesure, leur sensibilité est moins grande, comme s'ils étaient « fatigués » par l'adaptation. La sensibilité aux autres fréquences spatiales n'est pas modifiée, parce qu'elle est due à d'autres détecteurs qui n'ont pas été touchés par l'adaptation. Cette expérience indique donc que la courbe de sensibilité résulte du fonctionnement de plusieurs détecteurs différents, chacun accordé sur une gamme spécifique de fréquences spatiales.

Le second argument repose sur l'existence des nombreux neurones sensibles à une largeur donnée de stimulus. Que leur champ récepteur soit circulaire ou rectiligne, la largeur de la région centrale détermine la largeur du stimulus optimal, celui auquel la cellule répond le mieux. Pour toute autre largeur (en plus ou en moins), l'activité de la cellule décroît. Des enregistrements de cellules simples du cortex, stimulées par des réseaux de largeur variables, ont montré que ces cellules présentaient une courbe d'accord pour une gamme limitée de fréquences spatiales avec un maximum d'activité pour une certaine fréquence spatiale spécifique à chaque cellule.

Cette sensibilité des cellules visuelles à la fréquence spatiale concerne aussi bien des cellules ganglionnaires que des cellules du CGL ou du cortex (pour les cellules simples, l'orientation du réseau importe également). De ce fait, on introduit le concept de canaux de fréquences spatiales, chaque canal étant constitué des cellules accordées sur la même fréquence, qu'elles soient rétiniennes ou centrales. La courbe de sensibilité au contraste est alors considérée comme la courbe-enveloppe de tous les canaux de fréquence spatiale présents dans le système visuel (fig. 44c). Le maximum de cette courbe correspond aux canaux dont la probabilité de réponse est la plus élevée, soit parce qu'ils seraient en plus grand nombre, soit parce que leur sensibilité propre est elle-même plus grande.

En conséquence, et pour ce qui est de la détection des contrastes de luminance, le système visuel peut être assimilé à un ensemble de canaux (ou filtres) de fréquences spatiales, chacun étant spécifique d'une bande étroite de fréquences spatiales centrées sur une fréquence particulière. Nous reviendrons sur ce concept lors de la perception des formes.

Sensibilité au contraste pour des réseaux en mouvement

Les mêmes mesures peuvent être faites avec des réseaux non plus stationnaires, mais animés d'un mouvement uniforme (disons vers la droite). Les résultats (fig. 44b, courbe Mvt) montrent un déplacement du maximum vers les basses fréquences spatiales. Par rapport à la sensibilité aux contrastes stationnaires, la sensibilité aux contrastes en mouvement est meilleure pour les fréquences spatiales basses et moins bonne pour les fréquences spatiales élevées. Pour les basses fréquences spatiales, cela signifie qu'un réseau qui n'est pas perçu lorsqu'il est fixe (surface homogène), peut l'être dès qu'il se déplace. En fait, la structure du réseau en mouvement n'est pas vue précisément, mais le sujet voit quelque chose se déplacer vers la droite, sans savoir exactement quoi. Si le mouvement s'arrête, la surface redevient uniforme. Pour les fréquences spatiales élevées (réseau très fin), c'est l'inverse. Le réseau est détecté s'il est stationnaire, mais dès qu'il est mis en mouvement, la surface devient homogène et aucun stimulus n'est perçu.

Lorsqu'un tel réseau défile ainsi dans le champ visuel, on peut définir la fréquence temporelle du stimulus. C'est le nombre de cycles de luminance qui défilent par seconde devant le regard. Elle se mesure évidemment en nombre de cycles par seconde, c'est-à-dire en hertz. Pour un réseau donné, si le défilement est rapide la fréquence temporelle est élevée, et si le défilement est lent la fréquence temporelle est basse.

Les résultats obtenus conduisent alors à considérer deux systèmes de traitement différents du point de vue fonctionnel. Le système tonique est surtout sensible aux fréquences spatiales moyennes et élevées, mais pour des fréquences temporelles basses (*a fortiori* nulles, c'est-à-dire un réseau stationnaire). Le système phasique est surtout sensible aux fréquences spatiales basses, mais pour des fréquences temporelles moyennes et élevées. Le système tonique est assimilable au système parvocellulaire, et le système phasique au système magnocellulaire. On ne fait qu'insister, par cette nouvelle terminologie, sur les propriétés temporelles de ces deux systèmes.

DÉFINITION DE LA VITESSE

La vitesse s'exprime habituellement en mètre par seconde. Pour des stimuli visuels, nous savons maintenant que les distances sont plutôt évaluées en degré d'angle visuel. Aussi, pour les stimuli visuels en mouvement, la vitesse est-elle exprimée couramment en degré par seconde (sous-entendu degré d'angle visuel par seconde).

Dans le cas d'un réseau, la fréquence temporelle est définie par le nombre de cycles défilant par seconde devant le regard. Une même fréquence temporelle peut être obtenue par de nombreuses configurations différentes, soit par un réseau de fréquence spatiale basse défilant rapidement, soit par un réseau de fréquence spatiale élevée défilant lentement. Les trois grandeurs, fréquence temporelle (FT), fréquence spatiale (FS) et vitesse (V) sont liées, pour un réseau, par la relation : V = FT / FS.

Par exemple, un réseau de 2 cpd défilant à une vitesse de 4 °/s, conduit à une fréquence temporelle de 8 Hz. La même fréquence temporelle est obtenue avec un réseau de 16 cpd défilant à 0,5 °/s. Un réseau de 1 cpd à une fréquence temporelle de 5 Hz et un réseau de 8 cpd à une fréquence temporelle de 40 Hz défilent à la même vitesse de 5°/s.

Luminosité et clarté

D'une façon générale, la « luminosité » désigne le niveau lumineux perçu. C'est donc la grandeur perceptive qui correspond à la luminance. La démarche habituelle de la psychophysique consiste alors à définir une échelle subjective de luminosité afin de pouvoir étudier ses relations avec les grandeurs physiques du stimulus, en particulier la luminance. Pour les sources lumineuses de dimensions réduites, la luminosité augmente avec la luminance selon une fonction puissance (loi de Stevens). Pour les objets, au contraire, la luminance perçue est appelée « clarté », et elle est normalement indépendante des conditions d'éclairage (constance de la clarté). Nous présentons ci-dessous les différents cas à considérer et le détail de la notion de constance de la clarté des objets.

Le problème est délicat en raison des phénomènes d'adaptation. Nous avons décrit en détail l'adaptation à l'obscurité, mais le phénomène d'adaptation est beaucoup plus général. Le système visuel s'adapte à la luminance ambiante en permanence. Nous avons quotidiennement cette expérience en passant de l'ombre au soleil, de l'intérieur à l'extérieur ou d'une pièce à l'autre. Le brusque écart de luminosité initial s'estompe progressivement, en quelques secondes si l'écart n'est pas trop important. La luminosité ne varie vraiment avec la luminance que pour les sources de surface limitée ou les objets éclairés. On est donc amené à distinguer trois cas : celui de la luminance ambiante ou des sources étendues, celui des sources de dimensions limitées et celui des objets (sources secondaires).

• *Luminance ambiante et adaptation*. On peut dire que la luminosité ne varie pas en fonction de la luminance ambiante en raison des phénomènes d'adaptation. Rapidement la luminosité revient à son niveau initial, même si la luminance moyenne de l'éclairage varie dans des limites importantes. Il en est de même de la luminosité d'une source très étendue. Les expériences initiales de Metzger (1930) avaient montré qu'un sujet placé devant un champ homogène (écran blanc de 4m × 4m situé à 1m), appelé «*ganzfeld*», décrit une absence perceptive ou tout au plus une impression de brume lumineuse. Une sensation similaire peut être ressentie dans le brouillard. Cette sensation reste identique quelle que soit la luminance de ce champ. L'expérience est plus facile à réaliser avec des lunettes constituées de deux demi-balles de ping-pong. Si le flux lumineux qui éclaire les balles est augmenté lentement, le sujet s'adapte au fur et à mesure et il ne perçoit aucune variation de la luminosité. Le phénomène concerne aussi la perception colorée. Un flux lumineux coloré (rouge ou vert) projeté sur les balles disparaît en quelques minutes, conduisant à une absence de sensation colorée. La couleur réapparaît dès que l'on projette une ombre sur le champ visuel. Le sujet perçoit alors un halo coloré entourant l'ombre noire. Dans le même ordre d'idées, des dispositifs expérimentaux assurant une stabilisation parfaite de l'image d'un objet sur la rétine produisent une disparition de cette image en quelques secondes. Pour résumer par une formule lapidaire, on peut dire que le système visuel n'aime pas l'uniformité.

• *Source lumineuse, luminance et luminosité*. Dans le cas d'une source lumineuse de surface limitée, la luminance est appréciée par rapport au fond constitué par le reste du champ visuel. La luminosité de la source est alors le correspondant perceptif de sa luminance. Aucune échelle subjective de luminosité n'a été définie. Elle varie de l'obscur au lumineux (si l'on veut, c'est une échelle nominale à deux niveaux). Cependant, par des mesures d'estimation directe, on a montré que la luminosité augmente avec la luminance selon une fonction puissance d'exposant 0,33 (loi de Stevens). Pour éviter des confusions avec l'usage courant du mot luminosité, il a été proposé d'appeler cette grandeur perceptive la «phanie». Ce terme est très peu usité et l'on continue à l'appeler «luminosité» (*brightness* en anglais).

• *Objet, réflectance et clarté.* Le cas des objets éclairés par une lumière incidente est bien différent. Prenons un exemple simple. Un papier gris au soleil a une luminance bien supérieure à celle d'un papier blanc à l'ombre, et pourtant c'est ce dernier qui est perçu comme le plus lumineux (on dira le plus clair). Il en est de même pour tout autre objet. Nous sommes donc sensibles à une autre grandeur que la simple luminance réfléchie par l'objet ou la surface. Cette grandeur, qui ne dépend que de l'objet et reste indépendante de la luminance qui l'éclaire, est la réflectance de l'objet. C'est un attribut de l'objet, une propriété intrinsèque, caractérisant sa capacité à réfléchir la lumière incidente. Du point de vue physique, la réflectance (notée ρ) est définie par le rapport entre la luminance réfléchie et la luminance incidente, soit $\rho = L_r / L_i$. Sa valeur est donc comprise entre 0 et 1. La valeur 0 correspond à un objet qui ne réfléchit aucune lumière (noir mat), et la valeur 1 à un objet qui réfléchit intégralement toute la lumière incidente. Le correspondant perceptif de la réflectance est alors appelé la «clarté» (*lightness* en anglais), ou «leucie». Elle varie du foncé au clair. En construisant une échelle subjective par estimation directe, on a pu vérifier que la clarté augmente en fonction de la réflectance selon une fonction puissance d'exposant 0,5 (loi de Stevens).

Dans l'exemple ci-dessus, le papier blanc à l'ombre paraît plus clair que le papier gris au soleil, car sa clarté est plus grande, indépendamment des éclairages de l'un et de l'autre. La réflectance d'un papier blanc est, en effet, toujours supérieure à celle d'un papier gris. Cela est vrai pour tous les objets qui restent clairs ou foncés quelles que soient les lumières incidentes. Ce phénomène, essentiel pour avoir une perception stable de l'environnement, est appelé «constance de la clarté». Comme nous allons le voir, il est des cas où cette constance est mise en défaut.

• *Constance de la clarté*. La définition de la clarté pose quelques questions. En pratique, nous avons accès à la luminance de l'objet (L_r, celle qu'il réfléchit), perçue comme une certaine luminosité, mais nous n'avons pas accès à la luminance incidente L_i. Comment pouvons-nous alors percevoir la clarté, l'équivalent perceptif de la réflectance (L_r /L_i), puisque l'un des deux facteurs du rapport est inconnu? La solution consiste à considérer les luminosités des surfaces adjacentes et à procéder à une évaluation comparative. Cela est possible, car toutes ces surfaces étant éclairées par la même lumière incidente, leur clarté est dans le même rapport que leur luminosité. Raisonnons concrètement avec deux surfaces adjacentes (1 et 2) qui, éclairées par une luminance incidente inconnue L_i, ont pour luminances respectives L_1 et L_2. Les réflectances sont, par définition, $\rho_1 = L_1 / L_i$ et $\rho_2 = L_2 / L_i$. On constate alors que le rapport des réflectances est égal au rapport des luminances $\rho_1 / \rho_2 = (L_1 / L_i) / (L_2 / L_i) = L_1 / L_2$. Perceptivement, cela signifie que le rapport des clartés est égal au rapport des luminosités. En considérant toutes les surfaces adjacentes, l'étalement de la gamme des clartés est proportionnel à celui de la gamme des luminosités. On connaît donc les rapports de clarté (ou clarté relative), mais la clarté absolue de chaque surface ne peut être qu'estimée. La précision de cette estimation dépend de l'étendue de la gamme. Plus les surfaces adjacentes sont nombreuses et contrastées, meilleure est l'estimation. À l'inverse, en empêchant toute comparaison avec les surfaces voisines par une vision tubulaire (à travers un tube) ou à travers un trou dans un écran, on ne voit que la luminance de la surface et il est impossible de percevoir sa clarté. Dans l'exemple décrit ci-dessus, si l'on observe chaque feuille de papier en vision tubulaire, sans aucune autre information visuelle, c'est le papier gris qui paraîtra alors le plus lumineux, car sa luminance est plus grande que celle du papier blanc à l'ombre. Dans de telles conditions d'observation, il est impossible de distinguer une surface sombre fortement éclairée d'une surface claire peu éclairée.

• *En résumé*, dans les situations habituelles, la clarté des objets (correspondant perceptif de leur réflectance) peut s'évaluer convenablement grâce aux comparaisons avec les surfaces adjacentes; il y a constance de la clarté puisqu'elle ne dépend pas des conditions d'éclairage. On remarquera que le cas *a priori* idéal est celui où l'objet est entouré par une surface parfaitement réfléchissante (très blanche). En effet, la luminance de cette surface étant alors égale à celle de la lumière incidente, la comparaison avec la luminance de l'objet donne directement la réflectance de celui-ci. Lorsque les surfaces adjacentes ne présentent que des réflectances voisines (variétés de gris proches) ou lorsque le nombre de comparaisons possibles est très réduit (vision partielle ou tubulaire), les clartés sont mal évaluées et la constance des clartés n'est plus assurée (la perception est alors « trompeuse »). Nous rencontrerons une situation analogue pour la perception colorée, où la constance des couleurs n'est assurée qu'en présence de contrastes chromatiques marqués.

PERCEPTION COLORÉE

À plusieurs reprises nous avons insisté sur le fait que la couleur est une perception et non un attribut physique des stimuli. La grandeur physique qui conditionne notre perception colorée est la longueur d'onde, encore faut-il posséder un système de traitement capable de coder les longueurs d'onde. Nous avons vu que le système scotopique, qui dépend du fonctionnement des seuls bâtonnets, ne permet pas un tel codage. Seul le système photopique, qui implique le fonctionnement de trois types différents de cônes, permet de discriminer les longueurs d'onde.

La couleur que nous attribuons à un objet dépend des longueurs d'onde que celui-ci réfléchit. De ce fait, sa couleur peut changer en fonction de la composition spectrale de la lumière incidente. Par exemple, éclairé par une lumière blanche (c'est-à-dire qui contient toutes les longueurs d'onde en égales proportions), un objet paraît rouge, car il réfléchit essentiellement les grandes longueurs d'onde. Éclairé uniquement par un projecteur ne contenant que de courtes longueurs d'onde (lumière bleue), l'objet ne réfléchit aucune radiation et il paraît noir. Ce type de phénomène s'observe chaque fois que les sources d'éclairage ont des compositions spectrales très différentes (comme les éclairages autoroutiers orange des lampes au sodium). Dans la vie quotidienne, entre le soleil à midi en plein été, un coucher de soleil, un ciel couvert ou l'éclairage artificiel, les conditions d'éclairage changent, mais les variations spectrales sont compensées par le système visuel : c'est le phénomène de constance des couleurs sur lequel nous reviendrons.

Deux théories ont marqué l'histoire de la couleur : la théorie trichromatique, proposée par Young (1802) et complétée par Helmholtz (1852), qui repose sur l'hypothèse de trois récepteurs (inconnus à l'époque), chacun ayant une sensibilité spectrale différente, et la théorie des antagonismes colorés, proposée par Hering (1878), qui postule des mécanismes d'opposition entre le rouge et le vert, entre le bleu et le jaune, et entre le blanc et le noir. Cette théorie s'appuyait sur les variations de couleur avec l'éclairage (lampe à gaz à l'époque), l'influence réciproque des couleurs (contrastes chromatiques simultanés) et les effets consécutifs colorés (par exemple, après une exposition prolongée à un stimulus rouge, on perçoit une sensation verte en regardant une surface neutre). La théorie trichromatique a longtemps dominé, car elle rendait compte du fait que trois couleurs primaires bien choisies suffisent pour reproduire l'ensemble des sensations colorées et aussi parce qu'elle permettait d'interpréter certains troubles de la vision chromatique par un déficit portant sur l'une de ces primaires. En fait, ces deux théories complémentaires ont leur validité, la première au niveau des cônes, et la seconde au niveau du codage par les cellules à opposition chromatique.

Les cônes et la théorie trichromatique

Chaque type de cônes (cône S, cône M et cône L) se distingue par la nature du pigment visuel qu'il contient et par la région spectrale spécifique à laquelle il répond. Reportons-nous aux spectres d'absorption des trois pigments (cyanolabe, chlorolabe et érythrolabe) de la figure 36b (p. 130) pour détailler le principe de la discrimination des longueurs d'onde. Une radiation de longueur d'onde donnée décompose une quantité de chaque pigment dans une proportion donnée. Il en résulte une activité relative des trois types de cônes dans les mêmes proportions. L'exemple de la figure 36b montre que la longueur d'onde de 500 nm décompose le cyanolabe à 11 %, le chlorolabe à 80 % et l'érythrolabe à 57 % de leur maximum respectif (les quantités exactes sont inconnues). Une intensité plus grande multiplie globalement ces quantités d'un même facteur, mais les rapports 11/80/57 sont conservés. Ils sont spécifiques de la longueur d'onde de 500 nm, et de la sensation verte qu'elle produit. Toute autre longueur d'onde conduit à des valeurs de rapports différentes. Ainsi, pour chaque longueur d'onde et la couleur qu'elle évoque, les rapports entre les activités des trois types de cônes ont des valeurs spécifiques, indépendantes de l'intensité du stimulus.

Les trois types de cônes sont le support incontestable de la théorie trichromatique de Young-Helmholtz. En particulier, ils permettent de comprendre que toute couleur puisse être produite à partir de trois primaires. Supposons que nous disposions de trois projecteurs monochromatiques, de longueurs d'onde différentes, projetant leurs faisceaux sur une même plage. En réglant leur intensité respective de sorte qu'ils décomposent à eux trois 11 % de cyanolabe, 80 % de chlorolabe et 57 % d'érythrolabe, la couleur perçue sur l'écran sera verte, identique à celle obtenue avec un unique projecteur à 500 nm. Cela est évidemment valable pour toute autre longueur d'onde et pour toute lumière colorée. L'ajustement n'est cependant pas toujours facile, car chaque projecteur décompose plusieurs pigments à la fois. La tâche est plus facile si les longueurs d'onde des projecteurs sont situées dans des régions éloignées du spectre, soit un projecteur bleu, un vert et un rouge, mais ce n'est en aucun cas une nécessité. En revanche, il est indispensable d'avoir trois longueurs d'onde ; avec seulement deux projecteurs, certaines couleurs ne peuvent jamais être reproduites. Le dispositif expérimental utilisé s'appelle un « colorimètre ». La surface de projection est partagée en deux. La couleur test est projetée sur une partie et les trois primaires superposées sur l'autre. Quand l'équilibre est réalisé, la plage paraît uniforme, d'une seule et même couleur.

La conclusion importante est que toute sensation colorée peut être reproduite par la somme, en proportions convenables, de trois lumière fixes, appelées « primaires ». En théorie, le choix des longueurs d'onde des primaires est entièrement libre, mais la pratique conseille d'utiliser un bleu, un vert et un rouge, les plus purs possibles.

Les cellules à opposition chromatique et la théorie des antagonismes colorés

Si ce mécanisme à trois récepteurs est à l'origine de la discrimination des longueurs d'onde, il nécessite un système complémentaire capable de comparer les activités des différents types de cônes. Ce sont les cellules à opposition chromatique qui réalisent ce traitement. Une telle cellule est activée par certaines longueurs d'onde stimulant son champ récepteur et elle est inhibée par d'autres. Cela est dû au fait qu'elle reçoit les informations d'un type de cônes par des connexions activatrices et des autres types de cônes par des connexions inhibitrices. Son activité traduit donc en permanence la différence entre les influences activatrices et inhibitrices de ces cônes auxquels elle est reliée. C'est ainsi que ces cellules comparent les activités dans les différents types de cônes et qu'elles se comportent comme des détecteurs de contrastes chromatiques.

Les différents types de cellules à opposition chromatique seront détaillés plus loin à propos du codage de la couleur. Signalons seulement ici, et à titre de d'exemple, que les cellules reliées aux cônes L et aux cônes M par des connexions opposées pourraient être le support de l'antagonisme rouge-vert décrit par Hering.

Les synthèses colorées

Le lecteur a pu être surpris que les meilleures couleurs primaires pour reconstituer toutes les couleurs soient le bleu, le vert et le rouge, alors que la pratique de la peinture, aussi élémentaire soit-elle, nous apprend que ce sont le bleu, le jaune et le rouge (plus précisément, le cyan, le jaune et le magenta). Cette différence est due au fait qu'on ne parle pas des mêmes synthèses. Dans le premier cas, différents projecteurs additionnent leur lumière : c'est la synthèse additive. Dans le second cas, la source de lumière est unique et constante (lumière ambiante) et les colorants mélangés absorbent plus ou moins les longueurs d'onde de cette lumière : c'est la synthèse soustractive.

• *La synthèse additive*. Cette synthèse est obtenue avec plusieurs sources de lumière dont on additionne les effets. Le mélange est toujours plus lumineux que chacune des composantes seules, car les luminances s'ajoutent. En additionnant d'abord deux sources, donc deux longueurs d'onde, on produit une nouvelle teinte dont la longueur d'onde est généralement située entre les deux. Par exemple, l'addition d'une lumière rouge et d'une lumière verte donne du jaune. Il y a cependant deux exceptions à cette règle, les couleurs complémentaires et les pourpres. On appelle couleurs complémentaires deux couleurs dont le mélange additif (dans des proportions très précises) n'est pas coloré, il paraît blanc. Toute longueur d'onde possède une longueur d'onde complémentaire. Les pourpres ne peuvent être obtenus que par un mélange d'une longueur d'onde rouge et d'une longueur d'onde bleue. Ils ne sont pas des couleurs spectrales et n'ont donc pas de longueur d'onde associée.

Le mélange additif de trois lumières primaires permet, nous l'avons vu, de reproduire toute sensation colorée, et ce d'autant plus facilement que les primaires sont bien choisies. Cette propriété est l'une des lois de la colorimétrie et s'énonce ainsi :

Une sensation colorée quelconque L est toujours équivalente à la somme algébrique des luminances de trois lumières primaires, soit : $L = L_1 + L_2 + L_3$. Les primaires recommandées sont le rouge le vert et le bleu.

Juste une remarque sur le qualificatif « algébrique » qui est là par souci de généralisation. En effet, pour certaines couleurs, en particulier les lumières spectrales, l'équation n'est vérifiée que si l'une des composantes est négative ! Cela n'a aucun sens réel, mais signifie simplement que l'équivalence perceptive n'est réalisable que si on ajoute cette composante à L (soit : $L + L_3 = L_1 + L_2$).

L'addition des trois lumières primaires en proportions égales donne du blanc.

La synthèse additive est d'application quotidienne et universelle, puisque tous les écrans de télévision et les moniteurs vidéo utilisent cette synthèse. L'écran est constitué d'une multitude de spots rouges, verts et bleus, appelés « pixels », disposés très régulièrement côte à côte (une bonne loupe suffit pour les voir). Chaque point de l'écran est un triplet de trois couleurs, et il peut y avoir plus d'un million de points sur un écran de haute définition. L'image est colorée en jouant sur la luminance des pixels. Une région d'écran où seuls les pixels rouges et verts sont lumineux et de même valeur paraît jaune. Avec les trois pixels à la même valeur, elle varie du noir au blanc en passant par tous les gris selon cette valeur. En ajustant la luminance de chaque pixel individuellement, on peut créer une immense variété de couleurs.

Le même procédé, plus artisanal, a été utilisé par les peintres pointillistes. Les couleurs des tableaux de Seurat sont constituées de milliers de petits points colorés dont les couleurs individuelles fusionnent à une distance normale d'observation.

• *La synthèse soustractive*. C'est la synthèse qu'utilisent les peintres en mélangeant des colorants (ou pigments). Elle est assez difficile à définir et reste très empirique, car elle dépend de la composition des pigments, même si ceux-ci paraissent de même couleur (les peintres n'aiment pas changer de marque à cause de cela). Chaque colorant opère comme un filtre de la lumière incidente, puisqu'il absorbe certaines longueurs d'onde et réfléchit les autres. La synthèse est dite « soustractive », car plus on mélange de colorants, moins les longueurs d'onde réfléchies sont nombreuses. Le mélange est d'ailleurs de moins en moins lumineux.

Donnons juste deux exemples. Une peinture rouge réfléchit les grandes longueurs d'onde et absorbe les moyennes et courtes longueurs d'onde. Une peinture verte réfléchit les moyennes longueurs d'onde, mais absorbe les courtes et les grandes. Mélangeons ces deux peintures. Les longueurs d'onde réfléchies sont celles qui le sont par l'une et par l'autre des peintures. Il n'y en a quasiment pas et, effectivement, le mélange est d'un brun sombre et sale, guère chatoyant. Un pigment bleu ne réfléchit que les courtes et quelques moyennes longueurs d'onde et absorbe les autres. Un pigment jaune ne réfléchit que les moyennes et les grandes longueurs d'onde, mais absorbe les courtes. Leur mélange réfléchit les moyennes longueurs d'onde qui sont réfléchies par l'un et l'autre des pigments, et il apparaît vert.

Théoriquement, on peut également reproduire toutes les couleurs par synthèse soustractive, encore faut-il trouver les bons pigments primaires. Ce problème est d'une importance pratique considérable, non seulement dans la peinture artistique, mais aussi dans toutes les industries des colorants et de reproduction des couleurs sur support papier. Les meilleurs pigments primaires sont le magenta, le jaune et le cyan. Ce sont les couleurs complémentaires des primaires additives (respectivement vert, bleu, rouge). Le mélange de ces trois pigments donne du noir. Le magenta est de teinte pourpre et le cyan est bleu-vert.

Ces pigments primaires sont ceux des encres utilisées en imprimerie. Trois images, chacune encrée par un pigment primaire, sont imprimées successivement en superposition. Pour les imprimantes couleurs, trois micro-jets d'encre, parfaitement dosés pour chaque point de l'image, sont projetés simultanément. Dans la pratique, on ajoute l'encre noire, car le mélange des trois pigments primaires ne donne qu'un marron foncé qui n'est pas très heureux et qui, de plus, consomme inutilement les trois encres primaires.

On aura compris que pour imprimer sur papier l'image couleur d'un écran d'ordinateur, il faut passer d'un système de synthèse à l'autre, ce qui n'est pas toujours sans déboires. Le principe est pourtant simple, puisque les primaires additives sont obtenues par mélange soustractif de deux des primaires soustractives (rouge = magenta et jaune ; vert = jaune et cyan ; bleu = magenta et cyan) et, réciproquement, les primaires soustractives sont obtenues par synthèse additive de deux des primaires additives (magenta = rouge + bleu ; jaune = rouge + vert ; cyan = bleu + vert).

Mesure des stimuli colorés

Dans les conditions scotopiques, une stimulation homogène est entièrement définie par sa luminance. La composition spectrale n'est pas pertinente, puisqu'une variation de longueur d'onde ne fait que modifier la luminance selon la courbe de sensibilité des bâtonnets. En vision photopique, la situation est plus complexe, car la stimulation paraît colorée. Selon une démarche maintenant habituelle, la mesure des stimuli colorés doit reposer sur la définition de grandeurs physiques, d'une part, et de grandeurs subjectives, d'autre part, dont on s'efforce d'établir les relations. Pour une radiation monochromatique, le problème est simple. La radiation est physiquement définie par sa luminance et sa longueur d'onde, grandeurs auxquelles correspondent perceptivement une luminosité et une certaine teinte. Dans le cas général d'une lumière composée d'un grand nombre de radiations (d'une infinité si le spectre est continu), le problème se complique. Il pourrait s'apparenter à celui que nous avons rencontré dans l'audition pour mesurer un son complexe en utilisant la décomposition spectrale du son (ce qui était indispensable puisque le système auditif traite individuellement toutes les fréquences composantes). Pour les stimuli lumineux cela n'est pas nécessaire, tout stimulus étant équivalent à une superposition de trois lumières primaires. Il suffira donc de trois grandeurs pour quantifier une stimulation lumineuse homogène (cela n'est qu'une conséquence de la vision trichromatique). L'une est la luminance du stimulus. Il nous reste à définir les deux autres paramètres.

Dit autrement, quantifier un stimulus lumineux quelconque revient à quantifier le stimulus plus simple qui lui est visuellement équivalent. Une telle façon de faire résout au passage la situation quelque peu paradoxale de vouloir définir les grandeurs physiques de la couleur, alors que nous n'avons cessé de répéter qu'il s'agissait d'une sensation et non d'un attribut physique du stimulus. Comment mesurer physiquement une grandeur qui n'appartient pas au monde physique et qui n'est qu'une construction de notre cerveau? Ce paradoxe apparent est résolu en quantifiant le stimulus équivalent par trois grandeurs physiques. L'une ne concernant que la quantité de lumière, les deux autres sont considérées comme les caractéristiques physiques de la couleur et définissent, ensemble, la chrominance du stimulus (anciennement chromaticité, mais ce terme doit être réservé à la sensation).

Une question demeure. La caractérisation physique du stimulus utilise une équivalence visuelle, donc subjective. Qui va réaliser cette équivalence? C'est l'observateur standard de référence, dont la vision a été définie conventionnellement par la CIE (Commission internationale de l'éclairage), à partir d'une moyenne sur plusieurs sujets. Ces valeurs standards normalisées permettent de construire des appareils de mesure qui donnent la luminance et la chrominance de tout stimulus. Dans la vie courante cette solution est satisfaisante, mais les recherches expérimentales sur la perception colorée ne peuvent s'en contenter en raison des variations interindividuelles. Par des protocoles adaptés, chaque sujet doit définir alors sa propre sensibilité colorée, ce qui conduit à appliquer des facteurs correctifs aux valeurs standards et à construire un espace des couleurs propre à chaque sujet.

• *Les grandeurs physiques.* L'équivalence visuelle sur laquelle s'appuie la définition des grandeurs physiques de chrominance se formule de deux façons. La première formulation est la loi fondamentale de la colorimétrie, qui postule que toute lumière est visuellement équivalente à un mélange additif d'une lumière monochromatique de longueur d'onde λ et de lumière blanche (w, pour *white*). La seconde, issue de la précédente, est celle que nous connaissons et qui postule que toute lumière peut être reproduite par une addition appropriée de trois primaires rouge (R), verte (V) et bleue (B). Ainsi, pour une stimulation homogène quelconque L, on établit les deux équations suivantes :

– (1) $L = L_\lambda + L_w$;

– (2) $L = L_R + L_V + L_B$.

L'équation (1) conduit à définir une stimulation quelconque par les trois grandeurs suivantes :

– la luminance de la stimulation, L, exprimée en $cd.m^{-2}$;

– la longueur d'onde λ, exprimée en nm, et appelée « longueur d'onde dominante » ;

– le facteur de pureté colorimétrique qui est la proportion de luminance dominante dans la luminance de la stimulation, soit : $p = L_\lambda / L = L_\lambda / L_\lambda + L_w$. Il vaut 1 pour une radiation monochromatique et 0 pour une lumière blanche.

L'équation (2) conduit à définir une stimulation quelconque par sa luminance L, exprimée en $cd.m^{-2}$, et par deux coordonnées chromatiques x et y, qu'on peut situer sur le diagramme de la CIE, appelé couramment « triangle des couleurs » (fig 45). La détermination de ces coordonnées (x, y) et la construction de ce triangle sont des problèmes très techniques qui n'ont pas lieu d'être développés ici (à titre purement indicatif, nous donnons la démarche qui a présidé à cette construction, p. 167). En pratique, ces coordonnées sont universellement utilisées. Les chromamètres sont des appareils qui, pointés vers une source ou une surface colorée homogène, donnent directement L (en $cd.m^{-2}$), x et y (nombres sans dimension, compris entre 0 et 1).

En résumé, une stimulation colorée est physiquement définie par sa luminance et sa chrominance. Celle-ci est quantifiée par deux paramètres, soit la longueur d'onde dominante et le facteur de pureté colorimétrique, soit les deux coordonnées chromatiques (x, y). La chrominance est visualisée sur le diagramme de la CIE par un point de coordonnées (x, y). Pour toute couleur, ce point est situé à l'intérieur d'une surface triangulaire arrondie qui représente l'ensemble des couleurs réelles. Le contour de

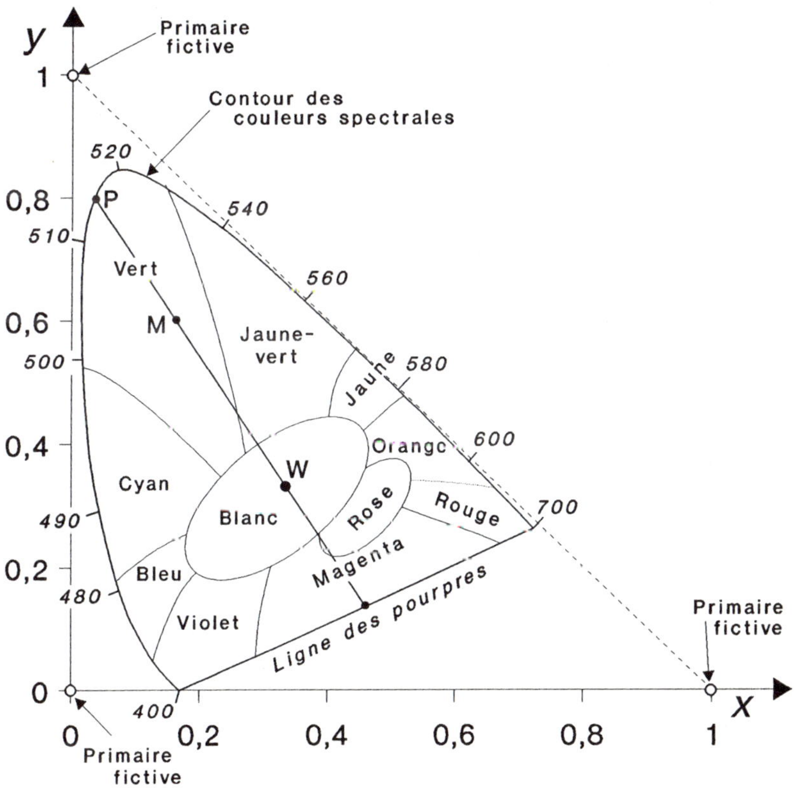

Figure 45

Triangle des couleurs de la Commission internationale de l'éclairage (CIE).

cette surface est formé des couleurs spectrales pures (les longueurs d'onde sont indiquées), et par la ligne des pourpres, en bas, qui ferme la surface. Au centre, se situe le blanc de référence (W). Pour chaque point M, de coordonnées chromatiques (x, y), la droite WM coupe le contour spectral en un point P qui correspond à la longueur d'onde dominante (environ 515 nm pour le point M de la figure). Le rapport des longueurs WM/WP donne le facteur de pureté colorimétrique. En prolongeant la droite de l'autre côté de W, on trouve la couleur complémentaire (pour le point M, c'est un pourpre).

Luminance et chrominance sont des grandeurs indépendantes. Deux stimuli colorés de même luminance mais de chrominances différentes sont dits « isoluminants » ou « équiluminants » ; ils ne se distinguent que par leur teinte. Deux stimuli colorés de même chrominance mais de luminances différentes sont dits « isochromatiques » ou « isochromes » ; ils ne se distinguent que par leur luminosité.

• *Les grandeurs subjectives*. Du point de vue perceptif, on reconnaît trois qualités à une stimulation lumineuse : la luminosité, la teinte et la saturation. Les deux dernières concernent l'aspect coloré.

Luminosité ou clarté. Nous l'avons déjà étudiée (voir p. 158). Rappelons que la luminosité ne concerne que les sources d'étendue réduite. Pour les objets, la sensation est appelée « clarté ». Elle est reliée à la réflectance des objets (grandeur physique). La clarté reste constante quel que soit l'éclairage tant que l'on peut faire des comparaisons avec les surfaces voisines.

Teinte (*hue* en anglais). On dit aussi la « tonalité », mais l'usage courant dit simplement la « couleur ». L'échelle des teintes est une échelle nominale. Elle a au minimum quatre niveaux (bleu, vert, jaune, rouge), mais l'on s'accorde plus volontiers sur six niveaux : violet, bleu, vert, jaune, orange, rouge, auxquels on ajoute le pourpre (le blanc et le noir ne sont pas des tonalités). Les teintes intermédiaires n'ont pas de nom spécifique usuel, sinon des associations du type jaune-vert. On représente parfois ces tonalités de base sur un cercle, dit « cercle des couleurs ». Expérimentalement, on discrimine jusqu'à 150 tonalités spectrales différentes entre 400 et 700 nm, les autre paramètres étant maintenus constants. La teinte est la qualité perceptive qui correspond à la longueur d'onde dominante du stimulus.

Saturation. C'est la qualité qui nous fait dire qu'une teinte est « pure » (on dit aussi « saturée ») ou « délavée ». Tous les roses ne sont que des rouges plus ou moins lavés de blanc. La saturation est ressentie comme maximale pour les couleurs spectrales et nulle pour le blanc qui a perdu toute tonalité. La saturation est la qualité perceptive qui correspond au facteur de pureté colorimétrique.

On remarquera qu'aucun attribut perceptif ne correspond directement aux coordonnées chromatiques (x, y).

La combinaison des trois qualités conduit à une multitude de couleurs différentes. Leur nombre estimé dépasse largement le million. C'est considérable, sans atteindre toutefois les 16 millions de couleurs annoncées dans certaines notices de micro-ordinateurs (plus de 16 millions de combinaisons chiffrées existent, mais beaucoup d'entre elles conduisent à une même couleur). La classification des couleurs est le domaine des peintres et des coloristes. Une teinte pure (saturée) est dite « vive » si elle est claire et « profonde » si elle est foncée. Les teintes dites « rabattues » sont obtenues en ajoutant du noir (le marron est un orange rabattu, ils ont les mêmes coordonnées chromatiques). Une teinte lavée et claire est dite « pâle ». Il est commode de représenter les couleurs dans un diagramme à trois dimensions, une par qualité perceptive, dans lequel se dessine un « solide des couleurs ». Plusieurs systèmes, avec des configu-

PRINCIPE DE CONSTRUCTION DU TRIANGLE DES COULEURS

La démarche consiste d'abord à fixer, par convention, trois longueurs d'onde primaires. Ensuite, on détermine, grâce à l'équation (2) [p. 164], et pour l'observateur standard de la CIE, les trois coordonnées chromatiques r, v et b du stimulus L, données par :

$$r = L_R / L; \quad v = L_V / L; \quad b = L_B / L.$$

Leur somme est égale à 1, si bien que le stimulus est entièrement défini par une grandeur purement lumineuse, la luminance L, et deux grandeurs purement chromatiques (r et v, par habitude; b est donné, si besoin est, par $b = 1 - r - v$). Initialement, les primaires choisies par convention étaient 700, 546,1 et 453,8 nm, et tout stimulus était représenté dans un diagramme à deux axes (rouge et vert) par un point de coordonnées (r, v). L'ensemble des couleurs existantes formaient dans ce diagramme une surface de forme vaguement triangulaire, allongée et aplatie, avec des coordonnées (r, v) négatives pour de nombreuses couleurs (rappelons que l'équation de départ est une somme algébrique), de pratique peu commode. Une nouvelle convention a donc défini trois primaires purement fictives (c'est-à-dire ne correspondant pas à des couleurs existantes) et un blanc de référence. Les formules de changements de coordonnées s'en déduisent et permettent de ramener toutes les couleurs réelles dans une surface triangulaire mieux proportionnée et avec des coordonnées chromatiques toutes positives. Ces nouvelles coordonnées chromatiques sont alors désignées par x et y. Comme elles correspondent à des primaires irréelles, on ne peut pas les rattacher à une teinte, ce qui était le cas des anciennes (r, v). Les sommets du grand triangle rectangle, marqués d'un point sur la figure 45 (p. 165), sont les trois primaires irréelles de référence.

rations d'axes différentes, ont été proposés et même réalisés matériellement (Ostwald, Mac Adam). Plus simplement, il existe des atlas avec de nombreuses planches où les échantillons colorés sont ordonnés selon différentes conventions (atlas de Munsell), ainsi que divers nuanciers plus spécifiques à certaines professions (Polyton, Pentone). Les interactions colorées entre couleurs juxtaposées ou entrelacées dépendent des rapports de surfaces. Pour des surfaces égales, une couleur a tendance à induire sa couleur complémentaire sur la surface voisine. De fines rayures peuvent, au contraire, entraîner vers elles la couleur du fond.

Constance des couleurs

Ce phénomène, déjà évoqué (p. 160), indique que les couleurs des objets sont maintenues, en dépit d'importantes variations de l'éclairage, donc des longueurs d'onde incidentes. Pour se rendre compte de l'importance de la compensation que doit réaliser le système visuel, il suffit d'observer le résultat d'une pellicule lumière du jour utilisée avec un éclairage artificiel courant : toutes les couleurs ont une dominante rouge-orangée. Comme pour la clarté, la constance des couleurs nécessite que l'on puisse établir des comparaisons chromatiques entre différentes plages colorées adjacentes.

Une expérience due à E. Land (inventeur du procédé Polaroïd) en donne une spectaculaire démonstration. Un tableau formé d'un patchwork de différents échantillons colorés est éclairé par trois projecteurs monochromatiques, rouge, vert et bleu. Comme il s'agit des trois primaires, l'ensemble apparaît avec toutes ses couleurs, comme s'il était éclairé par une lumière blanche. On mesure alors précisément, projecteur par projecteur, les quantités de lumière réfléchies par l'un des échantillons, disons le vert. On obtient trois valeurs, une par longueur d'onde. Ensuite, on règle l'intensité des projecteurs de sorte que ce soit maintenant l'échantillon jaune qui réfléchisse exactement ces trois mêmes valeurs. Si la couleur ne dépend que des lumières réfléchies, cette surface doit alors paraître verte. C'est effectivement le cas si on l'observe seule, à travers une petite ouverture dans un cache noir posé sur le tableau ou en vision tubulaire. Mais si l'on regarde l'ensemble du patchwork, l'échantillon paraît toujours jaune ; il n'a pas changé de couleur et les autres échantillons non plus. L'ensemble du patchwork présente toujours les mêmes couleurs, alors que les lumières incidentes (et donc réfléchies) ont changé.

Cette expérience permet de tirer deux conclusions très importantes. D'abord, la couleur d'un objet ne dépend pas strictement des longueurs d'onde qu'il réfléchit, sauf si l'on réduit le champ visuel pour ne voir qu'elles. Ensuite, des modifications de la lumière incidente ne changent pas les couleurs perçues, tant que l'on peut comparer les luminances réfléchies par plusieurs plages adjacentes. Mais il faut aussi que ces plages adjacentes présentent des contrastes chromatiques marqués. Si l'expérience de Land est réalisée avec un patchwork d'échantillons dans les mêmes tons, par exemple des variétés de verts, alors les modifications de lumière incidente provoquent des changements de couleurs. La constance des couleurs n'a donc lieu que si l'observateur peut comparer des surfaces adjacentes dont les contrastes chromatiques sont marqués. Ces conditions sont réalisées dans la vie quotidienne, ce qui nous assure, heureusement, la constance de la couleur des objets en dépit des variations permanentes de la composition spectrale de l'éclairage. Lorsque des modifications de couleurs apparaissent entre la lumière du jour et l'éclairage artificiel, (conduisant parfois à des assortiments malheureux de couleurs), c'est souvent à cause d'un manque de contrastes chromatiques (assortiment ton sur ton ou camaïeu).

La couleur des objets et des surfaces est liée à leur réflectance dans chacun des domaines de longueurs d'onde. Elle reste stable si la présence de contrastes chromatiques permet des comparaisons variées. Sinon la couleur dépend fortement de la composition spectrale de l'éclairage. Les couleurs d'un tableau multicolore sont beaucoup plus stables que celles des grandes surfaces monochromes. Un mur blanc paraît orange au coucher du soleil, alors qu'un tableau accroché à ce mur peut conserver ses couleurs.

Dyschromatopsies

On désigne ainsi toute anomalie de la vision des couleurs. La plupart ont une origine génétique et sont héréditaires, mais des manifestations acquises consécutives à des atteintes de la rétine existent. Les dyschromates ne réalisent pas les équivalences de couleurs de la synthèse additive de la même façon qu'un sujet normal. Leur discrimination des couleurs est altérée et certains présentent des confusions de couleurs importantes.

Ces anomalies sont dues à des déficiences des pigments des cônes. La grande majorité concerne l'érythrolabe ou le chlorolabe. On a identifié avec précision les gènes responsables de la formation de tous les pigments visuels. Ceux qui codent l'érythrolabe et le chlorolabe sont de compositions très voisines, et sont portés par le chromosome X. Le gène présentant l'anomalie étant récessif, la femme (XX) n'exprime un déficit visuel que si ses deux chromosomes sont atteints, ce qui est rare. Elle peut cependant transmettre l'anomalie. L'homme (XY) porteur d'un gène atteint manifeste systématiquement l'anomalie et la transmet toujours à sa fille (qui la manifestera ou non) mais jamais à son fils. Environ 8 % des hommes et 0,4 % des femmes sont atteints d'une anomalie touchant l'un de ces deux pigments. Le gène du cyanolabe est porté par le chromosome 7. Son atteinte est beaucoup plus rare et touche indifféremment l'homme ou la femme.

On distingue différentes dyschromatopsies qui se manifestent par des troubles plus ou moins gênants.

• *Trichromatisme anomal* (dit aussi « anormal »). Ces sujets ont besoin de trois primaires pour établir les équivalences, mais ils ne respectent pas les mêmes proportions qu'un sujet normal. On distingue les sujets selon la couleur qu'ils mettent en excès (signe d'un déficit du pigment correspondant). Le protanomal (1 % des hommes) met un excès de rouge. Le deutéranomal met un excès de vert (5 % des hommes). La tritanomalie, où le sujet a besoin d'un excès de bleu, est exceptionnelle. Ces anomalies sont souvent ignorées des sujets eux-mêmes.

• *Dichromatisme*. Ces sujets, appelés plus couramment « daltoniens », n'ont besoin que de deux primaires pour réaliser leurs équivalences de couleurs (qui n'en sont pas pour un sujet normal). La discrimination chromatique d'un dichromate est très pauvre. Dans les grandes longueurs d'onde, il confond le vert, le jaune, l'orange et le rouge, qu'il ne différencie que par des différences de clarté. Les courtes longueurs d'onde sont vues bleues. Entre les deux, il voit dans le spectre une bande incolore (blanche) pour une longueur d'onde d'environ 500 nm. On distingue le protanope (1 % des hommes) ou dichromate de type Dalton, chez qui l'érythrolabe serait absent, et le deutéranope (1 % des hommes) ou dichromate de type Nagel, chez qui le chlorolabe serait absent. Ils n'ont pas les mêmes confusions de couleurs. Le protanope est aveugle aux longueurs d'onde supérieures à 650 nm. La tritanopie, qui correspondrait à une atteinte du cyanolabe, est rare (1 sujet sur 100 000)

• *Monochromatisme*. Les monochromates peuvent égaliser toutes leurs sensations visuelles (on ne peut plus dire colorées) avec n'importe quelle radiation monochromatique, simplement en ajustant son intensité. Soit le sujet est monochromate avec un seul type de cônes (cônes S, et peut-être aussi les autres). Il conserve alors une vision photopique (vision des fortes luminances et bonne acuité visuelle) mais non colorée. Cette anomalie est très rare. Soit le sujet est achromate (1 sur 100 000), totalement dépourvu du fonctionnement des cônes. Il n'a que la vision scotopique des bâtonnets. Le sujet redoute les lumières vives qui l'éblouissent (photophobie) et son acuité visuelle est faible.

Les dyschromatopsies sont beaucoup plus variées et complexes que ce simple aperçu schématique. Les tests de dépistage sont maintenant nombreux et de plus en plus fins au fur et à mesure de l'avancement des recherches. Actuellement, rares sont les dichromates qui s'ignorent, mais ce ne fut pas toujours le cas. Si les dyschromatopsies ne sont pas aussi invalidantes qu'on pourrait le croire, c'est aussi parce que des indices de luminance, de texture des surfaces, de disposition spatiale suffisent souvent dans la discrimination des objets.

Couleur chez les animaux

La couleur étant une construction de notre cerveau, une expérience tout à fait personnelle, on se doute qu'il n'est pas facile de savoir si les animaux ont une vision colorée et encore moins de la caractériser. Le premier critère est éthologique. L'animal utilise-t-il la couleur dans son comportement naturel? Cet argument, qui exclut les animaux nocturnes, est favorable à tous les animaux qui ont un pelage, un plumage ou des écailles aux couleurs vives, surtout si ces couleurs changent en période d'accouplement et attirent le partenaire. Le deuxième critère repose sur les expériences comportementales de discrimination. Elles sont indispensables, mais rarement fiables à 100 %. Si l'animal discrimine visuellement deux cibles, il faut s'assurer que ce n'est pas sur un indice de luminance, aussi minime soit-il. Il faut donc établir avec précision la courbe de sensibilité spectrale, et ce individuellement pour chaque animal d'expérience. Déjà longues et fastidieuses chez l'homme, ces mesures sont une gageure chez l'animal. Il faut aussi s'assurer que la rétine de l'animal possède plusieurs type de photorécepteurs et plusieurs pigments. Ce n'est pas une condition suffisante, mais elle est nécessaire. L'enregistrement électrophysiologique de cellules sensibles aux variations de longueur d'onde est aussi un argument de poids; mais là encore il faut s'assurer que les stimuli respectent l'isoluminance de l'animal. Cela étant, il subsiste toujours un doute sur les types de constructions colorées que peuvent réaliser ces animaux et sur l'importance de la couleur dans leur monde perceptif.

Les animaux qui ont sûrement une vision trichromatique sont de nombreux poissons (le poisson rouge, mais en fait la plupart des cyprinidés, dont la carpe), des reptiles (certains serpents diurnes, le lézard, le caméléon, les tortues marines) et les oiseaux. Ces derniers ont une vision remarquable, certains ayant une fovéa centrale et une autre fovéa latérale (l'acuité visuelle est exceptionnelle chez les rapaces). Les oiseaux ont des cônes simples et des cônes doubles comportant des inclusions colorées qui pourraient leur conférer une vision colorée plus riche et nuancée que celle de l'homme. On restera cependant très prudent dans ces spéculations sur l'univers coloré des animaux. Les mammifères strictement nocturnes n'ont que des bâtonnets et sont dépourvus de vision colorée. C'est aussi le cas des cétacés et des lémuriens. Les rongeurs principalement nocturnes ont si peu de cônes et si peu différenciés qu'il est difficile de leur accorder des capacités de discrimination chromatique. La majorité des mammifères diurnes n'ont pas de vision colorée, dont le chien et le chat (auquel on accorde parfois une vision de type dichromate). Certains ont cependant une vision dichromate, comme le lapin (Fauve de Bourgogne), l'écureuil (qui est dépourvu de bâtonnets), le singe capucin (sapajou). La vision trichromatique n'est l'apanage que de quelques primates supérieurs. Le singe écureuil a une vision protanomale. Seuls les macaques, et parmi eux le singe Rhésus, ont une vision trichromatique excessivement proche de celle de l'homme et, on peut raisonnablement le supposer, un monde coloré voisin du nôtre.

Codage de la couleur

La discrimination des longueurs d'onde nécessite de comparer les activités des différents types de cônes. Ces comparaisons commencent dès le niveau rétinien par les cellules ganglionnaires à opposition chromatique, et se poursuivent dans les différentes structures jusqu'à l'aire V4, considérée comme l'aire principale du traitement de la couleur (voir p. 142). Les champs récepteurs des cellules chromatiques sont soit circulaires, soit aussi rectilignes (en V4) pour les cellules impliquées dans le traitement des formes colorées. Le codage de la couleur s'interprète à partir des différents types de champs récepteurs à opposition chromatique. Nous n'envisageons ci-dessous que les cellules à champ circulaire.

Les cellules à opposition chromatique sont sensibles à certaines « couleurs » en fonction des types de cônes auxquels elles sont connectées. En réalité, nous l'avons déjà dit, la cellule est sensible à une gamme de longueurs d'onde et non à la couleur, qui est une construction ultérieure du cerveau. Pour simplifier, nous parlerons quand même ici en termes de couleur. Selon qu'une cellule est connectée à l'un ou à plusieurs des types de cônes de son champ récepteur, sa sensibilité à la couleur est la suivante :

– cône L → cellule sensible au rouge (R) ;
– cône M → cellule sensible au vert (V) ;
– cône S → cellule sensible au bleu (B) ;
– cône L + cône M → cellule sensible au jaune (J), c'est-à-dire rouge + vert ;
– cône L + cône S → cellule sensible au magenta (M), c'est-à-dire rouge + bleu ;
– cône M + cône S → cellule sensible au cyan (C), c'est-à-dire vert + bleu ;
– cône L + cône M + cône S → cellule sensible au blanc (W, *white*), c'est-à-dire rouge + vert + bleu.

Les connexions des cônes sur la cellule sont activatrices ou inhibitrices et s'opposent selon des couples de couleur antagonistes. La cellule combine donc en permanence, en les soustrayant, les activités de différents types de cônes. Le plus souvent, un antagonisme spatial est associé à l'antagonisme chromatique. Ces cellules combinent alors l'effet d'un type de cônes du centre de son champ récepteur, avec l'effet opposé d'un ou plusieurs types de cônes de son pourtour. Les antagonismes chromatiques les plus fréquents sont entre le rouge et le vert (ce qui implique que les cônes S ne sont pas reliés à une telle cellule), le bleu et le jaune, le vert et le magenta, le rouge et cyan. Lorsque les trois types de cônes sont connectés à la cellule et que leurs influences s'additionnent, elle est dite « à large bande spectrale ». Cela peut ne concerner qu'une région du champ récepteur.

On distingue quatre grands types de cellules à opposition chromatique, illustrés à la figure 46 :

– Type I : cellule dont le champ récepteur présente un antagonisme à la fois spatial et chromatique. Par exemple une cellule R+ / V–, activée par du rouge au centre de son champ récepteur et inhibée par du vert sur son pourtour (la barre oblique / marque la différence entre centre et pourtour). Ou encore une cellule R+ / W–, inhibée cette fois par n'importe quelle couleur sur son pourtour.

– Type II : cellule dont le champ récepteur ne présente que l'opposition chromatique, sans opposition spatiale. Par exemple une cellule R+V– (sans /), activée par du rouge et inhibée par du vert sur son champ récepteur composé d'une seule région. Elles n'ont aucun antagonisme de pourtour.

– Type II modifié : ce sont des cellules à double opposition chromatique. Leur champ récepteur présente un antagonisme spatial et, de plus, chaque zone possède un propre antagonisme chromatique inverse de celui de l'autre zone. Par exemple, une cellule R+V– / R–V+ est activée par du rouge au centre ou du vert sur le pourtour et elle est inhibée par du vert au centre ou du rouge sur le pourtour.

– Type III : l'opposition chromatique entre le centre et le pourtour est peu marquée et concerne une gamme étendue de longueurs d'onde. Ce sont des cellules à large bande spectrale (dites aussi « cellules achromatiques »), sensibles à toute longueur d'onde et au blanc. Elles sont notées W+ / W– (ou l'inverse W– / W+, selon les cas).

Les cellules ganglionnaires à opposition chromatique sont de type I ou de type III. Au niveau du CGL (couches parvocellulaires exclusivement), les cellules sont de type I, de type II ou de type III. Dans l'aire V1 du cortex ces trois types existent aussi,

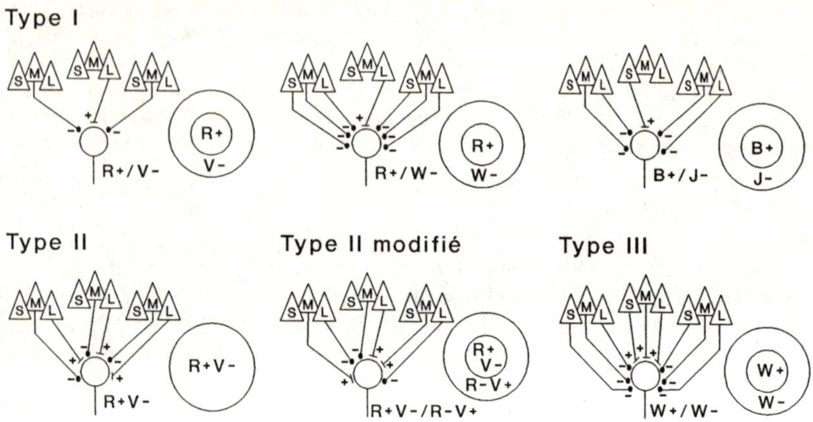

Figure 46

Champs récepteurs des 4 types de cellules impliquées dans la perception colorée.

avec en plus le type II modifié (au niveau des amas). Toutes ces cellules semblent adaptées pour détecter des contrastes chromatiques et non des surfaces de chrominance uniforme. Dans l'aire V4 on a décrit plus récemment des cellules qui répondent à une stimulation de leur champ récepteur par une longueur d'onde donnée, mais dont la réponse est fortement inhibée si les alentours de son champ récepteur sont éclairés avec la même longueur d'onde. Ces cellules, qui s'arrêtent de répondre quand l'éclairage devient chromatiquement uniforme, pourraient intervenir dans le phénomène de constance des couleurs. Les transformations du codage chromatique le long des voies traitant la couleur concerne l'élaboration de stratégies de traitement de plus en plus complexes. La sélectivité à la longueur d'onde ne s'accroît pas, certaines cellules de V4 ont même une sélectivité moins étroite que les cellules ganglionnaires.

PERCEPTION DES FORMES ET DES OBJETS

Nous percevons les formes et les objets de notre environnement avec une rapidité et une facilité déconcertantes. En un clin d'œil les objets sont reconnus, identifiés et localisés, qu'ils soient visibles en totalité ou partiellement masqués, qu'ils aient leur apparence normale ou un aspect incongru, qu'ils occupent une place insolite ou leur place habituelle. Même dans un environnement nouveau, la tâche ne demande aucun effort. Et pourtant, les mécanismes mis en œuvre sont loin d'être simples et aucune des théories proposées jusqu'à ce jour ne peut totalement en rendre compte. Nous ne pouvons proposer que des réponses très partielles, en présentant un aperçu des principales théories consacrées à la perception des formes et des objets.

Jusqu'à présent, nous avons décrit comment, à partir d'une distribution de lumière sur la rétine, il était possible d'extraire des informations localisées relatives à la luminance et aux longueurs d'onde. Les différentes sensibilités du système visuel assurent une détection des contrastes de luminance ou chromatiques, de la taille (angle visuel ou fréquence spatiale), des orientations, du sens d'un mouvement, autant d'attributs qui peuvent paraître bien élémentaires comparés à la complexité d'une scène visuelle de l'environnement. Que voyons-nous en entrant dans une pièce? Un visage familier, une table, des chaises, des livres, une lampe, divers ustensiles dans des positions bien déterminées de l'espace. La perception visuelle est avant tout la perception des objets (ou des êtres vivants) et leur localisation dans un espace parfaitement défini. Dans notre interaction avec l'environnement, ce ne sont pas les informations sur les distributions spatio-temporelles d'ombres, de lumière et de couleurs qui nous importent, mais des informations concernant les objets et la place qu'ils occupent dans l'espace. Percevoir un objet c'est l'identifier, en reconnaître les caractéristiques spécifiques, le rattacher à une catégorie d'objets, pouvoir le nommer. Mais assurément, la perception des objets est initiée par la perception des différents attributs de l'image qui sont combinés en des formes et traités pour fournir les représentations cognitives de notre environnement.

Forme, objet et niveaux de représentation

Précisons ce que suppose un tel passage d'un traitement sensoriel des tailles, des orientations, des contrastes de luminance et chromatiques, à une organisation perceptive en formes, puis à une représentation de l'objet en tant que tel. D'abord, comme nous l'avons déjà dit autrement, cette conception implique différents traitements fonctionnant en parallèle et en interaction, sans relation strictement séquentielle. Ensuite, elle établit une distinction entre forme et objet. La forme est une organisation structurale qui se définit à partir des éléments de l'image et de leurs relations. Elle existe par elle-même et ne correspond pas nécessairement à un objet. L'objet est au contraire de nature conceptuelle. Il se définit essentiellement à partir de sa fonction, donc d'une connaissance préalable. Une telle représentation mentale concernant les caractéristiques fonctionnelles de l'objet est appelée la « représentation sémantique » (ou propositionnelle). Elle se distingue de la « représentation phonologique » de l'objet qui correspond à sa dénomination. C'est à partir de la représentation sémantique que s'élaborent les catégorisations perceptives des objets. Bien entendu, tout objet possède aussi une représentation structurale, due à une forme propre (d'où, parfois, une confusion entre forme et objet). Cette représentation structurale de l'objet est en volume et constitue un prototype de l'objet servant de référence. Certains auteurs distinguent même une représentation structurale perceptive de l'objet, qui dépend de l'angle de vue de l'observateur, de sa représentation structurale cognitive qui est la représentation prototypique. Par rotation mentale, on peut apparier la représentation protopypique avec les différentes représentations structurales perceptives. Celles-ci sont très voisines de l'organisation structurale de la forme perçue. Les différentes théories de la perception diffèrent selon les niveaux de représentation pris en considération et leurs articulations.

Cette distinction entre différents niveaux de représentation résulte pour une part de l'étude de certaines agnosies visuelles. Par exemple, certains de ces patients peuvent voir les objets, les décrire, en recopier en partie le dessin, mais sont incapables de nommer les objets et d'en donner leur usage. Les parties de l'objet sont distinguées mais non synthétisées en une représentation globale. L'objet peut cependant être dénommé s'il est perçu tactilement. On est donc amené à conclure qu'il existe différents niveaux de représentation et que le trouble de certaines agnosies concernent les accès, les relations entre ces niveaux.

Les détecteurs d'attributs

À plusieurs reprises dans ce chapitre nous avons décrit des neurones qui ne répondent que si un stimulus hautement spécifique est présent sur leur champ récepteur. Ces résultats ont conduit à considérer ces neurones comme des détecteurs d'attributs. L'activité d'un tel neurone signalerait la présence de cet attribut. Il n'en fallait pas plus pour concevoir une théorie de la perception s'appuyant sur un vaste ensemble de tels détecteurs. Chaque neurone visuel ne répondrait qu'à une configuration particulière d'attributs. Cette théorie fut un instant renforcée par la découverte de neurones encore plus spécifiques dans les aires temporales, comme ceux qui ne répondent qu'à un visage. On arrive à une théorie complètement figée et localisée du codage, où chaque type de stimulus aurait son neurone : un neurone pour chaque lettre, pour chaque chiffre, pour chaque objet, pour sa grand-mère (le terme a été utilisé)... Même si le nombre de neurones visuels serait suffisant pour coder toutes les grandes catégories perceptives (évaluées à un million), actuellement plus personne n'accrédite une telle théorie.

Pourtant les détecteurs d'attributs existent et ils codent certaines dimensions du stimulus. L'interprétation des expériences d'adaptation sélective leur attribue un rôle essentiel. Après adaptation, la perception se modifie en raison d'une fatigue sélective des détecteurs sollicités pendant la phase d'adaptation. Certaines illusions visuelles concernant des lignes d'orientations différentes (contraste simultané d'orientation) peuvent aussi s'interpréter par des inhibitions réciproques entre des détecteurs d'orientations voisines. Les théories actuelles qui s'appuient sur les détecteurs d'attributs considèrent un codage distribué dans toutes les aires visuelles. Un ensemble de neurones dispersés pourrait coder un stimulus spécifique quand leurs activités sont parfaitement synchronisées. Par exemple, la lettre A est codée par l'activité synchronisée de trois détecteurs (l'un horizontal, l'un oblique à droite et un autre oblique à gauche), sans que ce soient forcément les mêmes neurones à chaque fois. Nous avons déjà souligné le rôle que pourrait jouer la synchronisation des activités neurales pour avoir une perception unifiée alors que différents attributs sont traités dans différentes aires corticales. La synchronisation est actuellement un thème de recherche et de réflexions qui apparaît très prometteur.

Analyse globale et analyse locale des scènes

Plusieurs expériences, que nous ne détaillerons pas, montrent que l'analyse d'une image peut se faire à différentes échelles de résolution spatiale. Une analyse grossière permet de traiter les informations globales, alors qu'une analyse fine permet d'extraire les détails, les informations locales. À titre d'illustration, on pensera à ces situations où il faut rechercher le détail pertinent d'une image (les « 7 erreurs » entre deux dessins similaires) ou à ces images dont certains détails sont groupés pour former une silhouette masquée (le tableau de Dali intitulé *Marché d'esclaves avec le buste invisible de Voltaire* en est un très bel exemple). Ainsi, tout se passe comme si le système visuel disposait de filtres différents, chacun étant accordé sur une échelle spécifique de résolution spatiale, permettant de passer continûment d'un traitement global à un traitement local.

Nous avons dit (p. 121) qu'une image pouvait se décrire de deux façons : soit dans le domaine spatial par la valeur de la luminance en chaque point ; soit dans le domaine fréquentiel, par une superposition adéquate de réseaux sinusoïdaux définis par leur fréquence spatiale, leur amplitude, leur orientation et leur phase (position relative). Une image filtrée dont on ne conserve que les fréquences spatiales basses apparaît floue. En ne conservant que les fréquences spatiales élevées, elle apparaît au contraire comme un dessin au trait. Nous avons vu, en interprétant la fonction de sensibilité au contraste, que le système visuel peut être assimilé à un ensemble de canaux séparés, chacun accordé sur une gamme limitée de fréquences spatiales. Chaque canal traiterait donc différentes informations de l'image. Les variations massives de luminance de l'image, la globalité des formes, sont traitées par les canaux de fréquences spatiales basses, la structure des formes par les canaux de fréquences spatiales intermédiaires et les fins détails des formes et des surfaces par les canaux de fréquences spatiales élevées. Des canaux différents peuvent être sélectionnés en fonction de la tâche perceptive et du traitement global ou local à réaliser.

Organisations perceptives

Les théories précédentes mettent l'accent sur les traitements des attributs élémentaires de l'image. Mais quand nous regardons une scène, nous ne voyons pas des juxtapositions de contrastes, de taches colorées ou des assemblages de lignes orientées. Nous voyons des objets, des formes cohérentes qui sont un tout, et peu importent les éléments constituant ces formes. Un carré est perçu comme un carré en soi et non comme un assemblage à angles droits de quatre segments parallèles deux à deux. On désigne sous les termes d'« organisation perceptive » le fait de regrouper plusieurs éléments en une unité plus grande qui existe en soi. C'est une étape essentielle pour donner un sens à l'environnement. Il faut aussi pouvoir effectuer une ségrégation figure/fond en isolant les parties de la scène considérées comme des figures, de leur entourage considéré comme le fond. Les techniques de camouflage consistent précisément à contrarier cette distinction. On doit aux psychologues de la *Gestalt* (voir p. 7) l'établissement des lois de l'organisation perceptive et des principes assurant la ségrégation figure/fond.

• *Ségrégation figure/fond.* La ségrégation figure/fond est évidente dans les situations naturelles, en raison du rôle prépondérant des connaissances antérieures et aussi des indices de profondeur (voir p. 179) qui sont particulièrement efficaces pour assurer cette distinction. Pour des études expérimentales, on peut créer des situations ambiguës. Le cas le plus connu est le vase de Rubin (1915), représenté à la figure 47a, qui peut être perçu soit comme un vase sur fond noir, soit comme deux visages face à face sur un fond blanc. De telles figures sont appelées « figures réversibles », car on bascule spontanément d'une représentation à l'autre. Dans plusieurs de ses dessins, Escher a rempli l'espace de motifs symétriques emboîtés qui sont alternativement perçus comme figure ou comme fond (il est impossible de percevoir en même temps tous les motifs comme figure). Rubin a décrit plusieurs caractéristiques du stimulus pouvant influencer la ségrégation figure/fond, comme la symétrie (un dessin symétrique est plus facilement perçu comme figure que comme fond), l'orientation (les orientations verticales et horizontales sont plus favorables à la figure qu'au fond), la taille (les dessins les plus petits forment la figure), la convexité (une figure est plus souvent convexe que concave), la signification de l'image (un dessin représentant quelque chose de connu s'impose comme figure).

• *Lois de l'organisation perceptive.* On désigne sous ces termes les règles qui imposent de percevoir des éléments comme un tout. Elles illustrent toutes le fait que le stimulus

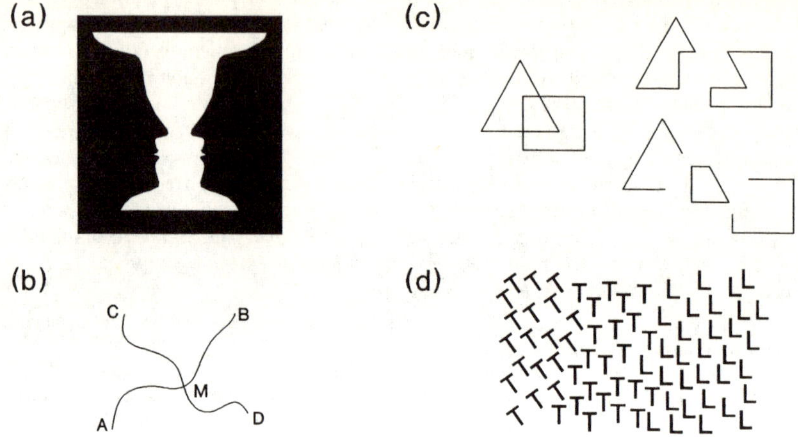

Figure 47

Organisation perceptive. (a) : Vase de Rubin illustrant la ségrégation figure/fond. (b) Loi de la continuité. (c) : Loi de la bonne forme. (d) : Loi de la similarité reposant sur l'attribut d'orientation.

doit être considéré dans son ensemble, et non comme une simple juxtaposition de différentes parties, comme l'affirme le principe fondamental de l'école gestaltiste : « le tout est différent de la somme des parties ». La figure 40a (p. 146) est un bon exemple de ce principe, puisque les mêmes caractères sont perçus différemment selon leur voisinage. Indiquons les lois principales :

– Loi de similitude (ou de similarité). Des éléments identiques sont regroupés (fig. 1a, p. 8).

– Loi de proximité. Les éléments les plus proches sont regroupés (fig. 1b, p. 8).

– Loi du destin commun. Des éléments qui se déplacent dans la même direction sont regroupés.

– Loi de continuité (ou de bonne continuité). Des points rapprochés forment la ligne qui présente le moins de points anguleux. De même, lorsque des lignes se coupent, les prolongements perçus sont les plus réguliers (fig. 47b : on perçoit les lignes AMB et CMD et non AMC et BMD).

– Loi de la bonne forme (ou de la prégnance, ou de la simplicité). Dans une figure complexe, la structure perçue est celle qui correspond à la solution la plus simple (fig. 47c : on perçoit un triangle et un rectangle qui se chevauchent et non l'une des associations insolites représentées à côté).

– Loi de la signification (ou de la familiarité). Les éléments se regroupent pour constituer les formes qui semblent les plus familières ou les plus significatives.

De nombreuses figurent ont été élaborées pour vérifier la robustesse de ces lois et leurs poids respectifs lorsque plusieurs sont mises en compétition. Toutes ces expériences restent très descriptives. C'est d'ailleurs le reproche général adressé aux travaux des gestaltistes de toujours rester sur un plan qualitatif et de ne rien expliquer.

• *Les interprétations actuelles.* Des travaux plus récents ont cherché à préciser quels étaient les traitements qui pouvaient expliquer ces lois de l'organisation perceptive. Certaines peuvent être interprétées à partir des connaissances actuelles en matière de codage des informations visuelles. La loi de proximité pourrait simplement résulter de la taille des champs récepteurs. La loi du destin commun peut s'expliquer par les détecteurs de mouvement à grand champ récepteur. La loi de bonne continuité s'interprète par l'activation maximale des détecteurs d'orientation traitant la région où les lignes se croisent. Pour la loi de similarité, il convient de considérer plus précisément la similarité entre les attributs des éléments. Par exemple, la similarité de forme est plus grande entre les lettres T droits et T inclinés, qu'entre les lettres T et L. Pourtant, en présentant un stimulus formé de nombreuses lettres L, T droits et T inclinés, on observe que les groupements se font plus facilement entre les lettres L et T qu'entre les lettres T droits et T inclinés. À la figure 47d, la frontière entre les T droits et inclinés est plus facilement discernable qu'entre les T et les L. C'est donc sur la similarité des orientations que s'opèrent les groupements.

Les primitives visuelles

Depuis les années 60, et dans le courant de la psychologie cognitive, la perception est conçue comme le résultat d'une séquence de traitement des événements mentaux. La plupart des théories considèrent que la perception des formes et des objets se construit par une série d'opérations mentales portant sur des parties plus petites. Le problème est alors de déterminer quelles sont les unités de base, les composantes utilisées par le système visuel, et quelles sont les procédures de calcul. Ces unités, qui ne sont pas nécessairement les attributs élémentaires du stimulus dont nous avons parlé jusqu'à présent, sont appelées des « primitives ».

À partir de situations expérimentales précises et rigoureuses, A. Treisman (1986) propose un modèle de la perception visuelle à deux niveaux de traitements. Au premier niveau, appelé « préattentif », le système visuel extrait les primitives du stimulus, comme la courbure, l'inclinaison, la couleur, les terminaisons, le mouvement, la fermeture des lignes, le contraste. Ces premiers traitements sont dits « automatiques », car ils ne nécessitent pas l'attention consciente de l'observateur. Au second niveau, dit « niveau du traitement focalisé », les primitives sont combinées en fonction de leur localisation, ce qui nécessite une attention focalisée de l'observateur sur ces différents emplacements. Ce second niveau est sous la dépendance des connaissances antérieures et des attentes de l'observateur.

Selon I. Biederman (1985), la reconnaissance des objets repose sur la perception d'éléments géométriques de base à partir desquels on peut construire un objet. Les primitives sont, selon lui, des volumes géométriques élémentaires, comme un parallélépipède, un cylindre, un tronc de cône, un élément torique..., appelés « géons » (contraction de *geometric ion*). Certains sont présentés à la figure 48, ainsi que quelques objets formés par leur association. Tout objet peut être construit à partir de la quarantaine de géons que Biederman a définis. Un argument important de cette théorie, appelée « reconnaissance par composants », est qu'un objet vu de façon fragmentaire est reconnu dès que ses géons (fragmentés eux aussi) peuvent être identifiés. La perception des géons permettrait un accès au niveau de la représentation prototypique de l'objet.

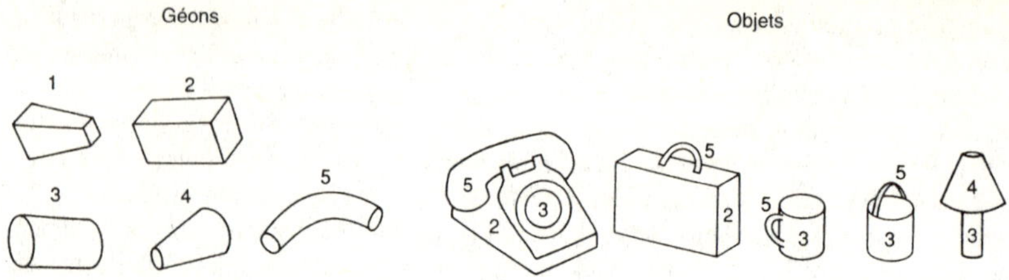

Figure 48

Exemple de « géons » de la théorie de Biederman.
(*Source :* d'après *Sensation and Perception*, éd. cit., p. 218.)

Les théories computationnelles

Les théories dites « computationnelles » s'attachent moins à la description des primitives qu'aux opérations mentales, aux procédures de calcul nécessaires pour élaborer une représentation mentale des objets. Ces théories sont réputées difficiles, car elles intègrent souvent des calculs mathématiques issus des techniques d'analyse du signal (dérivation, intégration, filtrage, convolution, fonction de corrélation...). Nous évoquerons celle qui a encore le plus d'influence dans le domaine de la perception visuelle : la théorie de D. Marr (1980).

La théorie de Marr propose trois niveaux de traitement. Le premier niveau, appelé « esquisse primaire brute », permet d'avoir une représentation en deux dimensions de chaque image rétinienne. Les variations de luminance sont extraites, ainsi que les contours qui fournissent une image géométrique en traits. Toute cette étape peut se formuler par des algorithmes de calcul réalisables par les neurones visuels (filtrage à différentes échelles et convolution avec le profil des champs récepteurs pour détecter les brusques variations de luminance typiques des contours). Le second niveau, appelé l'esquisse 2 1/2 D, ajoute les propriétés de textures, les ombres, les contours fermés, les discontinuités de surface et intègre les traitements des deux yeux pour conduire à une représentation en trois dimensions, mais vue du point d'observation de l'observateur (d'où le 2 1/2 D, qui signifie que ce n'est pas encore le vrai 3D). Cette étape ne fait aucune référence à la notion intuitive de figure/fond, mais utilise des processus de groupements (comparables aux principes gestaltistes). Le troisième niveau, appelé représentation 3 D, permet la représentation définitive de l'objet, avec une référence centrée sur l'objet lui-même et donc indépendante du point d'observation. Le même objet conduit donc toujours à la même représentation 3D quel que soit l'angle de vue. À ce troisième niveau peuvent intervenir les influences des connaissances préalables de l'observateur (dites « descendantes » ou *top-down*).

L'approche écologique

On désigne ainsi les théories de la perception qui, s'appuyant sur une perception directe de l'environnement, ne font appel à aucune stratégie de traitement. Gibson (voir p. 9), le fondateur de l'approche écologique, s'est opposé aux notions de représentations mentales et de traitement, qu'ils soient de niveau neurosensoriel ou de niveaux symboliques. Selon lui, toutes les informations nécessaires à la perception sont disponibles dans l'environnement (réseau optique ambiant), d'autant plus que le sujet se déplace (flux optique), et elles sont perçues directement. Les positions actuelles de l'école écologique sont moins tranchées. Certaines recherches rassemblent ces théories opposées en renforçant l'importance des informations contenues dans le flux optique, tout en maintenant des processus de détection qui sont de véritables calculs sur ces données.

PERCEPTION DE LA PROFONDEUR

Les images rétiniennes sont des représentations à deux dimensions, alors que notre perception est celle d'un monde à trois dimensions. En considérant un repère centré sur l'observateur, l'espace se décrit latéralement (gauche/droite), verticalement (haut/bas) et en profondeur (avant/arrière). Les deux premières dimensions ont leurs correspondances directes sur les images rétiniennes, alors que la profondeur doit être entièrement déduite de ces images. Cette construction de la profondeur utilise de nombreux indices. La plupart sont dits « monoculaires », car ils interviennent indifféremment avec l'œil droit ou l'œil gauche ; ils permettent la perception de la profondeur avec un seul œil. D'autres indices sont dits « binoculaires », car ils nécessitent la prise en compte simultanée des deux yeux.

Indices monoculaires

Ces premiers indices étant largement utilisés en dessin et en peinture, ils sont qualifiés parfois de « picturaux ».

• *Occultation*. On désigne ainsi le fait que les objets situés devant masquent en partie ceux qui sont situés en arrière. C'est un indice excessivement prégnant de la profondeur.

• *Perspective*. Toutes les règles appliquées dans une reproduction en perspective illustrent les nombreux indices que le système visuel utilise naturellement pour construire la profondeur de l'espace ; si naturellement, d'ailleurs, qu'il fallut attendre le XVe siècle pour qu'ils inspirent les premières règles du dessin en perspective (Alberti, *Della Pittura*, 1435). Citons quelques-uns de ces indices :

– Point de fuite. Des lignes parallèles vues en profondeur se rejoignent en un même point.

– Taille apparente. Des objets de même taille réelle ont des images rétiniennes d'autant plus petites qu'ils sont plus éloignés.

– Écart à la ligne d'horizon. Plus les objets sont éloignés de l'observateur, plus leur image est proche de la ligne horizontale représentant l'horizon (aussi bien au-dessus qu'en dessous cette ligne).

– Gradient de texture. L'image d'une texture est d'autant plus resserrée que la texture est éloignée de l'observateur. Vassarely a artistiquement exploité ce principe en créant des creux et des bosses dans un quadrillage par des déformations et des modifications de la taille des cases.

• *Ombres*. Selon la position des ombres, un objet est vu en creux ou en bosse. La figure 49a en donne un exemple rencontré dans tous les logiciels pour donner l'illusion de boutons saillants et de fenêtres en creux. C'est une démonstration patente d'une influence cognitive (*top-down*) sur les traitements perceptifs. Ce relief apparent nécessite que l'on imagine une source de lumière située en haut et à droite. L'influence est très forte, on ne peut y échapper. Et si l'on regarde l'écran à l'envers, les boutons se creusent et les fenêtres deviennent boutons.

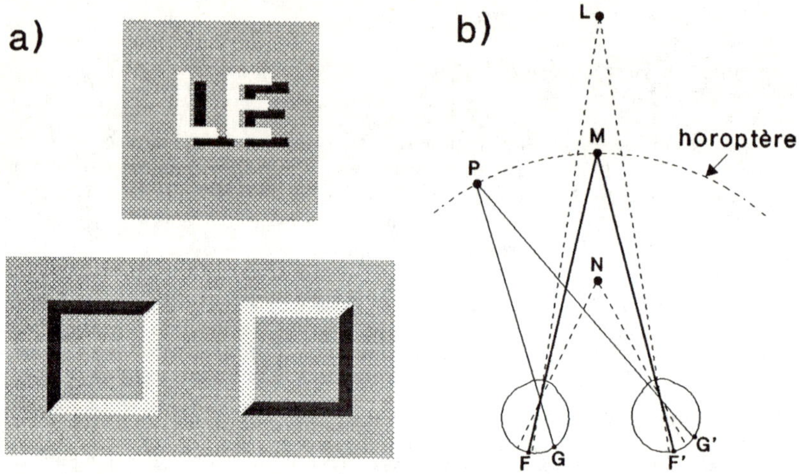

Figure 49

Perception de la profondeur (3D). (a) Rôle des ombres. (b) Schéma explicatif des points correspondants et de la disparité rétinienne.

D'autres indices monoculaires dépendent des propriétés du système visuel. Ce sont les suivants.

• *Parallaxe de mouvement.* Lorsqu'on se déplace transversalement, les positions apparentes des objets se modifient, ainsi que les occultations. Certains objets sont démasqués et d'autres vont être cachés. En outre, le déplacement de l'image rétinienne des objets rapprochés est plus important donc plus rapide que celui des objets éloignés (comme pour le défilement du paysage vu d'un train).

• *Accommodation.* Si des objets sont rapprochés, le cristallin se bombe automatiquement pour maintenir la netteté de l'image sur la rétine. La contraction des muscles ciliaires commandant la courbure du cristallin est un indice de la distance d'observation. Cet indice n'est efficace que pour les distances inférieures à trois mètres.

Indices binoculaires

• *Convergence des yeux.* Pour observer un objet rapproché, les axes visuels des deux yeux convergent sur cet objet. La contraction des muscles oculaires commandant cette convergence est un indice de la distance de l'objet, d'autant plus précis que l'objet est proche.

• *Stéréopsie*. À chaque point d'une rétine correspond un point localisé exactement au même endroit sur la rétine de l'autre œil. De tels points sont appelés « points correspondants ». En imaginant que l'on puisse superposer les rétines des deux yeux, tous les points superposés sont correspondants. Les centres de la fovéa de chaque œil en sont un exemple. Pour un point de fixation donné, tous les points-objets de l'espace qui se projettent sur des points correspondants sont vus à la même profondeur (points M et P de la fig. 49b). Ces points-objets sont situés sur une surface sphérique appelée « horoptère ». Les points-objets situés en avant (point N) ou arrière (point L) de l'horoptère, donc du point de fixation, se projettent sur des points non correspondants décalés respectivement du côté temporal ou du côté nasal. L'écart à la fovéa des points non correspondants, appelé « disparité rétinienne », est l'indice stéréoscopique de la profondeur. Les points de l'espace sont perçus d'autant plus éloignés du point de fixation que leur disparité rétinienne est grande et sont situés en avant ou en arrière selon le signe de cette disparité.

La disparité rétinienne est codée par les cellules binoculaires du cortex (p. 140). Chacune de ces cellules présente un maximum de réponse pour un certain degré de disparité vers l'un des côtés, soit nasal soit temporal (elles sont accordées sur une valeur spécifique et un sens spécifique de disparité). Les images pour lesquelles la disparité est nulle ou négligeable sont fusionnées en une seule image qui semble en volume, alors qu'on ne conserve qu'une seule des deux images dont la disparité est importante (voir p. 125).

Restitution de la profondeur

Une simple reproduction bidimensionnelle peut donner une parfaite restitution de la profondeur si l'on prend certaines précautions pour l'observer. Il faut la regarder d'un seul œil pour faire disparaître tous les indices stéréoscopiques qui nous informent que l'image est plate. Pour la même raison, il faut éliminer l'indice de parallaxe de mouvement en restant immobile. Enfin, il faut que la reproduction occupe tout le champ visuel. L'idéal est donc de l'observer en se plaçant derrière une cloison munie d'une petite ouverture. L'illusion est totale si la reproduction s'y prête comme pour les peintures en trompe-l'œil.

Pour restituer le relief stéréoscopique, il faut un dispositif permettant de recevoir sur chaque œil une image légèrement décalée de celle de l'autre. Divers procédés sont utilisés : anaglyphe coloré (image rouge pour un œil et verte pour l'autre), images polarisées à 90°, réseau lenticulaire, stéréoscope, deux contours différents noyés dans une texture aléatoire ou répétitive.

Constance de la taille

On désigne sous les termes « constance de la taille » le fait que la taille réelle d'un objet est perçue constante quelle que soit la distance d'observation. Pourtant l'image rétinienne est d'autant plus petite que l'objet est éloigné. La constance de la taille s'explique par la présence d'indices de profondeur. Si l'on observe un objet de taille inconnue dans un dispositif expérimental éliminant les indices de profondeur, la grandeur de l'image rétinienne seule ne permet pas de déterminer la taille réelle de l'objet.

Le soleil et la lune paraissent de même taille, car leurs images rétiniennes ont la même grandeur et que nous n'avons aucun indice sur leur éloignement.

L'exemple de la figure 2e (p. 10) montre que les indices de profondeur peuvent imposer la perception de la taille. L'effet est réalisé en vrai grandeur et avec de vraies personnes dans la chambre de Ames, déjà citée dans l'introduction. L'observateur, situé derrière une cloison, voit l'intérieur de la pièce par un petit trou. En raison d'une perspective trompeuse, il perçoit une personne toute petite et une autre immense (elles sont en réalité éloignées de 5 m l'une de l'autre). L'effet est si fort que l'observateur accepte cette interprétation perceptive ridicule et ne peut pas, même averti, déceler que ce sont les indices de profondeur qui sont factices.

Constance de la forme

Le fait qu'une assiette soit perçue ronde quel que soit l'angle d'observation est un exemple du phénomène perceptif appelé « constance de la forme ». La dénomination est ambiguë. Il s'agit, dans le cas présent, d'une invariance de l'identité de l'objet et non de sa forme (due au fait que des formes différentes activent la même représentation prototypique de l'objet). Avec des disques en carton, qui n'activent pas une représentation d'objet, les conclusions sont identiques à celle de la constance de la taille. Sans indices de profondeur, il est impossible de déterminer la forme réelle. Si l'image sur la rétine est elliptique, alors on perçoit une forme elliptique. En présence d'indices de profondeur, il y a persistance de la forme circulaire pour les présentations obliques.

Nous insistons sur le rôle essentiel de la perception de la profondeur pour construire une représentation cohérente de l'espace environnant. Sans indices de profondeur, les constances perceptives de taille et de forme ne sont pas réalisées et il n'y aurait plus de stabilité de l'environnement. Tout ce que nous avons dit ici ne concerne qu'un observateur fixe, qui référencerait l'espace par rapport à lui-même. On est encore loin de la réelle perception de l'espace qui nécessite la prise en compte de nombreuses autres informations relatives à nos propres déplacements et à la position de notre propre corps. Ce n'est qu'en intégrant toutes ces informations qu'on peut concevoir un espace en soi, dans lequel nous évoluons. Mais cela appelle un autre ouvrage…

Index thématique

Bibliographie

— BONNET C., *Manuel pratique de psychophysique*, Armand Colin, coll. « U », 1986. Une référence dans le domaine. Très technique, à conseiller à tous ceux qui ont à utiliser les méthodes psychophysiques.

— BONNET C., GHIGLIONE R., RICHARD J.-F., *Traité de psychologie cognitive*, Dunod, 1989, t. 1. Présentation synthétique des travaux récents sur la perception visuelle, auditive et du langage. Livre intéressant, utile et concis. Les connaissances de base étant très condensées, il n'est difficile que pour une toute première approche.

— BRUCE V. et GREEN P., *La Perception visuelle; physiologie, psychologie et écologie*, PUG, 1993. Traduction de l'édition anglaise de 1990. Synthèse originale entre le traitement de l'information et l'approche écologique. Les développements sont clairs, mais longs et parfois fastidieux. Difficile pour une première approche.

— DELORME A., *Psychologie de la perception*, Études vivantes, 1982. Consacré à la perception visuelle. Très complet sur les multiples théories et leurs aspects historiques. Iconographie variée et originale. De lecture aisée, il est essentiellement descriptif, voire narratif, et la perception est abordée dans toutes ses composantes psychologiques (développement, mémoire, motivation, différences individuelles).

— FLÜCKIGER M. et KLAUE K., *La Perception de l'environnement*, Delachaux et Niestlé, 1991. Recueil des écrits les plus marquants de certains grands noms de la recherche en perception. Tous ces articles originaux sont traduits en français. Plus qu'un intérêt historique, car les notes et commentaires des éditeurs restituent ces textes dans les perspectives actuelles. Idéal pour se faire une idée du domaine à travers ceux qui en sont les acteurs.

— GOLDSTEIN B., *Sensation and Perception*, Wadsworth Publishing Company, 1989. Livre remarquable, très didactique, qui expose patiemment et simplement les phénomènes perceptifs. Captivant par ses nombreux exemples. L'anglais y est très accessible. Chaque chapitre comporte le rappel des définitions, un résumé et de nombreuses questions de contôle des acquisitions. Ce livre comporte plus de 500 illustrations, photos et planches en couleur qui, à elles seules, méritent le détours. À ne pas rater.

— HUBEL D., *L'Œil, le Cerveau et la Vision; les étapes cérébrales du traitement visuel*, Belin, coll. « L'univers des sciences », 1994. Traduction de l'édition anglaise de 1988. Entièrement consacré aux aspects neurosensoriels de la vision. S'adresse à tout public cultivé. Illustrations très claires. Déjà ancien aux yeux des spécialistes, il garde sa validité pour une solide approche des travaux dans ce domaine.

— VIGNAUX G., *Les Sciences cognitives, une introduction*, La Découverte, 1991 (existe en Livre de poche). Une très bonne introduction à l'histoire de la révolution cognitive, à ses enjeux et à la place de la psychologie cognitive dans ce domaine.

— WEIL-BARAIS A., *L'Homme cognitif*, PUF, 1993, Les chapitres 4 à 8 sont consacrés à la perception. Très accessible — trop parfois, la simplicité descriptive l'emportant sur la précision explicative — il est aussi apprécié pour cela. Les autres chapitres contribuent à l'intérêt du livre.

Table des matières

TABLE DES ENCADRÉS

Masson & Armand Colin Éditeurs
5, rue Laromiguière
75241 Paris Cedex 05
N° 96470
Dépôt légal : février 1996

SNEL S.A.
rue Saint-Vincent 12 - 4020 Liège
janvier 1996